XINXING CHENGZHENHUA JINCHENGZHONG
CAIZHENG JIAOYU ZHICHU JIXIAO PINGGU YANJIU

新型城镇化进程中 财政教育支出 绩效评估研究

王凤羽 冉陆荣 著

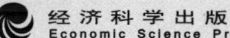

中国财经出版传媒集团
经济科学出版社
Economic Science Press

图书在版编目（CIP）数据

新型城镇化进程中财政教育支出绩效评估研究/王凤羽，冉陆荣著.—北京：经济科学出版社，2020.6
ISBN 978-7-5218-1450-7

Ⅰ.①新… Ⅱ.①王…②冉… Ⅲ.①乡村教育-职业教育-教育经费-财政支出-经济评价-研究-中国 Ⅳ.①G522.3

中国版本图书馆 CIP 数据核字（2020）第 054678 号

责任编辑：申先菊　赵　悦
责任校对：李　建
版式设计：齐　杰
责任印制：邱　天

新型城镇化进程中财政教育支出绩效评估研究
王凤羽　冉陆荣　著
经济科学出版社出版、发行　新华书店经销
社址：北京市海淀区阜成路甲28号　邮编：100142
总编部电话：010-88191217　发行部电话：010-88191522
网址：www.esp.com.cn
电子邮箱：esp@esp.com.cn
天猫网店：经济科学出版社旗舰店
网址：http：//jjkxcbs.tmall.com
固安华明印业有限公司印装
710×1000　16开　18印张　260000字
2020年6月第1版　2020年6月第1次印刷
ISBN 978-7-5218-1450-7　定价：80.00元
（图书出现印装问题，本社负责调换。电话：010-88191510）
（版权所有　侵权必究　打击盗版　举报热线：010-88191661
QQ：2242791300　营销中心电话：010-88191537
电子邮箱：dbts@esp.com.cn）

前 言

城镇化是现代化的必由之路，也是乡村振兴和区域协调发展的有力支撑。我国正处于这一进程的重要发展阶段，加快实施以促进人的城镇化为核心、以提高质量为导向的新型城镇化战略。人的城镇化关键在于新型城镇化人本保障体系，必须落实好对人的生存和发展保障并提升保障能力，因此充分发挥教育的支持作用显得尤为重要。目前，我国教育主要以政府公共财政投入为主，财政教育制度如何演变？财政教育支出存在哪些问题？财政教育支出绩效如何（评价）？财政教育支出与新型城镇化是否存在耦合关系？哪些因素造成耦合关系以及影响程度差异？这些问题的研究和探索对于财政教育支出与新型城镇化协调发展具有十分重要的理论价值和现实意义，同时也构建了本书的核心研究的基本逻辑框架。

基于我国财政教育的制度演变及问题分析，我国财政教育制度发生了深刻变革，逐步形成了具有中国特色的财政教育制度，主要表现在既定制度环境约束、兼顾公平与效率、法制建设逐步完善等特征；财政教育支出规模主要存在财政教育支出总体规模不足、财政对教育的供给能力有限、我国教育事业在国际比较中未展现出明显优势等问题；财政教育支出经费结构主要存在城乡地区教育投入不均衡、教育层级投入不平衡、教育支出结构转型面临困难等问题；财政教育支出绩效主要存在认识上不到位、评价指标的设计欠缺科学性与系统性、评价体系不能适应新形势与新背景的发展需求等问题。

财政教育支出最优规模研究以农村职业教育为研究对象，基于财政支出与效用最大化角度对内生经济增长模型的拓展，构建财政性农村职业教育支出最优规模模型，并求得财政性农村职业教育支出最优规模的人均消费增长率为：$r_c = \frac{\partial(1-\lambda)}{\phi} E \partial (\lambda EL)^{\frac{1-\alpha}{\alpha}} - \frac{j+\delta}{\phi}$，最优支出规模为：$S = y \times Y/MPS$，并指出在现实中，对财政支出最优规模的讨论需要纳入一个更为复杂的系统中，需要根据各地区的现实情况，有针对性地进行修正与应用。同时，以重庆为例进行实测得出：重庆市财政性农村职业教育支出对经济增长存在显著正向影响，固定资产水平、教职工人数对经济增长不存在显著影响。

从理论渊源、耦合关系的核心、机理、支撑与演进等几方面对财政教育支出与新型城镇化耦合机理进行分析，基本结论为：①从系统论、控制论、协调论等思想，把财政教育支出、新型城镇化二者视作一个复合系统；②财政教育支出与新型城镇化两大体系相互促进、彼此推动，形成良好的互动关系是二者耦合的核心；③耦合关系在宏观、中观和微观3方面均有体现；④财政教育支出与新型城镇化耦合的支撑关系主要表现在政府推动、市场拉动两个方面；⑤财政教育支出与新型城镇化耦合是一个不断演进的过程，耦合的总体效应主要由耦合协调度与耦合发展度决定。

新型城镇化水平与财政教育支出水平耦合效应实证分析，以农村职业教育和高等本科教育为研究对象，通过构建耦合度模型，基于31个省份2000—2015年相关数据，分别探讨了农村职业教育和普通高等教育的财政教育支出与新型城镇化水平的耦合效应。财政性农村职业教育支出水平与新型城镇化水平的耦合效应实测结果：系统相悖状态的省份占23.98%，低水平耦合状态的省份占16.33%，虚假耦合状态的省份占23.47%，协同耦合状态的省份占36.22%。人的维度绩效水平、财的维度绩效水平、物的维度绩效水平、人口发展水平、经济发展水平、社会发展水平、资源环境水平对耦合程度均具有显著影响。财政性高等教育支出水平与新型城镇化水平的耦合效应实测结果：系统相悖状态的省份占1.01%，低水平耦合状态的省份占18.95%，虚假耦合状态的省份占52.02%，协同耦合状态的省份占28.02%。财政性本科教育支出与新型城镇化耦合关系因素存在差异的主要影响因素探究表明：财政性本科教育支出因素包括基础条件、支出效率、新型城镇化背景下的新要求、溢出效应、体系完善等；新型城镇化因素包括城镇化的原有基础条件、新型城镇化发展水平、新型城镇化的路径选择；二者关系因素主要是对二者关系的新要求、协调二者关系的路径选择。

在新型城镇化进程中，国外典型国家财政教育支出的基本启示：在财政教育基本做法方面，加大财政教育支出规模、优化财政教育支出结构、引导教育资源均衡发展、健全法律制度保障体系、创新教育经营管理体制等经验值得借鉴；在城镇化与财政教育结合方面，注重教育结构与城镇化发展之间的良性互动、注重教育与城镇化进程中产业人才需求紧密结合、增强服务意识、健全优化法律体系等经验值得借鉴；在财政教育支出绩效评价方面，科学构建绩效评价标准、财政教育支出体现竞争导向、财政教育支出体现考核导向等经验值得借鉴。

依据上述的理论与实证系统分析，基于CIPP评价的基本思想对财政教育支出绩效评估模式进行具体设计：构建包括人口发展、经济发展、社会发展、环境资源、人力资源、财政资源、教育参与、办学效益、直接产出、间接产出10个一级指标49个二级指标的指标体系；在模式设计上，遵循确定评估的主要任务→区分评估的主要类型→获取评估的主要信息→反馈评估的主要成果的设计思路；在逻辑程序上，按照背景评估→投入评估→过程评估→产出评估的逻辑程序；在宏观设计方面，最里层同心圆代表核心价值，中间层同心圆代表4类评估，最外层同心圆代表4类评估的一级指标要素；在微观设计方面，按照4类评估之间内在逻辑以及评估背景与其他3类评估之间耦合关系，系统描述CIPP评估的微观模式的各个组成部分，包括具体的一级指标和二级指标。

基于以上研究结论以及更好发挥新型城镇化与财政教育支出协调有效的耦合促进，提出如下对策建议：①以财政教育支出绩效质量为引领，不断完善相关制度供给；②提升财政教育支出宏观规模，微观财政教育支出趋近最优规模；③平衡财政教育支出宏观结构，微观财政教育支出趋近最优结构；④客观处理财政教育支出水平与新型城镇化水平耦合关系；⑤借鉴国外相关经验，丰富财政教育支出绩效评估内涵；⑥科学设计财政教育支出绩效评估模式。

目 录

第 1 章 导论 / 1

    1.1 研究背景与意义 …………………………………………… 1

    1.2 研究对象 …………………………………………………… 3

    1.3 研究思路与研究目标 ……………………………………… 4

    1.4 研究方法 …………………………………………………… 5

    1.5 研究框架 …………………………………………………… 6

    1.6 数据来源 …………………………………………………… 7

    1.7 创新之处 …………………………………………………… 8

第 2 章 理论基础与文献述评 / 9

    2.1 理论基础 …………………………………………………… 9

    2.2 城镇化相关研究 …………………………………………… 13

    2.3 财政教育支出相关研究 …………………………………… 21

    2.4 城镇化与教育交互作用 …………………………………… 27

    2.5 小结 ………………………………………………………… 33

第 3 章　我国财政教育支出的历史演进与困境分析 / 35

  3.1　财政教育支出相关制度的嬗变 ………………………… 36
  3.2　财政教育支出规模分析 …………………………………… 39
  3.3　财政教育支出结构分析 …………………………………… 46
  3.4　财政教育支出绩效分析 …………………………………… 58
  3.5　小结 ………………………………………………………… 60

第 4 章　最优规模：基于农村职业财政教育支出实证测度 / 61

  4.1　研究对象及逻辑起点 ……………………………………… 61
  4.2　最优规模经济学分析 ……………………………………… 63
  4.3　内生经济增长与最优财政投入规模模型构建 …………… 66
  4.4　财政教育支出最优规模的实证检验 ……………………… 73
  4.5　财政教育支出最优筹资规模的影响因素分析 …………… 84
  4.6　小结 ………………………………………………………… 86

第 5 章　最优结构：基于农村职业财政教育支出实证测度 / 88

  5.1　研究对象及逻辑起点 ……………………………………… 88
  5.2　最优结构经济学分析 ……………………………………… 90
  5.3　财政教育支出最优结构模型的构建 ……………………… 94
  5.4　财政教育支出最优结构模型构建与实证检验 …………… 96
  5.5　财政教育支出最优结构影响因素分析 ………………… 103
  5.6　小结 ……………………………………………………… 106

第 6 章　财政教育支出与新型城镇化机理分析 / 108

  6.1　理论渊源 ………………………………………………… 108
  6.2　财政教育支出与新型城镇化耦合关系的核心 ………… 110
  6.3　财政教育支出与新型城镇化耦合关系的机理 ………… 111

6.4 财政教育支出与新型城镇化耦合关系的支撑 …………… 113
6.5 财政教育支出与新型城镇化耦合关系的演进 …………… 114
6.6 小结 ……………………………………………………… 115

第7章 新型城镇化水平与财政教育支出水平实证测度 / 116

7.1 新型城镇化水平实证测度 ………………………………… 116
7.2 财政教育支出水平实证测度 ……………………………… 131
7.3 小结 ……………………………………………………… 153

第8章 财政教育支出水平与新型城镇化水平耦合程度分析 / 156

8.1 耦合模型构建 ……………………………………………… 156
8.2 财政性农村职业教育支出水平与新型城镇化水平耦合 …… 158
8.3 普通高等学校财政与新型城镇化水平耦合 ……………… 171
8.4 小结 ……………………………………………………… 184

第9章 城镇化进程中国外典型国家财政教育支出的经验与启示 / 186

9.1 国外典型国家财政教育支出的基本经验 ………………… 186
9.2 城镇化与财政教育融合的基本经验 ……………………… 192
9.3 财政教育支出绩效评估的基本体系 ……………………… 195
9.4 财政教育支出水平国际比较 ……………………………… 202
9.5 国际经验对我国的启示 …………………………………… 207
9.6 小结 ……………………………………………………… 211

第10章 财政教育支出绩效评估模式设计 / 213

10.1 CIPP评估模式的基本情况 ……………………………… 213
10.2 主要意义与基本特征 …………………………………… 219

10.3 指标体系构建 …………………………………………… 222
10.4 具体评估模式设计 ………………………………………… 231
10.5 小结 ………………………………………………………… 237

第 11 章 主要结论与对策建议 / 239

11.1 主要结论 …………………………………………………… 239
11.2 对策建议 …………………………………………………… 244
11.3 研究展望 …………………………………………………… 252

参考文献 …………………………………………………………… 254

第 1 章

导 论

1.1 研究背景与意义

我国地大物博、人口众多。20世纪90年代初以来，国家日益重视教育事业的发展，以人口强国、教育强国为目标，提出科教兴国战略和人才强国战略，切实把教育摆在优先发展的战略地位。发展教育是实现我国现代化的根本大计，是中华民族伟大复兴的重要基础。近年来，财政教育支出得到稳步增长（吴建南，李贵宁，2004），教育在经济建设和社会发展中起到推动作用，贡献地位不断凸显（刘璐，2018），已然成为重要因素之一（叶茂林，郑晓齐，王斌，2003）。

城镇化是现代化的必由之路，也是乡村振兴和区域协调发展的有力支撑，更是现代经济社会发展的必然趋势。我国正处于这一进程的重要发展阶段。《国家新型城镇化规划（2014—2020年）》提出了全面实施新型城镇化建设的目标，明确了城镇化建设的战略方向。坚持以人民为中心的发展思想，加快实施以促进人的城镇化为核心、以提高质量为导向的新型城镇化战略。构建新型城镇化人本保障体系，前提是科学确立人的核心地位，关键是在新型城镇化建设过程中落实好对人的生存和发展的保障并提升保障能力。

要走新型城镇化发展道路，就必须充分发挥教育的支持作用。已有研究表明：新型城镇化对教育提出了新的发展要求，教育推动人的城镇化，教育推动人的发展、推动社会发展。教育与城镇化发展之间的联系日益紧密，相互影响日益显著，是相辅相成的关系（刘璐，2018）。现阶段，我国的教育主要以财政投入为主，如何更好地发挥财政投入的作用，使其能更高效、更高质量地作用于教育建设，已经成为社会公众越来越关注的问题。本书首先梳理我国财政教育的制度演变与存在的问题，并基于新型城镇化背景，分别从财政教育支出最优规模、最优结构、财政教育绩效水平与新型城镇化耦合三方面开展新型城镇化背景下我国财政教育绩效评估研究。因此，在新型城镇化背景下，探索我国财政教育绩效问题具有比较重要的学术价值、理论价值和现实意义。

1.1.1 学术价值

（1）首次将新型城镇化与财政教育支出耦合在一起进行分析论证，从耦合目标、耦合关系、特征、耦合机制与演进等方面对新型城镇化水平与财政教育绩效的耦合机理进行分析，拓展财政教育绩效评估研究视野；

（2）在耦合机理与耦合效应实证研究基础上，首次基于CIPP评价模式进行财政教育绩效具体评估模式设计，丰富CIPP评价模式在教育领域的应用；

（3）进一步丰富财政教育绩效评估体系框架。为相关领域学者的深入研究奠定了一定的逻辑基础。

1.1.2 理论贡献

本书在应用人力资本理论、教育经济学理论、系统理论等基础上，以农村职业教育和高等本科教育为研究的基本案例对象，通过描述性统计分析以及推断性统计分析，进一步丰富了相关理论的内涵，特别是系统理论中耦合理论在新型城镇化与财政教育耦合协调发展中的应用与拓展，丰富了该理论应用与解释的领域。

1.1.3 现实意义

明晰财政教育最优规模、最优结构、新型城镇化与财政教育支出耦合关系的内在机理与影响因素；提出现阶段提高财政教育绩效的对策建议；有利于提高我国财政教育绩效，并促进人力资源转换为人力资本，加速人的城镇化，推动新型城镇化发展步伐。

1.2 研究对象

本书对"财政教育支出"的研究，采用联合国教科文组织（United Nations Educational, Scientific and Cultural Organization, UNESCO）和经济合作与发展组织（Organization for Economic Co-operation and Development, OECD）等国际组织界定的概念，即用财政教育支出（Public Education Expenditure）来定义各级政府机构用于教育的支出。该定义强调，财政教育支出是各级政府的教育支出，以区别其他私人来源的支出。

基于国际比较数据指标口径一致性，本书界定的财政教育支出的具体研究对象为"财政预算内教育经费"[①]。同时要兼顾：①考虑到新型城镇化背景，农村职业教育和高等教育的作用越来越显著；②对职业教育、高等教育的财政投入绩效评估的文献相对较少。考虑现实背景、理论贡献，

---

① 《中国统计年鉴》中"财政预算内教育经费"是指中央、地方各级财政或上级主管部门在年度内安排，并计划拨到教育部门和其他部门主办的各级各类学校、教育事业单位，列入国家预算支出科目的教育经费，包括教育事业拨款、科研经费拨款、基建拨款和其他经费拨款，其外延小于国家财政性教育经费。

故本书在财政教育支出最优规模、最优结构研究中选取农村职业财政教育为研究对象,在新型城镇化水平与财政教育绩效耦合关系研究中选择农村职业教育与普通高等教育为具体研究对象。

1.3 研究思路与研究目标

1.3.1 研究思路

本书依照从理论到实证再到政策建议的基本思路展开分析。首先,通过相关文献梳理找到本书依照研究的逻辑起点;然后,构建理论分析框架,为我国财政教育的制度演变与存在问题、财政教育支出最优规模、财政教育支出最优结构、新型城镇化水平与财政教育支出耦合机理分析、新型城镇化水平与财政教育支出实测、财政教育支出与新型城镇化水平耦合程度分析、城镇化进程中国外典型国家财政教育的基本做法与启示、财政教育绩效评估模式设计的实证分析准备理论资源,提供理论指导和方法体系;并在此基础上提出对策建议。同时,对策建议在一定程度上影响着实证结果解释,进而影响问题分析和理论选择。具体技术路线图如图1-1所示。

1.3.2 研究目标

本书主要为了设计一个新型城镇化的财政教育支出绩效的基本评估模式和多元的指标体系,促进新型城镇化水平与财政教育支出绩效水平相互协调、耦合并进,推动新型城镇化又好又快发展。具体目标:①测度新型城镇化水平和财政教育支出水平;②基于耦合模型评估新型城镇化水平与财政教育水平耦合关系;③吸收借鉴国外典型国家城镇化进程中财政教育体系运行的成功经验，丰富财政教育支出绩效评估模式。

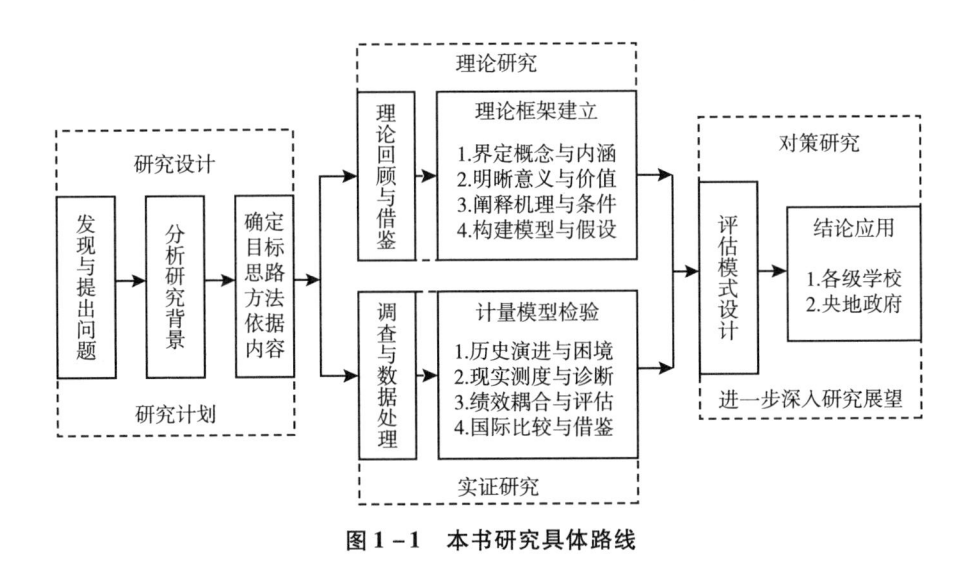

图 1-1 本书研究具体路线

1.4 研究方法

1.4.1 文献分析法

通过对国内外有关新型城镇化和财政教育支出绩效评估等最新成果的文献梳理，吸取有价值的观点，夯实本书的理论基础。

1.4.2 比较分析法

通过分析国内外典型国家财政教育绩效评估状况，归纳和提炼有益的经验，为探索和创新我国新型城镇化的财政教育支出绩效评估模式提供借鉴。

1.4.3 综合分析法

通过定性与定量综合分析，通过构建新型城镇化水平与财政教育支出绩效指标体系并进行实证测度，通过耦合机理分析构建耦合模型，探寻二者关系，以促进新水平协调发展，优化绩效评估管理，提高政策建议的科学性、针对性和可操作性。

1.5 研究框架

基于上述研究目标及研究方法，本书结构安排如下：

（1）导论。本部分主要介绍研究背景和意义、研究对象等7个方面的内容。

（2）理论基础与文献述评。本部分阐述了本书的理论基础及国内外相关研究，为本书的研究思路、研究方法、研究方案的总体设计，提供研究逻辑起点。

（3）我国财政教育支出历史演进与困境分析。本部分对中华人民共和国成立以来我国财政教育制度进行阐释，对财政教育规模、财政教育结构、财政教育绩效等基本状况与存在问题进行深入分析。

（4）最优规模：基于农村职业财政教育支出实证测度。本部分基于财政投入与效用最大化角度对内生经济增长模型的拓展，构建财政性农村职业教育支出最优规模模型并阐释。在此基础上，利用重庆数据进行实证测度。

（5）最优结构：基于农村职业财政教育支出实证测度。本部分构建农村职业财政教育支出最优结构模型，并以重庆市为例，进行实证分析。比较财政性农村职业教育支出的各个部分的产出弹性与贡献份额的规模。

（6）财政教育支出与新型城镇化耦合机理分析。本部分选择从新型城镇化发展的视角，研究我国财政教育绩效评估问题，从理论渊源、耦合关系的核心、机理、支撑与演进五方面对财政教育与新型城镇化耦合机理进行分析。

（7）新型城镇化水平与财政教育支出水平实测测度。本部分为实证检验。①通过构建包括人口发展、经济发展、社会发展、环境资源4个维度共计22个具体指标的新型城镇化水平综合指标体系，利用主成分分析法对我国各省份新型城镇化水平进行测度。②通过构建农村职业财政教育和普通高等财政教育支出评价指标体系，并利用层次分析法确定指标权重，对我国各省份财政教育支出水平综合测度。

（8）财政教育支出水平与新型城镇化水平耦合程度分析。本部分通过构建耦合度模型，基于全国31个省份2000—2015年相关数据，分别探讨农村职业教育和普通高等学校的财政教育绩效与新型城镇化水平的耦合程度。

（9）城镇化进程中国外典型国家财政教育支出的经验与启示。本部分通过梳理、分析、总结了美国、澳大利亚、英国、德国、日本、韩国、巴西、印度、俄罗斯等典型国家在财政教育、城镇化与财政教育相结合、财政教育绩效评价的基本做法，总结其成功经验，为优化和管理财政教育支出绩效、促进新型城镇化启迪思路和借鉴经验。

（10）财政教育支出绩效评估模式设计。本部分详细介绍了CIPP评价模式产生的背景、基本内涵、具体应用等基本情况，并阐明本书应用CIPP评价模式进行绩效评估的意义、遵循的基本原则和展现的基本特征。并在此基础上，进行指标体系构建与具体评估模式的设计。

（11）主要结论与对策建议。本部分梳理相关结论，并提出相应的政策建议及研究展望。

1.6 数据来源

数据来源主要包括三部分：①从《中国统计年鉴》《中国教育统计年

鉴》《中国教育经费统计年鉴》以及各省（自治区、直辖市）相关统计年鉴上获得的公开数据；②根据研究需要，利用原始数据对部分指标进行计算；③引自他人研究整理的相关数据资料，所有引用资料均以适当方式加以注明。

1.7 创新之处

1.7.1 学术思想创新

将人力资本理论、耦合理论、教育经济学理论嵌入到新型城镇化和财政教育支出绩效相互促进的实证分析中，使理论与实践紧密结合，解决财政教育绩效评估的实际问题。

1.7.2 学术观点创新

首次将新型城镇化与财政教育绩效进行耦合分析，并在此基础上提出财政教育支出绩效评估的新模式；财政教育支出的成果是人力资本的积累和经济增长质量和数量，这恰好是人的城镇化和经济城镇化的核心。

1.7.3 研究方法创新

在通篇研究中，以定量研究为主，定性与定量相结合，除了应用传统的回归分析、主成分分析等方法外，首次使用耦合模型进行新型城镇化与财政教育绩效耦合关系的研究。并在此基础上，首次应用CIPP评估模式进行财政教育绩效具体评估模式的设计。

第 2 章

理论基础与文献述评

2.1 理论基础

新型城镇化过程中财政教育绩效评估以公共财政理论、公共产品理论、系统论、城乡融合理论、人力资本理论、内生增长理论、教育经济学理论为理论基础。

2.1.1 公共财政理论

公共财政是政府凭借行政权力,负责提供公共服务,以满足社会发展的公共需要而集中分配社会资源的经济行为。由政府履行配置、分配、稳定的公共职能,具有公共性和非营利性的特征。教育作为一种公共需要,属于市场调节失灵的领域,[1] 决定了教育产品不能单纯由市场提供,而是需要政府的介入,即需要发挥公共财政的配置职能,进而提高教育领域的资源配置水平,使其尽可能优化。[2]

---

[1] 谢秋朝,侯菁菁. 公共财政学 [M]. 北京:中国国际广播出版社,2002.
[2] 傅志明. 我国财政教育支出层级结构问题研究 [D]. 厦门:集美大学,2017.

2.1.2 公共产品理论

1954年,美国著名的诺贝尔经济学家萨缪尔森(Samuelson)在《公共支出的纯粹理论》中首次提出公共产品的概念。公共产品又称公共物品,是在消费或使用上的非竞争和受益上的非排他性的产品,即任何人都能进行该产品的消费、使用和受益,不受他人的影响。在实际的社会生活中,纯粹的公共物品很少,一般以准公共物品或者混合物品的形式出现,即具有公共产品和私人产品的双重特征。公共产品理论最重要的问题是公共产品如何分配以及分配的效率,同时,该理论还认为效率与公平问题时时刻刻都存在,任何一种公共决策方式都不可避免地存在缺陷。

教育具有间接性和隐蔽性等特征,使得教育收益具有一定的复杂性。既有个人收益,又有社会收益;既有经济收益,又有非经济收益。教育的特征决定了其不可能完全由市场经济来提供,需要政府部门的介入。在新型城镇化的进程中,农村职业教育和高等教育这两类教育的重要作用更好地体现在提高国民素质、促进社会经济快速增长、促进社会效率和实现社会公平等几方面。因此,政府必须发挥财政教育的重要作用[①]。

2.1.3 系统论

系统论强调将研究或处理的对象作为统一的不可分割的有机整体(整体系统),即不同的要素在系统中发挥着不同的作用,并与系统内的其他要素相互作用。系统论的出现,使人类的思维方式发生了深刻的变化。系统论对系统的结构、特点、行为、动态、原则、规律以及系统间的联系、功能等内容进行分析,以期把握系统整体、优化目标。

---

① 陈炜. 财政教育投入的理论与运行研究 [D]. 天津:天津大学, 2014.

财政教育支出系统包含的内容是非常复杂的。从系统论的视角入手，可以研究系统之间、要素之间、系统与要素之间等信息转换关系，进而促进系统发展，并为完善系统开拓新的动力方向。

2.1.4 城乡融合理论

19世纪中期，马克思、恩格斯从历史角度阐释了城乡关系，认为随着时间的推移，城乡对立必然会走向城乡融合，但是需要漫长的历史时间。在城乡关系上，马克思、恩格斯进一步阐述了城乡融合理论，未来的社会不是固化城乡的分离，而是实现城乡融合。

我国在新型城镇化背景下推动城乡统筹发展，不仅要把工业和农业、城市和乡村作为一个整体统筹谋划，破除城乡分割的二元体制障碍，还要以人的发展为核心，全面提升城镇化质量和水平，逐步使城乡统筹走上以质量效益型为主的可持续发展之路。随着城镇化的推进，城镇中涌入越来越多的农业转移人口，他们与城镇非农户籍的市民一样，衣食住行都在城镇，但享受的公共产品和服务却有着天壤之别。特别是随着城镇化进程涌入城镇的还有广大农业转移人口的子女，教育资源的有限性造成这些农业转移人口的子女与城镇非农人口子女在教育资源分配上不均等。因此，新型城镇化对政府财政增加教育支出、提高财政教育支出比重也提出了更高的要求。

2.1.5 人力资本理论

在人力资本研究中，最具开创性的当数舒尔茨（Schultz）的人力资本理论和贝克尔的人力资本投资理论。舒尔茨认为，经济增长区域差异的根本原因在于人力资本不同。他率先提出了"全面生产要素"这一概念，认为生产要素除了包括资金、土地等这些基本要素，还包含技术这一要素。技术是一种有用知识，它被劳动力所掌握。各个国家经济发展的不相同，根源在于人力资本的丰裕程度不相同。人力资本具有收益递增特性，成为社会进步的重要决定性因素。该理论明确了通过教育这一手段来提升人口质量，是人力资本投资的核心。故亦可把对人力投资的研究看作是教育投资问题的研究。贝克尔在分析人力资本的形成时，特别强调在职培训的作用。

根据舒尔茨和贝克尔（Becker）的人力资本理论，人力资本的收益率以及对经济增长的贡献率远高于物质资本的作用。财政教育支出最直接的影响就是对人力资本的积累，可以说教育投入问题也就是人力资本投资，通过对教育的投入可以提升人口质量。人口质量提升可以表现为农村人口更多地转化为城市人口，随之劳动者的素质和劳动生产率也得到提升，从而进一步决定了经济增长速度，促进了新型城镇化进程。

2.1.6 内生增长理论

现代西方经济增长理论自哈罗德－多马经济增长模型，经过索洛－斯旺经济模型到罗默（Romer）、卢卡斯（Lucas）的新经济增长模型，经历了一个技术进步由外生变量变为内生变量的过程。凯恩斯理论关注的是短期的经济稳定问题，核心观点是投资决定论或收入决定论，中心观点是资本的不断形成是经济持续增长的决定性因素。索洛模型把资本和劳动力作为经济增长的基本要素。其中，新经济增长模型是典型的内生增长模型。内生增长理论认为，经济能够不依赖外力推动实现持续增长，内生的技术进步是保证经济持续增长的决定因素。罗默提出了规模收益递增假定，强调知识积累是经济增长的决定性因素，将其内生化。他指出，技术是知识的积累，是经济长期增长的根本动力，原因在于知识和人力资本不同于物质资本，它的边际报酬是递增的，同时使得资本、劳动等要素投资收益也不断增加，促进了经济的长期增长。卢卡斯正是在人力资本理论的基础上通过人力资本的内生化来解决经济增长问题。其人力资本模型基于二元结构经济假设，以及深入研究农业部门经济向工业部门经济转化的问题。他认为，人力资本积累是很重要的，人力资本的差异也是导致各个国家经济发展差异的主要因素。人力资本未有效形成的国家，人均收入也不高。他提出，人力资本的积累，一方面，可以通过正规与非正规的教育手段，使得劳动者的知识与技能得到长足发展，进而提高劳动生产率，促进经济的发展；另一方面，劳动者通过学徒式的培养方式，在实践中获得知识与经验，从而提升自身的专业技能，使得劳动生产率得以提升。高质量的人力资本，使得收益不断增加，可以获得更高的工资水平，促使资本和其他要素的收益都递增。

内生增长理论对经济增长的原因做了解释，认为能够获取新知识并运用于生产会带动经济的增长。教育的投入会提升劳动力素质，带来技术的革新进步。根据内生增长理论会引起经济的持续增长，经济质量和数量的提升将会推动新型城镇化的建设。

2.1.7 教育经济学理论

20世纪60年代开始，教育经济学理论发展起来，研究内容主要集中在教育水平的提高和经济的快速发展之间的互动关系。逐步形成了以人力资本理论为代表的完整的教育经济学理论体系。在对经济增长的研究过程中，学者们发现人力资本的积累对经济增长的巨大促进作用，而加大教育投资可以促进人力资本的快速积累。教育的进步可以带来社会文明的进步、经济水平上升、居民素质提高等外部效益，从而实现经济效益、社会效益、环境效益的整体提升。因此，对政府部门来讲，需要不断增加财政教育支出。

2.2 城镇化相关研究

在本书的设计中，把财政教育绩效与新型城镇化耦合关系、新型城化水平指标体系构建并实证测度作为本书研究内容。因此,本部分选取城市化与城镇化概念辨析、新型城镇化与人的城镇化、城镇化评价指标体系3个方面进行文献梳理。

2.2.1 城市化与城镇化概念辨析

城市化和城镇化是英文单词 Urbanization 的不同释义。城镇化与城市化真的只是译法不同吗?过去我国学者在探讨城市的发展时,经常使用城市化一词,现在使用最广泛的却是城镇化,这不是翻译的准确与否问题,而是二者并不等同(孙雅静,2004)。如果从国外发达国家的城市化过程看,可以将二者等同起来,因为发达国家的城市化和工业化是同步的,但我国的城市化应有更多的内涵。

19 世纪 70 年代兴起了城市化研究,西班牙城市规划师依勒德丰索·塞尔达(Ⅱdfonso cerdà)首先提出了"城市化"这一概念。美国学者沃纳赫希(Werner Hershey,1990)认为,城市化是从农村经济向城市经济发展的一个过程,同时也是经济特征由人口稀疏、空间分布均匀分散向具有对立特征转化的过程。而日本学者山田浩之(Yamada Hiroyuki,1991)认为,城市化不仅体现在经济领域,而且还包括社会文化领域,主要表现为城市生活方式的深化和扩大。诺贝尔经济学奖得主西蒙·库兹涅茨(Simon Kuznets,1989)将城市化阐述为城市和乡村之间人口分布方式的变化。苏联学者伊利英(В В Ильин,1987)认为,城市居民数量的增加以及他们在国家生活中发挥作用的提高的过程就是一种城市化。英国经济学家科林·克拉克(Colin Clark,1940)在他的著作《经济进步的条件》一书中提出,城市化就是第一产业人口不断减少,第二、第三产业人口不断增加的过程。"城市社会学之父"路易斯·沃思(Louis Wirth,1938)认为,城市性是城市特有的一种生活方式,城市化就是人们向这种生活方式发展变化的过程。众多学者普遍认为,城市化是指农业人口转化为非农业人口、农村地域转化为城市地域、农业活动转化为非农业活动的过程。

实施积极的城市化战略，不仅是城市化的本质要求，而且也是经济全球化和知识经济时代的要求，更是推动我国社会经济发展的现实要求（杨新海，王勇，2005）。

1982年，中国城市与区域规划学界在南京召开"中国城镇化道路问题学术讨论会"以后，许多学者和政府决策者开始用"城镇化"来表述和主张中国特有的"农村城市化"现象和道路（杨新海，王勇，2005）。我国著名社会学家费孝通提出"小城镇，大问题"，被认为是有中国特色城市化道路最早的倡导者。很多中国学者认为，城镇化是一个有中国特色的城市化用语（傅晨，2005）。"城镇化"与城市化相对应，是指通过优先和积极发展农村小城镇推进中国城市化进程，即通过农村工业化进程实现农村人口离土不离乡的空间转移。

作为我国农业经济界前辈的厦门大学许经勇教授认为，"从理论上说，城镇化与城市化的提法并没有本质上的区别"。中国共产党第十六次全国代表大会报告之所以采用"城镇化"的提法，主要是考虑其内涵更符合我国的国情（傅晨，2005），是中国城市化道路的必然选择（杨新海、王勇，2005）。强调城镇化，是因为农民融入城镇就业与定居门槛要比大城市低得多，更符合我国农村实际（刘彦随，2013）。

在城镇化的形成方面，孙胤社等人（1988）认为，农业生产力的提高引起农村人口向城市集中，从而形成城镇化。高珮义（1990）认为，城市化的内涵在于由乡村社会演变为城市社会的历史过程，但整个过程主要关注于城市人口的比重变化。宋栋（1993）认为，城镇化本质上是土地、劳动和资本等生产要素在技术作用下的重新配置，主要通过劳动力的部门转移和地域迁移来实现。众多学者普遍认为，城镇化是指农村人口不断向城镇转移，第二、第三产业不断向城镇聚集，从而使城镇数量增加、城镇规模扩大的一个历史过程（冯煜，2014）。

城镇化过程复杂。城镇化是一个有机整体，包括经济、人口、城市建设和生活环境人民生活水平等诸多因素（韩兆洲等，2005）。城镇化的过程不仅包括农村人口和地域向城镇扩张的过程，而且还包括城镇的生活方式、行为方式、文化文明等向农村扩散的过程（仲小敏，2000）。城镇化的过程伴随着对消费的巨大拉动（胡日东，2007）、人口就业结构、经济产业结构的转化和城乡空间社区结构的变迁（何平等，2013）。胡燕燕等人（2016）也认为，城镇化是一个综合性的过程，主要涉及经济城镇化、人口城镇化、社会城镇化和土地城镇化四个方面的内容。

"城市化"和"城镇化"都是对社会发展中农业人口向非农业人口转移这一现象的描述（冯煜，2014）。二者的差别在于："城镇化"突出非农业人口向中小城市及小城镇集聚（朱相宇，乔小勇，2014）。在当前国际和国内双重条件的约束下，决定了中国城镇化的特殊过程和特殊道路（黄锟，2001）。城镇化是城市化的起点，是城市化进程的过渡模式（聂伟，风笑天，2014）。周彦国、钱振水、王娜，主张在我国现阶段统一使用"城镇化"这一学术术语（2013）。

2.2.2 新型城镇化与人的城镇化

中国共产党的第十八次全国代表大会提出，将新型城镇化确立为国家发展战略，我国城镇化发展需要从"重视非农化的城镇化"过渡到"重视市民化的城镇化"。新型城镇化的"新"呈现出真正意义上实现人的"城镇化"、实现社会待遇的"平权化"、实现资源配置上的"均衡化"、实现生态环境的"优质化"、尊重地域空间的"差异化"、实现农村生活的准"城镇化"六个方面特征。

新型城镇化的根本是"人的城镇化"。新型城镇化的过程，必须坚持以人为本，凸显人的主体地位，由过去城市规模扩大、空间扩张的片面追求，转变为文化、公共服务等内涵为中心（冯煜，2014），实现农转非居民市民化和实现社会融合，从而促进城市内部的社会整合，让人们更幸福、更有尊严地在城镇生活（吴强，2014）。

2.2.3 城镇化评价指标体系

由于世界各国对城市本身的确定标准不一,各国国情也大相径庭,所以至今仍然无法形成对城市化水平评价的统一标准。但相对达成共识的是,相对于单一指标,复合指标体系能够更加科学地对城市化水平进行监测、诊断。

单一指标法最常用的指标有 3 个:城市人口比重指标、非农业人口比重指标和城市用地比重指标。

(1) 城市人口比重指标。

$$城市人口比重 = \frac{城镇人口}{区域总人口}$$

城市人口比重指标反映了人口在城乡之间的分布。但该方法存在一定问题,由于各国设置的人口数量标准差距、行政区划的变更和社会政治等因素,使得指标缺乏可比性或连续性(颜芳芳,张健,2008)。

(2) 非农业人口比重指标。

$$非农业人口比重 = \frac{非农业人口}{区域总人口}$$

非农业人口比重指标是我国统计部门在 2003 年前使用的主要方法。这种计算方法忽略了城市总人口的概念,将不到就业年龄者、退休者和实际定居在城市的其他未能就业者排斥在外,因此不能从真正意义上反映城市化水平(颜芳芳,张健,2008)。

(3) 城市用地比重指标。

$$城市用地比重 = \frac{建成区用地面积}{区域总面积}$$

城市用地比重指标反映当地的城市化水平。这种计算方法忽略了人口密度的稠与稀造成的城市用地的紧与松,同时在统计上存在相当大的难度,故应用不广(颜芳芳,张健,2008)。

这 3 个指标评价方法只能从城市化的数量上进行评价,不能在城市化的质量上进行评价，指标评价比较单一、带有一定片面性。近年来，绝大部分学者提倡采用综合评价方法来评价城市化水平。在国外相关研究中，采用复合指标法的研究总体较少，但由于发达国家已经基本完成城市化的过程，近年来甚至出现了逆城市化现象。因此，对复合指标法的研究，比较成熟的有以下几种（徐秋艳，2007）：

联合国人居中心［United Nations Center for Human Settlements（Habitat），UNCHS］分别于2002年和2004年编制了城市发展指数（City Development Index）与城市指标准则（Urban Indicators Guidelines）（见表2-1），用以评价人类居住环境，为其他城市化质量研究提供了一个研究标杆。

表2-1　　　　　　　　联合国人居中心城市化质量评价体系

城市发展指数		城市指标准则
基础设施	供水、供电、排水、电话	居住
废弃物处理	废水处理、固体废弃物处理	社会发展
健康	预期寿命、儿童死亡率	消除贫困
教育	识字率、入学率	经济发展
生产	城市产品	管制

日本东洋经济新闻报社学者提出了城市成长力系数法。总共10项指标来测度城市化的相对水平，具体包括总人口、地方财政支出、制造业从业人数、商业从业人数、工业生产总值、批发业销售额、零售业销售额、住宅总面积、储蓄额、电话普及率。而日本地理学家稻永幸男等人推出城市度测量法，通过共16项指标的指标体系对城市化进程进行研究。

美国斯坦福大学社会学教授因克尔斯（Alex Inkeles）提出现代化指标体系。具体指标包括人均GDP、农业增加值占GDP比重、第三产业增加值占GDP比重、非农就业人口占总就业人口比重、识字人口占总人口比重、适龄青年受高等教育比例、城镇人口占总人口比重、平均每个医生服务人数量、平均期望寿命、每天每份报纸阅读人数。美国社会学家因克尔斯（2005）通过考虑经济水平、产业结构、人口生活质量等因素，构建了一个现代化标准指标体系，目前该体系得到了大量的运用。此外，联合国和社会事务部统计处从经济、社会、人口统计方面，英国地理学家克劳克从人口、职业、居住及距离城市中心远近等方面，经济合作与发展组织、英国政府、印度政府等均从不同侧面来考察现代化评价指标体系。

我国学术界对城市化质量的单项评价研究成果非常丰富，主要有城市人居环境评价、城市居民生活质量评价、文明城市评价、生态城市评价以及城市可持续发展评价等。城市化质量评价体系涉及经济发展、社会进步、居民生活质量、可持续发展等方面。在城市化水平测度指标体系的构建上，各位学者根据自己对城市化水平的理解构建了不同的指标体系。

在指标体系研究方面，刘勇、高建华和丁志伟（2011）结合新时期城镇化的新内涵，指出中原城市群城镇化综合评价系统由人口、经济、土地、社会四个子系统构成，并据此设计城镇化水平的分指标与综合评价指标；牛晓春、杜忠潮和李同昇（2013）基于对新型城镇化的本质内涵及其特征的考辨，建立了由人口、经济、基础设施、生活质量、生态环境、城乡统筹发展诸因素构成的新型城镇化评价指标体系；朱有禄、于清涛和李玉江（2008）从人口、经济、基础设施和景观等方面，建立了城市化水平评价指标体系；王文博、蔡运龙（2008）针对人口、产值、产业发展和交通设施等指标及其相应的二级指标，进行城镇化水平差异综合评价；官静、许恒国（2008）从城市化内涵出发，基于人口、经济发展、居民生活和地域环境，构建了反映城市化发展水平的评价指标体系；史文利、高天宝和王树恩（2008）从经济人口指标、生活方式指标、地域环境指标，构建了城市化水平评价指标体系；耿海清、陈帆、詹存卫等人（2009）根据城市化的内涵，选取13个指标，采用全局主成分分析方法共提取3个主成分，分别反映人口结构及城市景观变化、城镇居民收入及消费水平、城市基础设施建设方面的信息；吴国玺、曹志刚（2009）根据城市化的内涵，将城市化综合指标分为城市发展进程、城乡共同发展、生态城市化和文化水平城市化，并据此对城市化综合水平进行测度；戴磊、赵娴（2012）选取地方生产总值、客运量、地方财政预算收入、固定资产投资、城乡居民储蓄、平均工资、邮政局数、固定电话用户、社会商品零售总额、公共电车营运车辆、剧场与影院数、普通高校在校学生、执业医生数、环境污染治理投资14个指标，构建了城市化综合评价体系和最终排名；约麦尔·玉苏普（2012）在新疆城市化发展状况的基础上，从经济、社会、人口3个方面设计14个地区的城市化水平综合评价指标体系；钱耀军、滕双春和何海霞（2015）结合海南省城镇化建设和发展的实际，构建了海南省城镇化发展水平评价指标体系，包括人口城镇化水平、公共设施城镇化水平、经济城镇化水平、社会城镇化水平、环境城镇化水平；邵川、刘传哲（2015）从居住功能视角对我国各省区的新型农村城镇化水平进行变量体系构建，包括人口因子、基础设施因子、垃圾与污水因子和环境因子4个维度，得出各省份小城镇的居住功能评价；师谦友、王敏（2009）选取人口、经济、社会文化和地域景观构建评价指标体系；雷娜、郑传芳（2017）通过人口城镇化、经济城镇化、社会城镇化和土地城镇化4个维度构建县域城镇化水平评价指标体系；李红燕、邓水兰（2017）以中部六省份省会城市为例，选取涉及经济、社会、生态、空间等多个视角来构建新型城镇化的指标体系。在城镇化水平综合评价方面，学者们考虑到城镇化内涵非常丰富，它不仅体现出一个地区人口性质的变化，而且还体现出该地区的经济发展水平、人口质量、生活质量等多方面因素。

在研究方法方面，不同评价方法所得结果正相关，评价结果具有较强的一致性（周永卫，范贺花，2015）。关于城镇化水平测度方法的研究包括主要指标法和复合指标法，人口比例指标又是主要指标法中最常用的测度指。复合评价方法比单纯的单一指标更能全面反映城镇化进程，体现了城镇化内涵的综合性。主要采用熵权法、层次分析法（AHP）、综合指数、加权平均、主成分分析、聚类分析、模糊综合评价、因子分析等方法单一或综合应用。

综上所述，城镇化综合水平的测度研究是许多学者关注的重要学术问题。随着研究发展，学者构建的衡量指标和研究方法更加趋于完善和进步。但随着研究的深入，越来越多的学者倾向采用城镇化综合评价方法（都沁军，武强，2006；王洋，方创琳，王振波，2012）进行城镇化水平测度。城镇化综合水平测度指标包含的信息丰富、全面和完整，体现了人口、经济、社会和土地等方面的特征。总之，城镇化水平的科学测度既要关注评价指标的科学、客观的选取，又要关注不同指标权重的科学体现。前人的研究为新型城镇化综合评价指标体系的构建提供了丰富的理论借鉴与思路参考。

2.3 财政教育支出相关研究

国内外对财政教育支出的相关研究主要集中在财政教育支出规模、财政教育结构、财政教育绩效等几方面。通过对财政教育支出的概念与分类的文献梳理，可以更好地明晰本书研究对象、思路与内容。故此部分主要从四个方面进行文献梳理。

2.3.1 财政教育支出的概念与分类

（1）财政教育的概念。

教育投入是指国家和地区依据教育发展水平的需要，投入到教育事业领域的人力、物力、财力的费用总合（陈炜，2014）。鉴于教育的公共性和外部性特征，教育经费的主要承担者理所当然是政府。财政教育是政府对教育事业的经费的投入，即利用财政手段向教育领域提供必要的资金支持，也是政府最主要的职能之一。财政教育实质上是一种政府行为。财政教育作为公共财政支出的重要组成部分，是保障教育优先发展战略和改革的物质基础。

财政教育就是政府为发展公共教育事业，依据既定的教育方针和政策，向教育领域提供必要经费支持的经济和财务活动，包括政策对教育经费及其他教育资源的筹措、分配及使用监督等。财政教育支出主要用来衡量政府对促进教育发展的努力程度。结构合理的财政教育支出，可以有效地促进经济的发展、社会的进步和劳动者的综合素质的提升。它是政府履行其教育事业管理职能的基础、前提和保障，是国家财政的重要组成部分，同时还是社会资源合理配置的重要渠道和手段[①]。为此，政府所肩负的主要任务：①划拨部分社会财富给教育部门，既保证教育事业发展所需经费的充足性，又不影响整个社会经济的健康运行；②在教育部门内，对教育经费进行合理配置，保证不同地域、阶层、性别的适龄儿童都能得到同质教育服务，实现教育机会均等化，保证提供的教育服务既能够满足社会全面发展的需要，又能够满足个人自我完善的需要。概言之，财政教育在教育事业发展中起着至关重要的作用。

（2）财政教育的分类。

财政教育主要从接受教育的程度、政府管理体制、支出用途等几方面进行分类。按照公民受教育程度，因教育体制差异划分为财政性学前教育支出、财政性初等教育支出、财政性中等教育支出、财政性高等教育支出以及其他形式的财政教育支出。其他形式的财政教育支出主要包括成人教育、社会人员培训及其他特殊教育投入等。按政府管理体制，划分为中央政府财政教育和地方政府财政教育。按支出用途，划分为教育事业费财政投入和教育基建投资。

2.3.2 财政教育支出规模

通过对我国财政教育支出规模现状分析，马国强（2011）认为在财政教育支出规模方面存在总量不足、财政性教育经费支出占 GDP 的比重

---

① 陈炜. 财政教育投入的理论与运行研究［D］. 天津：天津大学，2014.

偏低、人均预算内教育经费增长缓慢等问题,并提出合理确定投入规模、调整支出结构、发行教育债券等优化建议。当前,政府应该继续将教育作为国家发展的一项基本国策加以落实,形成强化教育投入多主体、多渠道的融资格局(李航星,孙奇琦,2013)。中国财政教育支出水平依然低于主要发达国家和发展中国家均值,未来仍需加大财政教育支出力度(宗晓华,陈静漪,2015),合理分配财政教育支出经费,实现教育事业的均衡发展(李航星,孙奇琦,2013)。在产出效果研究方面,刘凤娟、司言武(2017)基于1998—2014年全国31个省(区市)财政教育支出面板数据,采用固定影响系数模型得出:财政教育支出的经济增长弹性存在较大差异。陈纯槿、郅庭瑾(2017)基于中国教育追踪调查(CEPS)2013—2014年基线数据,从教育公平的视角,考察和分析财政教育支出的影响得出:在控制了学生家庭背景和学校特征的情况下,生均公用经费的正向效应在经济发展水平较低的农村更加显著。张光、尹相飞(2015)使用2000—2011年的跨省数据,证明流动人口分布与地方教育人口、财政教育支出和生均财政教育支出之间的关系。研究得出:因教育阶段不同,几者之间的关系存在不同,在义务教育和高中教育阶段,因流动人口输入地政府利用户籍拒斥流动人口子女,导致这些地区的中小学生规模及其财政投入显著低于流动人口输出地区,而其生均财政投入水平则远远大于后者。在高等教育阶段,则因流动人口输入地政府没有动机,而且也不可能利用户籍制度拒斥非本地户籍生源,其大学在校生规模和财政投入规模不显著高于流动人口输出地区,生均财政投入水平也不显著高于后者。

高水平的财政教育支出是教育优先发展战略地位的重要物质保障已得到共识。宗晓华、陈静漪(2015)指出,经济发展"新常态"下,政府财政收入增幅迅速下降,人口结构转换导致政策优先议程重置,以及淡化支出挂钩等宏观财政体制改革,都将对传统体制下财政教育支出的持续增加形成挑战。未来应关注更多的现实因素与挑战因素,以有力推动财政教育制度的战略性转型。

2.3.3 财政教育支出结构

通过对我国财政教育支出结构现状进行分析，得出：在财政教育支出结构方面存在教育支出内部结构（层级）不合理（马国强，2011；李航星，孙奇琦，2013；傅志明，2017）、三级教育投入分配结构不合理、城乡地区的不平衡（马国强，2011；傅志明，2017）、国家对各地区之间的投入不合理、教育收费不够规范、预算制度有待完善（李航星，孙奇琦，2013）、城乡教育支出和区域教育支出不均衡、城乡生均教育经费支出差距在扩大（傅志明，2017）等问题。结构不合理主要表现在财政教育支出内部结构、财政教育支出层级结构、财政教育支出城乡结构、财政教育支出主体结构四个方面（赫娜，2011；田民政，2014；戴天天，2018），提高财政教育支出的占比，加大对财政教育的投入并提高中等师范教育和职业教育支持力度，是优化财政教育的必然选择（王广深，王金秀，2008）。增加基本建设的投入、优化三级教育投入结构、加大转移支付力度（马国强，2011）、调整财政教育支出的政府分担结构、突出财政教育支出的重点领域、优化财政支出的教育内部结构、建立规范的财政教育转移支付制度（田民政，2014）等优化建议。

2.3.4 财政教育绩效

财政教育支出一直是国外研究的热点。近年来，相关研究主要集中在3个方面：①财政教育支出对经济社会发展的贡献；②政府财政教育支出对收入分配的作用；③财政教育支出对教育公平的影响。国内关于财政教育支出的研究，大致经历了3个阶段：第一阶段是20世纪二三十年代，以邰爽秋（1929）为代表的学者们从我国教育投资中资金供需矛盾出发，研究政府如何筹措更充分的教育资金。第二阶段是从20世纪80年代到21世纪初，以厉以宁、王善迈等为代表发表的教育经济学著作，从教育的公共产品属性出发，研究政府如何提供教育产品以及随着市场经济体制的逐步确立。教育产业化等问题又成为研究热点。第三阶段是近10年来，有关财政教育绩效的研究更加丰富。

财政教育绩效是指国家根据公共教育支出的目标和范围，对教育领域进行财政支出产生的效果（姚静，2008）。财政教育绩效存在教育经费使用效益的低下、财政教育配置效率不高、财政教育运行效率不高、财政教育技术效率不高（亓英豪，2018）、绩效评价重支出分配轻支出后评价、教育支出的绩效目标不明确、评价指标的设计欠缺科学性与系统性、尚未制定合理的标准值（杨柳，2006）等问题。在衡量公共教育投资效益方面，通常选择可操作、可比较的指标，并在此基础上再确定具体的指标计算方法和指标评价体系。部分学者采用单一指标进行衡量，马国强（2011）采用教育的人才收益率这个指标来分析我国公共教育投入效益，并得出公共财政教育支出效益不高的结果。绝大部分学者认为，财政教育投入绩效评价是以财政教育投入的目标做评价依据，通过选择、制定科学合理的指标体系、评价标准、评价方法等，对财政教育进行客观、公正的评价（吴建南，李贵宁，2004）。财政教育评价的内容可以根据评价目标的不同，分别选取投入的分配结构、管理风险和产出成效等。财政教育评价的内容还可以进一步扩展，围绕财政教育的数量、质量、结构的衡量形态进行评价（吴彩虹，2013）。例如，教育资源配置合理性、教育目标实现的公平性、教育过程安排的科学性、教育监督管理的高效性、教育成果的丰富性等诸多内容。

财政教育需要从系统输入、系统输出的视角（吴建南，李贵宁，2004），以及从配置结构绩效、管理效率绩效、产生成果绩效等层次视角（廖楚辉，2003；吴彩虹，2013），确定绩效评价标准和绩效评价方法。然而，在财政教育支出绩效评价指标构建领域，以及公共财政教育支出绩效评价的实践方面，主要存在评价指标设计重支出分配轻支出后绩效、评价指标的设计欠缺科学性与系统性等主要问题（吴建南，李贵宁，2004）。对财政教育支出的绩效评价，不仅要注重量的变化，而且还应注重质的提高。财政教育支出绩效评价应把握系统性原则、重要性原则、数量性原则和可比性原则（郭华桥，2011）。

赫娜（2011）认为，决策的质量取决于供决策者使用的数据以及数据的实用性。教育指标体系将对教育系统发挥良好的决策效应，通过系统可以了解和分析教育经费的来源、结构、支出方向，并对经费使用情况进行监管。我国财政教育支出绩效评价指标体系包括6个维度、35个具体指标：政策维度包括财政投入乘数、财政教育基建投资支出占财政教育支出的比重、财政拨款程度、财政支出培养的学生数；综合效益维度包括教育支出使用效果、毕业学生升学率、每百人生均获得奖励数；人力资源使用效率维度包括师生比、专任教师比率；物力资源使用效率维度包括校舍利用率、教室利用率、教学仪器设备利用率、图书利用率；财力资源使用效率维度包括教学支出占教育经费的比率、公费经费占教育经费的比率、预算支出完成程度；学校综合规模维度包括生均建筑面积、生均占有固定资产总额、人均科研活动收入、学校自筹收入比率；发展能力维度包括学校年末净资产占学校总支出的比率、学校资产负债比率、学校自筹收入增长率、学校总收入增长率、学校固定资产增长率、学校学生人数增长率、学校教师增长率、3年总收入平均增长率、3年总资产平均增长率；高级指标包括领导班子基本素质、公务员（在岗职工）素质、基础管理水平、发展创新能力与战略、服务硬环境与服务满意度、综合社会贡献（赫娜，2011）。

近年来，在财政教育绩效评价方面已经形成以下共识：①要明确并具体评价目标；②构建能够评价目标的指标体系；③要考虑指标体系的科学性和通用性；④要选择科学合理的指标衡量尺度。

国家教育体系是指包括基础教育、职业教育、高等教育和特殊教育在内的综合体系。其中，职业教育属于一种比较重要的人力投资形式。通过职业教育，可以培养农村劳动力的就地转移，有利于推动农村经济的特色发展，实现农村和城市经济的联动发展。职业教育具有双重身份，不仅具有教育属性，而且还具有经济属性；可以形成育人与人力资本投资高度耦合的"共同体"。职业教育影响经济社会发展的速度与质量，以及中国城镇化水平的提高（阚大学，吕连菊，2014），甚至直接影响新型城镇化建设的推进步伐（陈凤英，李杰，朱德全，2014）。

在高等教育研究方面，以高等教育人力资本为载体的人才、创新等已成为推动经济增长的重要源泉（王珍珍，穆怀中，2018）。中国高等教育水平和城镇化水平之间存在长期稳定关系，高等教育水平的提高对城镇化发展的带动作用，表明高等教育促进了农村人口向城镇人口转化和迁移，且高等教育水平波动也直接影响城镇化水平的波动（王亚冉，奚宾，2018）。高等教育绩效评价是提高财政性高等教育支出效率、合理配置高等教育资源、保障高等教育目标实现的有效途径（许盛，2006）。在进行评价时要注意以下几方面：①把支出评价常态化；②指标评价要体现关键点；③指标设计要周密、合理、客观；四是指标要具体、可操作。

综上所述，财政教育支出绩效评价逐渐得到人们的关注，在评价方法的研究上也有一定的成果。学者们从"投入—产出"的角度出发，设计财政教育支出绩效评价体系，在国内外学术界达成了一定共识。但是在实际工作中，要根据不同的评价对象和特点，选取不同的维度、指标来进行评估，并且不同评价方法得到的结果也不尽相同。学者们对财政教育支出研究存在以下特征：①对财政教育支出的研究多采用经验分析方法，偏重定性研究；②考虑到新型城镇化背景，农村职业教育和高等教育的作用越来越显著；③对职业教育、高等教育的财政投入绩效评价的文献相对较少。因此，本书在进行财政教育绩效的评价过程中，重点考虑农村职业教育的财政绩效和高等教育的财政绩效。

2.4 城镇化与教育交互作用

城镇化的核心是人的城镇化，人的城镇化关键在教育。人的城镇化过程都同教育发生交互作用，对教育产生影响。而教育也在人的城镇化过程中，发挥支撑、塑造、引领、示范等诸多作用[①]。故本章分别论述了城镇化对教育的影响、教育对城镇化的影响，并进一步针对农村职业教育与高等教育不同主体与城镇化的相关研究进行梳理。

2.4.1 城镇化对教育的影响

城镇化是指农业人口转变为城镇人口的过程，即人口由农村、农业向城镇、非农业转移和集中的过程。城镇化正在带动经济结构调整和农村人口转移，这是实现现代化必须经历的社会变迁。城镇化要求提高人的综合素质，人的城镇化是个系统工程。

与我国传统城镇化发展道路相比，新型城镇化在发展思路上明确提出了"以人的城镇化为核心，有序推进农业转移人口市民化"。伴随着城镇化、经济结构调整和就业市场扩大，对各行各业技术创新和人力资本需求提出了更高的要求（张迪，2018）。人的城镇化是一个质与量统一的过程，是一个过程变化和性质定型的过程。教育在城镇化进程中起到重要的支撑作用。

城镇化变迁对物质资源、行为模式、生活方式、工作能力、观念意识等方面产生的影响，不仅涉及经济社会发展领域的问题，而且涉及人文心理领域的问题，甚至是自然科学领域的问题。高等教育在城镇化变迁中，能起到很好的服务和人才培养的作用（邬志辉，姜超，2014）。城镇化变迁对教育目标也提出了新的要求：①教育目标要反映出这些新要求；②教育目标要展现出对城镇化变迁的主动适应与积极应对；③必要时要调整甚至重构教育目标。

---

① 雷培梁. 城镇化与教育发展的辩证关系探讨［J］. 广西社会科学，2017（2）：207－211.

2.4.2 教育对城镇化的影响

在新型城镇化视角下,核心使命就是促进人的城镇化、促进农村转移人口的市民化。而教育则是促进人的发展,促进社会发展(褚宏启,2015)。

(1) 教育要促进人的城镇化和人的全面发展。

以人的城镇化为核心,要求不断提高人口素质。教育可以促进人的全面发展和社会公平正义,使全体居民共享现代化建设成果(褚宏启,2015)。

(2) 教育促进农村转移人口与城镇人口的社会融合。

通过教育提升农村转移人口的综合素质,使其形成城镇生活方式,提高城镇生活的就业能力和适应能力,提升经济地位和社会地位,缩小与城镇人口的社会距离。同时,城镇居民通过教育可以提高包容性,促进农村转移人口与城镇人口的社会融合,进而促进经济融合和文化融合(褚宏启,2015)。

(3) 教育提高农村转移人口的科学化、民主化水平。

在我国城镇化进程中,特别是农村转移人口通过民主参与机制充分表达利益诉求,并在此基础上,教育通过培养农村转移人口的民主参与能力,可以有效整合以达成利益共识,可以提高农村转移人口的科学化、民主化水平,有序和谐地推进城镇化进程(褚宏启,2015)。

2.4.3 城镇化与农村职业教育的交互影响

(1) 城镇化对农村职业教育的影响。

在舒尔茨看来,相较于物质资本投资,人力资本投资更能显著地加速经济增长。与人力资本伴随而生的,除了劳动生产率的提高,还有恰当的经济信息的获得。相较于没有受过教育的人,恰当的经济信息的获得更青睐于受过教育的人。城镇化的发展对职业技能的要求具有复杂性、难掌握性和不断变化性（崔锐，2017）。现阶段，城镇化对农村职业教育的影响主要包括两个方面（赵婷婷，2018）。

①产业结构的转变需要农村职业教育。

城镇化的发展有赖于产业给予相应支撑，协调推动不同产业的发展。因此，引导构建合理的产业结构是必须的，伴随着旧产业的淘汰和新产业的发展壮大。新产业从新兴到发展壮大，需要大量的与新兴产业相关的人才（赵婷婷，2018）。新兴产业人才需要良好的职业素养，需要通过开展行之有效的专业教育，通过进行系统的、科学的、层次的指导和讲述，才得以成为自身头脑中的理论知识（崔锐，2017），为开展具体工作和提升操作技能提供理论保证和方向指导。

②转移农村劳动力需要农村职业教育。

舒尔茨提出，人力资本迁移也是人力资本投资活动。农村人口在城乡比较利益的驱动下，会自发地流向城镇、流向非农产业部门。人力资本迁移直接形成了两方面的影响：①为城镇化建设和非农产业发展提供了充足的人力资源（赵婷婷，2018）；②积极适应新型城镇化对人才多样化的发展需求。为了满足城镇化的发展，转移的劳动力人口需要适应多元化的需求，甚至专门的技能才能够顺利开展工作。而这种职业专门技能的提升是城镇化背景下农村人口提升职业素养和推进城镇化进程的关键，转移农村劳动力需要农村职业教育。

（2）职业教育对城镇化建设的影响。

职业教育作为与经济发展联系最为紧密的教育类型，与经济发展存在长期稳定、均衡的正相关关系（陈正权，吴忠，2017）。职业教育能更好地适应城镇化背景下的产业转型，是推动新型城镇化的重要引擎。职业教育在新型城镇化进程中的重要作用主要表现在以下四方面：

①提高劳动力素质和技能水平，促进城镇化建设。

职业教育成为联结科学技术和生产力的重要纽带。职业教育是一种面向市场的就业教育，通过吸收加工新知识、新技术，对劳动者展开培训。

近年来，职业院校毕业生是同我国当前的产业需求结合较为紧密的群体（邬志辉，姜超，2014），它能结合岗位需要对劳动者进行职业技能培训，提高劳动力素质和技能水平，在某种程度上使得人力资本存量得以提升和人力资本结构得以改善，释放更多的人口红利（陈正权，吴忠，2017）。职业教育既能实现新技术的扩散和应用，又能使劳动者习得先进技术技能和职业知识，将潜在劳动力转化为现实劳动力，同时提高了劳动力的质量，进而提高劳动生产效率，促进经济增长，最终促进新型城镇化建设（陈正权，吴忠，2017）。

②促进农村劳动人口向城镇转移，提高农民的市民化水平。

长期以来，众多主客观因素导致农村的教育质量普遍不高，绝大多数劳动者的素质较低。在向城市迁移的过程中，农村转移人口更多从事技术水平或职业素养要求较低的工作，难以适应城镇化对人才的多样化需求。职业教育作为与社会生产和人的职业发展关联度最高的教育类型，在增加农民工人力资本、提升市民化能力方面有着无可比拟的优势（陈正权，吴忠，2017）。

职业教育通常具有明显的市场导向和就业导向，在专业教育方面具有专业性、应用性、可变性等特点。通过职业教育，通常可以帮助农户快速系统地掌握一种技能，而这种技能能够帮助农民获得更多的职业发展机会。因此，大力发展职业教育，可以有效破除制约农村劳动力转移的内部"瓶颈"（杜占彪，2018），助力农村人口的有效转移，进而提高我国新型城镇化的发展质量与水平。

③促进产业结构的优化升级，为新型城镇化注入新活力。

随着我国城镇化建设步伐的加快，对产业结构的优化调整提出更高的要求。其中，对生产技术和人力资本的要求也越来越高。在这一现实发展要求下，职业教育能够按照市场需要和就业需求有针对性地开展职业教育和职业培训，不断提升劳动者素质和技能水平，对提高劳动生产率、推进产业链攀升、优化配置劳动力资源和提升市民化能力作用显著（陈正权，吴忠，2017）。通过职业教育以更好适应第二、第三产业的发展需求，有

效促进社会产业结构的转型升级（杜占彪，2018）

④提升农村人口的人力资源优势，增强新型城镇化的竞争力。

加强对农村人口的职业教育，可以使农民掌握先进的生产技术，提高农业科技创新能力，成为新型职业农民；可以提高农村剩余劳动力的职业素养和专业技能，提高社会生产率，由人口优势转化为资源优势；可以提高就业质量，增强竞争力，提高人才输送的外部效应；可以满足城镇化进程中对多样化人才的需求（杜占彪，2018），增强新型城镇化建设的基础动力（陈正权，吴虑，2017）。

2.4.4 城镇化与高等教育的交互影响

高等教育具有存量功能，可以有效提高全社会人力资本质量，是我国新型城镇化建设进程中不可或缺的支持力量（张旭路，金英君，王义源，2017）。

（1）城镇化对高等教育的影响。

新型城镇化要求教育造就现代人，增进人的现代性，增强人的主体性（积极性、主动性和创造性），培养全面发展的现代公民（褚宏启，2013；贾继娥，褚宏启，2016）。人的现代化对于社会现代化、新型城镇化都至关重要。教育对个人现代性有显著的积极影响，应该把提升人的现代性、培养现代人作为其核心使命。教育在促进人的城镇化、提升人的现代性之外，还要促进农村转移人口的全面发展，这是新型城镇化的内在要求（贾继娥，褚宏启，2016）。高等教育的发展理念是以人为本，促进人的全面、和谐的发展，与现代人的发展理念具有一致性。

新型城镇化需要产业结构调整和升级作为其支撑，高等教育起到重要的作用。在城镇化进程中，为促进产业形成、产城融合的实现，需要增加各产业对应用型人才的需求，提供足够的中高素质人力储备支撑和知识技术创新支撑。高等学校作为从事理论和人才培养、科学研究以及服务社会的功能单位，进入大众化发展阶段后，不仅成为知识和人才储备的最重要阵地，而且其服务社会、技术创新等功能日益增强，为新型工业化、农业现代化、信息化与城镇化协调发展服务（胡若痴，2014）。

（2）高等教育对城镇化的影响。

高等教育是城镇化发展的关键力量，不仅能够驱动人口流动，加速农村人口向城镇转移，实现人口转移的循环过程，而且能够汇聚人力资源，从根本上提高人口素质，实现农业文明向城市文明的转变（王亚冉，奚宾，2018）。对于高等教育对城镇化的作用具有互动机制（郭书君，米红，2005），带动作用明显，但存在滞后效应（王亚冉，奚宾，2018）。

新经济增长理论认为，高等教育通过社会人力资本提升而对城镇化发展进程发挥着至关重要的作用，且由于高等教育功能的多样化，也使得其对城镇化影响路径也是多样的。高等教育通过提升社会人力资本，影响城镇化发展进程的路径主要有三方面：①高等教育通过提升人力资本增量水平，提高人口城镇化率促进城镇化发展；②高等教育通过提升人力资本存量水平，促进产业结构升级提升城镇化水平；③高等教育通过文化传承创新功能，提升人力资本精神文明水平促进新型城镇化发展（张旭路，金英君，王义源，2017；王珍珍，穆怀中，2018）。

2.5 小结

本书主要观点：

城镇化方面：①实施积极的城市化战略，不仅是城市化的本质要求，也是经济全球化和知识经济时代的要求，更是推动我国社会经济发展的现实要求。②城镇化提法更符合我国的国情，是中国城市化道路的必然选择。

财政教育支出方面：①财政教育绩效评估可以有效提高财政教育政策效果；②财政教育评价的视角、评价体系、评价维度都有待进一步设计与挖掘。

新型城镇化与财政教育相关研究方面：①教育促进人的发展，核心使命就是促进人的城镇化；而人的城镇化正是新型城镇化的本质；②教育目标要反映出城镇化变迁对教育的新要求、教育目标要展现出对城镇化变迁的主动适应与积极应对；③必要时调整甚至重构教育目标。

但仍然存在一些欠缺：

城镇化方面：①从人的视角出发、结合新时代背景，系统、科学构建指标体系不足；②定量研究方法的应用不足。

财政教育支出方面：①对财政教育支出的研究多采用经验分析方法，偏重定性研究；②对职业教育、高等教育的财政投入绩效评估的文献较少。

新型城镇化与财政教育相关研究方面：①二者相结合的研究总量较少，尤其是对二者关系的理论研究更显不足；②二者相结合的研究多以定性分析为主，定量研究不足。

第3章

我国财政教育支出的历史演进与困境分析

从财政学角度分析,财政教育是一种经济活动,更是一种制度选择。理想的财政教育应该达到的目标是:足够、公平、效率(许春淑,2004)。但现实中的财政教育离这一目标还有很大差距。

为了增加财政教育支出,国家于1993年提出在20世纪末财政性教育经费占GDP的比例(以下简称财政教育支出占比)达到4%的政策目标,但由于各种原因未能如期实现。进入21世纪,国家重新确认1993年提出的财政教育支出目标,积极动员各级财政向教育倾斜,最终在2012年将财政教育支出占比推向了4.28%的历史高度。进入"后4%时代",无论是决策界还是学界,都对维持这一财政教育支出水平并持续提高存在忧虑(宗晓华,陈静漪,2015)。为了使财政教育支出绩效评估具有历史逻辑,分析中华人民共和国成立以来我国财政教育支出的基本脉络十分必要。本章主要从财政教育支出相关制度的嬗变、财政教育支出规模、财政教育支出结构和财政教育支出绩效四个方面进行考察分析。

3.1 财政教育支出相关制度的嬗变

财政教育支出是国家财政不可分割的组成部分，我国的财政教育支出的相关制度变革属于一种强制性的制度变迁，受到政府财力及财政制度等因素的约束。中华人民共和国成立以来的财政教育支出制度是随着我国政治经济体制改革自上而下形成的，具有鲜明的时代特点，演变历程大致可以分为以下几个阶段：

3.1.1 计划经济体制下国家财政教育支出制度探索阶段

中华人民共和国成立之初，国民经济和各项事业的恢复需要庞大的资金，为了恢复经济，在财政方面实行统收统支的管理体制。1950年3月，中央人民政府政务院通过中华人民共和国成立以后第一个关于财政管理体制的文件《关于统一管理1950年度财政收支的决定》，规定实行分级管理。在1953年11月政务院颁布的《关于编造1954年预算草案的指示》中也规定：国家预算分为中央预算和地方预算，实行分级管理。在1958年8月，中共中央、国务院发布《关于教育事业管理权利下放问题的规定》中指出：根据中央集权和地方分权相结合的原则，加强地方对教育事业的领导管理。1954年教育部、财政部联合发布《关于解决经费问题程序的通知》指出：为贯彻"统一领导，分级管理"原则。1959年教育部、财政部《关于进一步加强教育经费管理的意见》中要求：各级政府的教育、财政部门要共同管理好教育经费（龙舟，2009）。1962年1月，教育部、财政部《关于进一步加强教育经费管理的补充意见》《关于教育事业财务管理若干问题的规定》重申了"条块结合，块块为主"的教育经费管理体制。从1972年起，中央在安排下达国家财政预算时，把教育事业费支出单列一款，"戴帽"下达，专款专用，加强了教育事业经费的管理

（杨会良，2006）。

这一阶段，建立了高度集中的"统收统支、三级管理"的财政预算管理体制，主要受到政府财政状况的影响。作为政府参与教育资源配置的一种机制存在，属于中央集权的财政教育体制，财政体制的基本特征是统收统支、高度集中，对国家集中有限财力发展教育起到保障作用。

3.1.2 改革开放初期两级分权财政教育支出制度初创阶段

这一时期我国经济体制逐步由计划经济向社会主义市场经济转变。在这个阶段，教育管理与财政责任下放，财政教育责任的基层化成为合理的选择（杨会良，2012；杨会良，杨雅旭，2018）。1980年，教育部颁发的《关于实行新财政体制后教育经费安排问题的建议》规定：从1980年起，教育经费拨款由中央和地方两级财政切块安排（龙舟，2009）。1985年，中共中央颁布《关于教育体制改革的决定》，确定了"低重心"的教育发展战略，改革教育管理体制（赵路，2008）。1986年，国家颁布《中华人民共和国义务教育法》，将义务教育实行"地方负责、分级管理"以法律形式确定下来。1987年，国家教委、财政部《关于农村基础教育管理体制改革的若干问题的意见》指出："乡政府在教育管理方面有必要也有可能承担比过去更多的责任"（龙舟，2009）。

这一阶段，建立了"条块结合、以块为主"的国家财政教育体制，亦属于中央集权的财政教育体制，教育经费来源由单一来源逐步过渡到多渠道筹措，财政教育分权化改革收效显著，积极推动了我国教育事业的发展。

3.1.3 中国特色的公共财政教育制度形成、完善阶段

进入20世纪90年代，我国教育改革不断向前推进，在财政教育经费投入、义务财政教育体制、学生收费及贫困学生资助制度、财政教育体制

完善等方面，采取了一系列措施，颁布了一系列政策，取得了很大进展。建立起财政教育支出相关制度的大体框架，并逐步完善适应我国教育事业发展的财政教育体系。以《中华人民共和国教育法》为核心，以教育专门法和行政法规为基础，以教育规章和地方性法规、规章为主体，具有中国特色的社会主义教育法律法规体系（杨会良，杨雅旭，2018）。

在财政教育经费投入方面，1993年2月，党中央国务院发布《中国教育改革和发展纲要》（以下简称《纲要》）提出，各级政府、社会各个方面和个人都要增加对教育的投入，确保教育事业优先发展。1995年3月，《中华人民共和国教育法》明确规定了以各级财政拨款为主、多种渠道筹集教育经费为辅的体制，同时，《中华人民共和国教育法》还以法律形式明确了《纲要》提出的国家财政性教育经费支出占国民生产总值的比例，20世纪末要到达4%的目标（王善迈，袁连生，刘泽云，2003；龙舟，2009；林丽芹，吕乾星，2011）。

在义务教育体制方面，依次颁布《国务院关于深化农村义务教育经费保障机制改革的通知》《新义务教育法》《关于建立健全普通本科高校、高等职业学校和中等职业学校家庭经济困难学生资助政策体系的意见》等文件，在为促进教育事业健康持续发展发挥了政策导向作用（赵路，2008）。

在学生收费制度方面，《中华人民共和国义务教育法》《义务教育学校收费管理暂行办法》《普通高级中学收费管理暂行办法》《中等职业学校收费管理暂行办法》等文件，在建立学费制度的过程中，因贫困学生教育支付能力不足引起的教育机会不均等问题日益得到重视。积极探索建立具有中国特色的义务财政教育体制、建立和完善了各级学校的收费制度，贫困学生资助制度逐步形成。

在教育体制完善方面，中国共产党的第十七次全国代表大会上提出了"优先发展教育，建设人力资源强国"的任务，后4%时代，公共财政教育制度的完善主要表现在3个方面：①财政性教育经费占比突破4%；②财政教育制度的相关政策和法律机制的完善；③中央财政责任的扩大

（杨会良，杨雅旭，2018）。新型城镇化的现实对教育事业提出了新的要求，这些目标客观要求制定和完善相应的财政教育制度（赵路，2008；林丽芹，吕乾星，2011；杨会良，杨雅旭，2018）。

这一阶段，中国的财政教育体制围绕基础教育公平出台的各类政策法规，以立法的形式不断完善多渠道筹措教育经费的体制，成效显著。以教育"起点公平"为主要着力点，以全面均衡为发展方向，以师资队伍提升为第一抓手，以信息技术为重要突破口（李海萍，2019）。

3.2 财政教育支出规模分析

教育支出，即投入教育领域的人力、物力和财力的货币表现，不同学科有不同的说法。财政学称为"教育支出"，经济学（包括教育经济学）称为"教育投资"或"全国教育经费"。依照我国现行统计口径，全国教育经费包括国家财政性教育经费，社会团体和公民个人办学经费，社会捐资或集资经费，学费、杂费及其他教育经费。

3.2.1 宏观描述统计分析

1950—2016年的60多年时间里，历届政府为推动教育事业的发展，依据不同历史时期的经济社会发展战略、发展计划、发展水平和工作重心，从国家总财政收入中划拨出部分资金提供给教育部门，这对推动和促进我国教育事业的发展做出了重要贡献。表3-1记录了1952—2016年我国政府的财政教育支出总数、财政教育支出占国内生产总值（Gross Domestic Product，GDP）的比例以及财政教育支出占全国财政总支出比例3个指标的基本情况。

观察表3-1和图3-1可知，中华人民共和国成立后我国财政性教育经费投入的增长经历了一个从"慢—快—加速增长"过程。1978年之前，我国是计划经济体制,财政教育经费的投入受政府财政的影响较大,财政教育经费投入总量较少,年平均支出数不足 50 亿元,增长幅度非常有限;1979—1991 年,政府财政状况逐渐改善,对教育的重视程度也越来越高,教育经费支出总量逐年增多,增长速度明显加快;1991—2016 年,财政性教育经费支出总量迅速飙升,很快增长到 2016 年的 31401.9062 亿元,达到前所未有的高度;从 1952 年 11.03 亿元增长到 2016 年 31401.9062 亿元,增长 2850 倍,年平均增长率高达 14.32%。这表明从 1952—2016 年国家财政性教育经费投入有很大增长,特别是 1991—2016 年的增长态势非常明显。不过,在这 60 多年时间里,我国财政教育支出的增长也是不均衡的。

表 3-1　　　　1952—2016 年我国财政教育支出状况统计　　　单位:亿元

年份	财政教育支出	财政教育支出增长率(%)	历年国内生产总值	历年财政总支出	财政教育支出占GDP比例(%)	财政教育支出占总财政支出比例(%)
1952	11.03	—	679	174.00	1.62	6.34
1953	19.25	74.52	824	213.00	2.34	9.04
1954	19.97	3.74	859	245.00	2.32	8.15
1955	19.00	-4.86	910	249.00	2.09	7.63
1956	26.53	39.63	1028.00	280.00	2.58	9.48
1957	27.98	5.47	1068.00	303.00	2.62	9.23
1958	25.57	-8.61	1307.00	380.00	1.96	6.73
1959	33.36	30.47	1439.00	487.00	2.32	6.85
1960	46.34	38.91	1457.00	572.00	3.18	8.10
1961	32.96	-28.87	1220.00	356.00	2.70	9.26
1962	27.55	-16.41	1149.30	313.00	2.40	8.80
1963	29.62	7.51	1233.30	342.00	2.40	8.66
1964	34.78	17.42	1454.00	400.00	2.39	8.70
1965	35.81	2.96	1716.10	473.00	2.09	7.57
1966	40.53	13.18	1868.00	559.00	2.17	7.25

续表

年份	财政教育支出	财政教育支出增长率（%）	历年国内生产总值	历年财政总支出	财政教育支出占GDP比例（%）	财政教育支出占总财政支出比例（%）
1967	36.92	-8.91	1773.90	420.00	2.08	8.79
1968	27.50	-25.51	1723.10	361.00	1.60	7.62
1969	27.04	-1.67	1937.90	527.00	1.40	5.13
1970	27.56	1.92	2252.70	663.00	1.22	4.16
1971	33.69	22.24	2426.40	745.00	1.39	4.52
1972	39.38	16.89	2518.10	767.00	1.56	5.13
1973	43.45	10.34	2720.90	810.00	1.60	5.36
1974	51.02	17.42	2789.90	783.00	1.83	6.52
1975	53.18	4.23	2997.30	816.00	1.77	6.52
1976	57.20	7.56	2943.70	777.00	1.94	7.36
1977	59.66	4.30	3201.90	874.00	1.86	6.83
1978	75.05	25.80	3645.20	1132.00	2.06	6.63
1979	93.16	24.13	4062.60	1146.00	2.29	8.13
1980	114.15	22.53	4545.60	1160.00	2.51	9.84
1981	122.79	7.57	4891.60	1176.00	2.51	10.44
1982	137.61	12.07	5323.40	1212.00	2.59	11.35
1983	155.24	12.81	5962.70	1367.00	2.60	11.36
1984	180.88	16.52	7208.10	1643.00	2.51	11.01
1985	226.83	25.40	9016.00	2005.00	2.52	11.31
1986	274.72	21.11	10275.20	2122.00	2.67	12.95
1987	293.93	6.99	12058.60	2199.00	2.44	13.37
1988	356.66	21.34	15042.80	2357.00	2.37	15.13
1989	412.39	15.63	16992.30	2665.00	2.43	15.47
1990	462.45	12.14	18667.80	2937.00	2.48	15.75
1991	532.39	15.12	21781.50	3149.00	2.44	16.91
1992	621.71	16.78	26923.50	3483.00	2.31	17.85
1993	754.90	21.42	35333.90	4348.00	2.14	17.36

续表

年份	财政教育支出	财政教育支出增长率（%）	历年国内生产总值	历年财政总支出	财政教育支出占GDP比例（%）	财政教育支出占总财政支出比例（%）
1994	1018.78	34.96	48197.90	5218.00	2.11	19.52
1995	1196.65	17.46	60793.70	6242.00	1.97	19.17
1996	1415.71	18.31	71176.60	7408.00	1.99	19.11
1997	1545.82	9.19	78973.00	8651.00	1.96	17.87
1998	1726.30	11.68	84402.30	9876.00	2.05	17.48
1999	1927.32	11.64	89677.10	11444.00	2.15	16.84
2000	2179.52	13.09	99214.60	13395.00	2.20	16.27
2001	2636.84	20.98	109655.20	16383.00	2.40	16.09
2002	3105.39	17.77	120332.70	18903.00	2.58	16.43
2003	3351.32	7.92	135822.80	21715.00	2.47	15.43
2004	3851.10	14.91	159878.30	26396.00	2.41	14.59
2005	4531.30	17.66	184937.40	31649.00	2.45	14.32
2006	5411.59	19.43	216314.40	38760.00	2.50	13.96
2007	8559.09	58.16	265810.30	51321.00	3.22	16.68
2008	10928.78	27.69	314045.40	61330.00	3.48	17.82
2009	12238.41	11.98	340903.00	68518.00	3.59	17.86
2010	14566.18	19.02	401512.80	83101.00	3.63	17.53
2011	17549.73	20.48	472882.00	103874.00	3.71	16.90
2012	22226.98	26.65	519470.10	117253.00	4.28	18.96
2013	23663.95	6.46	568845.20	129143.00	4.16	18.32
2014	26413.21	11.62	635910.20	151662.00	4.15	17.42
2015	28827.42	9.14	676707.80	175768.00	4.26	16.40
2016	31401.91	8.93	744127.00	187841.00	4.22	16.72

资料来源：相关年份《中国统计年鉴》《中国教育统计年鉴》《中国财政年鉴》。

第3章 我国财政教育支出的历史演进与困境分析

图 3-1 1952—2016 年我国财政教育支出总数趋势

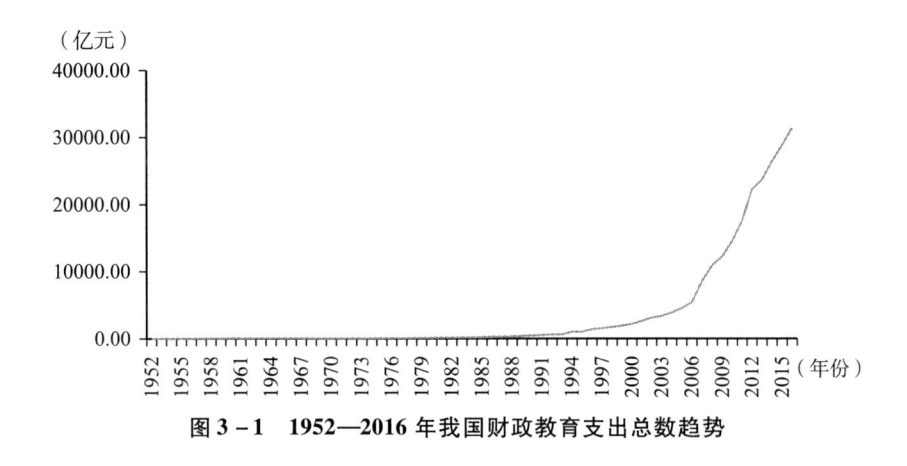

图 3-2 右轴表示自中华人民共和国成立以来全国财政性教育经费支出的年度增长情况，从图 3-2 可以看出，财政性教育经费支出在 1977 年之前和 2007 年之后的波动幅度较大。前者波动范围从年增长 74.52% ~ 29%，其中有 1955 年、1958 年、1961 年、1962 年、1967 年、1968 年和 1969 年等 7 年呈负增长；后者从 56% ~ 8.5%。在中华人民共和国成立后的前 30 年里，中国政府一般实行平衡预算政策，当财政出现赤字时，政府不得不压缩各项支出，教育经费往往成为最先被压缩的对象，造成财政性教育经费支出的稳定性较差。2007 年金融危机爆发后，政府于 2007 年加大了对教育的投入力度，在全球金融危机后的近 10 年中，财政性教育经费支出增长率高达 58.16%，随后几年继续维持高增长态势，2013 年左右开始回落，稳定在 10% 左右，受此影响，政府财政性教育支出波动较大。也说明财政教育经费容易受到外界因素的干扰，特别易受国家财政收支差额的影响。其余时段里，由于政府实行了赤字财政政策，财政教育支出与财政赤字之间的相关性大大被弱化，财政性教育投入开始进入相对稳定时期。1978—2007 年，除了 1987 年和 1997 年两年之外，我国财政性教育支出年增长率前期均保持在 10% 以上，而 1994 年后，财政教育支出年增长率有所下降，最后大致稳定在 10% 左右。

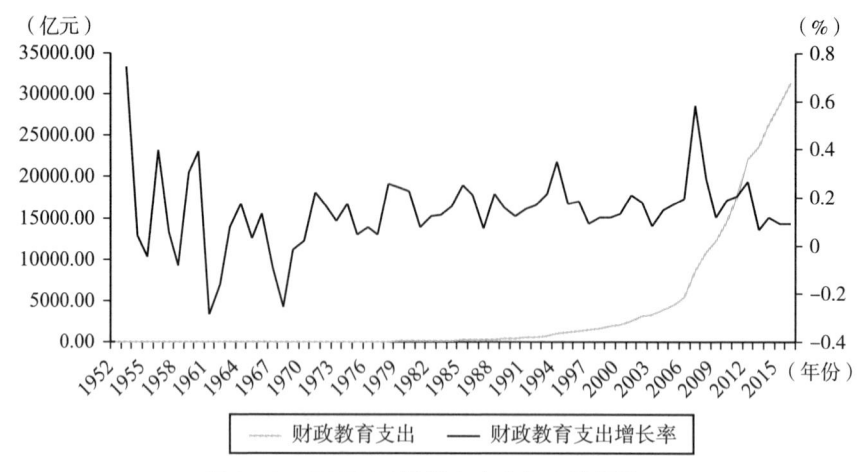

图 3-2 我国财政性教育支出年度增长情况

此外，1952年，全国国内生产总值为679亿元、财政收入为173.94亿元、财政性教育支出11.03亿元，2016年全国国内生产总值744127亿元、财政收入为159552亿元、财政性教育支出31401.9亿元，64年间，上述三项分别增长了1096倍、916倍和2255倍。计算结果表明，财政性教育经费增长不仅快于财政收入增长速度，而且也快于国内生产总值增长速度。

财政性教育经费投入增长率是一个反映教育支出水平的动态发展性指标，与"财政总支出增长率"相比较，可以反映二者之间的实际变动情况和趋势。图3-3对我国1952—2016年财政教育经费增长和财政总支出增长情况进行了比较。观察图3-3二者的变动趋势后我们发现：①大多数年份，财政教育支出增长率低于财政总支出增长率；②1983年前，二者增长率之间的差距较大，起落幅度较大；③1984—2016年，除1987年、1988年、1995年、2007年和2012年等几年外，其余年份教育经费增长率略高于财政支出增长率。这一变化趋势应该引起政府足够重视。

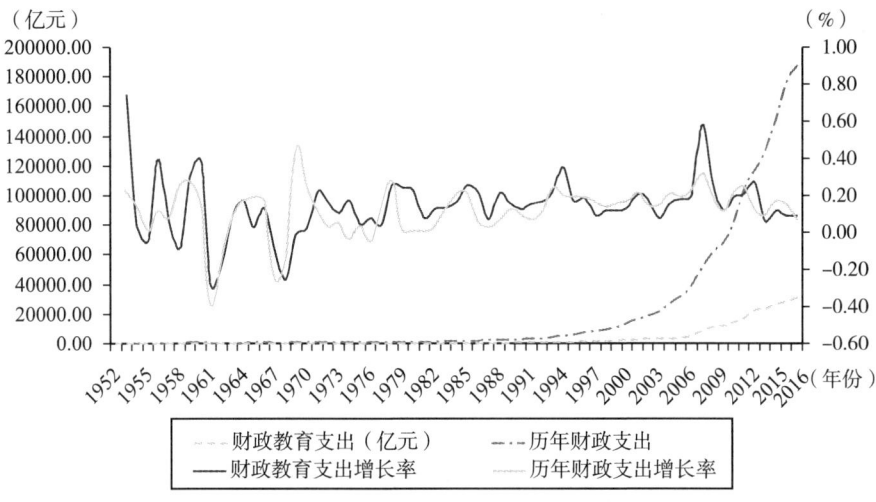

图 3-3 1952—2016 年我国财政教育支出增长率和财政总支出增长率比较

3.2.2 主要宏观困境

（1）财政教育支出规模不足。

在 2012 年财政性教育经费占 GDP 比重达到 4.33%，实现了《纲要》里提出的"在 20 世纪末实现财政性教育经费占 GDP 比例达到 4%"的目标。但现实情况是，与我国人口众多、区域发展不平衡等现实客观因素联系起来，4% 目标的实现不代表财政教育支出总量的充足。地方政府偏向能快速带来经济增长的基建等支出项目而忽略对教育的财政投入，因此依然面临财政教育支出规模不足的问题（傅志明，2017）。

（2）教育投入未能与经济发展速度同步。

我国人口基数大，需要接受教育的居民和开设教育的机构众多。在很长一段时间，我国把财政投入的重点放在了生产性行业和领域，更多的是看到了生产行业带来的经济效益，把教育看作是非生产性的投资，政府在教育事业上的投入未能与经济发展速度同步（翟轩，2014）。近年来，国家虽然对教育的重视程度日益提高，财政教育经费总量也有所提高，但目前的支出总额做了平均之后，每个单独的个体所能享受到的教育经费仍然比较少。

(3) 教育经费支出面临着很大不确定性。

在我国经济发展和财政状况均进入新常态后,经济增速将由10%左右下降到7%以下。当前财政经济形势发展使得财政收入增长乏力,而财政支出存在刚性,收支矛盾将在一段时间内难以缓解,财政支出结构面临着新的调整(张绘,2017)。在这种财政经济形势下,财政对教育的供给能力是有限的,财政教育经费的增速也会大幅下滑。

(4) 我国教育事业在国际比较中并未展现出明显优势。

伴随着《国家中长期教育改革和发展规划纲要(2010—2020年)》等政策对财政教育"4%"目标的不断强化,陆续有学者对我国财政教育充足度进行测算得出:2009年我国财政教育充足度指数首次突破1,财政性教育经费实际值与成本函数法估算出来的标准值基本持平,财政教育支出4%的政策效应十分显著。我国财政教育支出基本能够为公共教育发展提供较为充足的经费支持,可以满足不同时期我国《教育事业发展五年规划》中规定的各阶段教育入学率所需的经费要求。同时指出:2013年以来,我国财政教育充足度指数达到了1.5以上,然而我国教育事业在国际比较中并未展现出明显优势。并指出两个值得关注的问题:①我国及各省份历年《教育事业发展五年规划》的目标设置存在相对保守的现象,各阶段教育入学率的设置与经费投入匹配度不高。例如,青海省在其《"十二五"教育改革和发展规划》中规定2015年全省学前教育入学率为60%,而2010年青海学前教育入学率已经达到60.4%,目标设置与实际发展不相匹配。②我国当前各阶段教育仍处于较低层次的扩展状态,入学率的提高与教育质量提升并未实现协同发展(汪栋,张琼文,黄斌,2017)。

3.3 财政教育支出结构分析

财政教育是国家对教育经费及其他相关教育资源的管理,包括国家对教育经费及其他教育资源的筹措、分配及使用的监督等。此处的财政教育支出通常包括：

（1）高等学校：①普通高等学校；②成人高等学校。

（2）中等专业学校：①中等技术学校；②中等师范学校；③成人中专学校。

（3）技工学校。

（4）中学：①普通中学（高级中学、完全中学、初级中学）；②成人中学。

（5）职业中学。

（6）小学：①普通小学；②成人小学。

（7）特殊学校。

（8）幼儿园。

（9）其他。

从财政性教育经费内部结构来看，主要有教育事业支出和基本建设支出、高等教育支出与基础教育支出、教育经费不同来源等多种考察方法。财政预算内教育经费拨款，各级政府征收的用于教育的税费支出，企业办学经费，校办企业、勤工俭学和社会服务收入，社会办学经费，学费、杂费等支出。财政预算内教育经费是指中央、地方各级财政或上级主管部门在本年度内安排，并划拨到各级各类学校、教育行政单位、教育事业单位，列入国家预算支出科目的教育经费。

3.3.1 宏观描述统计分析

国内生产总值（GDP）反映的是一个国家在一定时期内的全部最终经济活动成果，教育支出只是最终经济成果的一部分。因此"财政性教育支出占 GDP 的比例"这一指标可以很好反映和判断一国政府对教育事业的投入状况和支持程度，也被国际社会普遍采用，并把 4% 作为判断一国财政教育经费投入的平均标准。图 3-4 右轴反映了中华人民共和国成立以来我国财政性教育支出占GDP比例的变化趋势。

图 3-4　1952—2016 年我国财政性教育支出占 GDP 比例变化趋势

观察表 3-1 和图 3-4 后不难发现，1952—1978 年，财政性教育经费支出占 GDP 比重的波动幅度较大，最高水平为 1960 年的 3.18%，最低水平为 1970 年的 1.22%。1979—1990 年，财政性教育经费占 GDP 的比重较为稳定，大致维持在 2.5% 左右。1991 年开始这一比例为 2.48%，到 1995 年已下滑到 2.08%。从 1996 年开始才逐渐有所回升，到 2002 年已升至 2.58%，随后几年稳定在 2.5% 左右。2007 年遭遇全球金融危机，政府为刺激经济实施了扩张性财政政策，教育事业搭上了这趟"顺风车"。这一年，财政性教育支出占 GDP 比重快速飙升到 3.22%，随后几年稳中有升，直到 2012 年，这一比例升至 4.28% 前所未有的水平，终于实现了国家在 1993 年《中国教育改革和发展纲要》中提出的、《中华人民共和国教育法》规定的"4%"的世界平均水平目标。

采用"财政教育支出占财政总支出比重"指标可以直接考察国家财政安排中教育所处的地位。图 3-4 左轴反映的是 1952—2016 年，我国财政教育支出占全国财政总支出比重的变化趋势。1981 年以前，教育支出占国家财政支出的比例较低，一直维持在10%以下，最低水平是1970年，仅4.24%，最高水平是1957年，也才9.45%。自1980年开始之后的15年间，教育经费支出占财政支出的比重持续攀升，直至1994年达到19.52%，是中华人民共和国成立以来的最高水平。随后几年占比连续下跌，2006年仅为13.96%；2007年金融危机爆发后又开始反弹，2013年达18.96%的较高水平，近几年这一指标一直维持在17%左右。

用财政教育支出增长率（g_e）除以财政总支出增长率（g_f）可以得到财政教育支出相对于财政总支出的弹性系数（E_e），这一指标表示某一时期财政教育支出变化速度与财政总支出变化速度之间的关系，可用公式 $E_e = \dfrac{g_e}{g_f}$ 来表示。表3-2为1953—2016年我国财政教育支出相对财政总支出的弹性系数。

表3-2　1953—2016年中国财政教育支出相对财政总支出的弹性系数

年份			1953	1954	1955	1956	1957	1958	1959	1960
系数			3.32	0.25	-2.98	3.18	0.67	-0.34	1.08	2.23
年份	1961	1962	1963	1964	1965	1966	1967	1968	1969	1970
系数	0.76	1.36	0.81	1.03	0.16	0.72	0.36	1.82	-0.04	0.07
年份	1971	1972	1973	1974	1975	1976	1977	1978	1979	1980
系数	1.80	5.72	1.84	-5.23	1.00	-1.58	0.34	0.87	19.51	18.44
年份	1981	1982	1983	1984	1985	1986	1987	1988	1989	1990
系数	5.49	3.94	1.00	0.82	1.15	3.62	1.93	2.97	1.20	1.19
年份	1991	1992	1993	1994	1995	1996	1997	1998	1999	2000
系数	2.10	1.58	0.86	1.75	0.89	0.98	0.55	0.82	0.73	0.77
年份	2001	2002	2003	2004	2005	2006	2007	2008	2009	2010
系数	0.94	1.16	0.53	0.69	0.89	0.86	1.79	1.42	1.02	0.89
年份	2011	2012	2013	2014	2015	2016				
系数	0.82	2.07	0.64	0.67	0.58	1.30				

资料来源：相关年份《中国统计年鉴》《中国教育统计年鉴》《中国财政年鉴》。

从表3-2中可以发现,1953—2016年的64年,我国财政教育支出相对财政总支出的弹性系数小于1或等于1的年份共有37年,大于1的年份为27年,这进一步反映出大多数年份我国财政教育支出的增长速度落后于财政总支出的增长速度。

(1) 教育事业支出与教育基建支出。

教育事业费是指中央、地方各级政府或上级主管部门在预算年度内安排,并划拨到学校或单位的财政性资金[①],通常包括人员经费支出(如一般预算支出科目中的人员支出、对个人和家庭的补助支出等)和公用部分支出(如公务费、业务费、设备购置费、修缮费等),它是维持教育系统正常运转的前提和基础。教育基本建设投资是中央、地方各级政府或上级主管部门为学校或单位完成基本建设(如各类教学设施、教学设备和教师住宅等)提供的财政性资金,它是推动教育事业发展的重要保障。

从图3-5中可以看出,1952—2016年,我国教育事业经费占财政性教育经费比例以及教育基建支出占财政性教育经费比例总体趋势变化不大,只是"文革"时期前者所占比重有所上升,而后者所占比重有所下降。这表明,除"文革"时期外,我国政府在教育事业经费支出和教育基建支出方面,始终维持了较为稳定和协调的比例关系,既要保障教育系统日常教学工作的正常运行,也要考虑到教育事业的后续发展。随着财政性教育经费支出的大幅度增长,教育事业费用支出和教育基建支出都得以兼顾,我国各级各类学校日常教学工作运行态势良好,而在基础设施方面也有了很大改观。

---

① 列入《政府收支分类支出科目》第205类"教育支出"科目中的教育经费拨款,不含205类第09款"教育附加及基金支出"。

第3章 我国财政教育支出的历史演进与困境分析

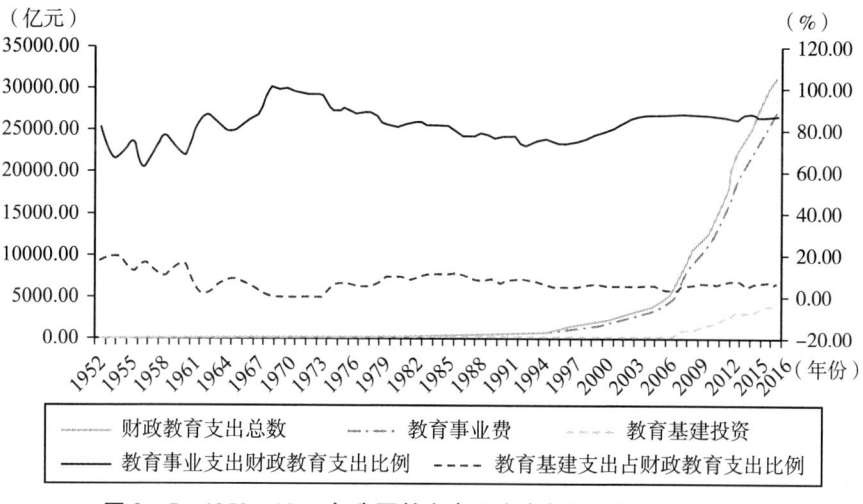

图3-5 1952—2016年我国教育事业支出与教育基建支出对比

（2）基础教育与高等教育支出。

此处基础教育事业支出由小学教育事业支出、初中教育事业支出、高中教育事业支出和职业教育事业支出构成，高等教育事业支出包括各级各类专科生（含高职）教育、本科生教育和研究生教育（含硕士和博士）。图3-6是1952—2016年间我国高等教育与基础教育事业费用支出的对比。

图3-6表明，自中华人民共和国成立以来，我国高等教育事业费用占全部教育事业费用支出比重均在21%以上，个别年份超过30%（如1960年为32%）。"文革"开始后，尽管我国停止了高等教育招生，但其间的高等教育事业费用支出仍然较高，达到13%的水平。尽管看上去高等教育事业经费支出远少于普通教育，但由于高等教育和基础教育二者各自在校学生人数悬殊较大，其最终结果是高等教育事业经费水平远高于普通教育。如1986年，我国在校中小学生人数达1.7亿人，而在校大学生人数仅200万人左右，大学生在校学生人数仅只占在校学生总人数的1.16%，但高等教育事业经费支出占教育事业经费总支出均在20%以上。

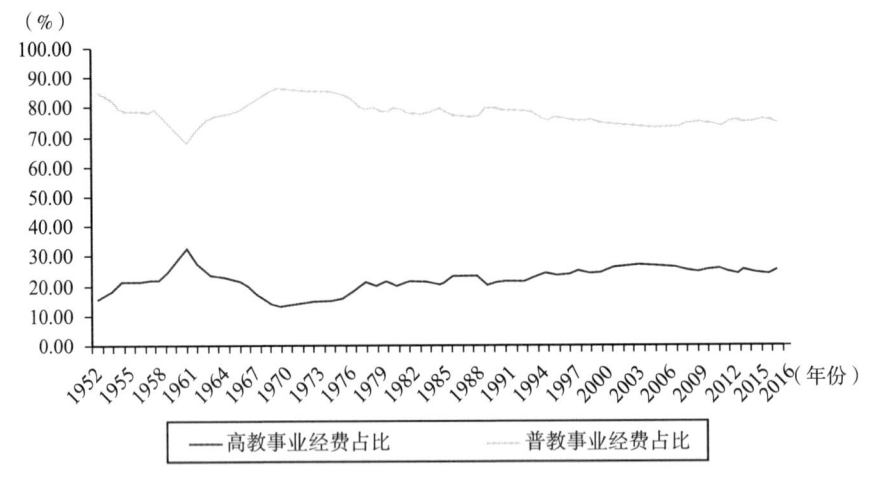

图 3-6　1952—2016 年我国基础教育事业支出与高等教育事业支出对比

资料来源：1952—1985 年数据根据《中华人民共和国重要教育文献（1949—1997）》第 310 页图表整理，1990—2016 年数据由中国教育和科研计算机网的生均事业费支出数据与相关年份《中国教育年鉴》中各级各类在校学生人数的乘积得到，1986—1989 年缺数据采用插值法获得。

（3）财政性教育经费生均数分析。

①教育经费人均数分析。

财政性教育经费人均保有量是指一个国家财政教育支出总量分摊到全体公民的平均值，该指标可以用来考察政府为公共教育做出的贡献以及每个公民教育权利的实现程度。表 3-3 反映的是 1952—2016 年我国财政性教育经费人均占有量情况。从表 3-3 可以知道，中华人民共和国成立以来我国人均教育经费支出获得了大幅度的提高，从 1952 年人均 1.92 元，增长到 2016 年的 2271.25 元，65 年间增长了 1188 倍。但实际增长速度是极不相同的，大致可分为 3 个阶段：第一阶段为 1952—1978 年。这一时期人均教育经费支出增长非常缓慢，一直徘徊不前，始终维持在 3~5 元，人均财政教育经费占有量仅 4.63 元。第二阶段为 1979—2006 年。这一时期人均教育经费支出已有一定程度的增长，人均占有量已上升到 109.83 元。第三阶段为 2007—2016 年。这一时期是人均教育经费支出增长最快的时期，人均占有量已飙升到 1445.67 元，消除物价因素，这个水平同中华人民共和国成立初期相比也有了大幅度的提高。这也充分表明了政府对教育事业的高度重视。

表3-3　　　　1952—2016年我国人均财政性教育经费支出

年份	财政教育支出（亿元）	人口数（亿人）	教育经费人均占有量（元/人）	年份	财政教育支出（亿元）	人口数（亿人）	教育经费人均占有量（元/人）
1952	11.03	5.7482	1.92	1985	226.83	10.5851	21.43
1953	19.25	5.8796	3.27	1986	274.72	10.7507	25.55
1954	19.97	6.0266	3.31	1987	293.93	10.9300	26.89
1955	19.00	6.1465	3.09	1988	356.66	11.1026	32.12
1956	26.53	6.2868	4.22	1989	412.39	11.2704	36.59
1957	27.98	6.4653	4.33	1990	462.45	11.4333	40.45
1958	25.57	6.5994	3.87	1991	532.39	11.5823	45.97
1959	33.36	6.7207	4.96	1992	621.71	11.7171	53.06
1960	46.34	6.6207	7.00	1993	754.90	11.8517	63.70
1961	32.96	6.5859	5.00	1994	1018.78	11.9850	85.00
1962	27.55	6.7296	4.09	1995	1196.65	12.1121	98.80
1963	29.62	6.8233	4.34	1996	1415.71	12.2389	115.67
1964	34.78	6.9835	4.98	1997	1545.82	12.3626	125.04
1965	35.81	7.1518	5.01	1998	1726.30	12.4761	138.37
1966	40.53	7.3540	5.51	1999	1927.32	12.5786	153.22
1967	36.92	7.5455	4.89	2000	2179.52	12.6743	171.96
1968	27.50	7.7451	3.55	2001	2636.84	12.7627	206.61
1969	27.04	7.9602	3.40	2002	3105.39	12.8453	241.75
1970	27.56	8.2992	3.32	2003	3351.32	12.9227	259.34
1971	33.69	8.5229	3.95	2004	3851.10	12.9988	296.27
1972	39.38	8.7177	4.52	2005	4531.30	13.0756	346.55
1973	43.45	8.9211	4.87	2006	5411.59	13.1448	411.69
1974	51.02	9.0859	5.62	2007	8559.092	13.2129	647.78
1975	53.18	9.2420	5.75	2008	10928.78	13.2802	822.94
1976	57.20	9.3717	6.10	2009	12238.41	13.3450	917.08
1977	59.66	9.4974	6.28	2010	14566.18	13.4091	1086.29
1978	75.05	9.6259	7.80	2011	17549.73	13.4735	1302.54
1979	93.16	9.7542	9.55	2012	22226.98	13.5404	1641.53
1980	114.15	9.8705	11.56	2013	23663.95	13.6072	1739.08
1981	122.79	10.0072	12.27	2014	26413.21	13.6782	1931.04
1982	137.61	10.1654	13.54	2015	28827.42	13.7462	2097.12
1983	155.24	10.3008	15.07	2016	31401.91	13.8258	2271.25
1984	180.88	10.4357	17.33				

资料来源：人口数据来自国家统计局人口和社会科技统计司《中国人口统计年鉴2017》和财政部编的相关年份《中国财政年鉴》。

②教育经费生均数分析。

从经费走向来看，生均教育经费主要包括生均预算内教育事业经费支出和生均预算教育基本建设支出；教育事业经费主要由人员经费和公用经费两部构成。生均教育事业费＝教育事业费/年平均学生数，这一指标直接反映了政府对各级各类教育的支持程度。

通过查找相关统计资料，获得我国1952—2015年全国教育经费的执行情况（见表3-4）。中华人民共和国成立70多年来，我国各级各类教育生均教育预算费用的绝对数字都有了大幅度提升，无论是小学教育和中学教育，还是职业教育与高等教育，政府都加大了财政资金的支持和投入力度。

表3-4　1952—2015年我国各级各类教育生均预算内教育事业费支出　　单位：元

年份	各级各类教育生均预算内教育事业费支出				
	小学	初中	高中	职中	高等院校
1952	7.00	110.48		—	830.00
1965	19.90	88.89		—	917.68
1978	16.00	39.88			1844.00
1980	23.10	60.13			1752.38
1981	25.90	69.58			1752.81
1981	30.90	85.95			1922.43
1983	34.30	96.90			2185.31
1981	38.50	107.62			2228.59
1985	47.00	128.54			2477.29
1986	48.00	134.90			2564.10
1987	59.90	141.15			2314.70
1989	9.00	212.00			2832.00
1990	10.00	240.00			3107.00
1991	11.00	255.00			3463.00
1992	139.35	300.96		526.01	4091.94

续表

年份	各级各类教育生均预算内教育事业费支出				
	小学	初中	高中	职中	高等院校
1993	162.80	364.24		604.48	4102.30
1994	236.06	450.37	882.78	840.62	5047.61
1995	265.78	492.04	985.23	897.42	5442.09
1996	302.54	549.24	1088.05	1084.80	6522.91
1997	333.81	591.38	1155.36	1007.88	5956.70
1998	370.79	610.65	1196.65	1113.67	6775.19
1999	414.78	639.63	1269.31	1204.10	7201.24
2000	491.58	679.81	1314.99	1349.45	7309.58
2001	645.28	817.02	1471.12	1547.32	6816.23
2002	813.13	960.51	1565.25	1664.06	6177.96
2003	931.53	1052.00	1606.58	1684.79	5772.58
2004	1129.11	1246.07	1758.63	1842.58	5552.50
2005	1327.24	1498.25	1959.24	1980.54	5375.94
2006	1633.51	1896.56	2240.96	2163.69	5868.53
2007	2207.04	2679.42	2648.54	3124.01	6546.04
2008	2757.53	3543.25	3208.84	3811.34	7577.71
2009	3357.92	4331.62	3757.60	4262.52	8542.30
2010	4012.51	5213.91	4509.54	4842.45	9589.73
2011	4966.04	6541.86	5999.60	6148.28	13877.50
2012	6017.58	8137.00	7775.94	7563.95	16367.20
2013	6128.99	9258.37	8448.14	8784.64	15591.70
2014	7681.02	10359.30	9024.96	9128.83	16102.70
2015	8838.44	12105.10	10820.96	10961.07	18143.60

资料来源：1990 年以前的数据引自周贝隆. 面向二十一世界的中国教育——国情·需求·规划·对策 [M]. 北京：高等教育出版社，1990：183；1991—2015 年的数据来自相关年份《中国教育统计年鉴》。

3.3.2 主要宏观困境

近些年来，我国财政教育预算经费随着我国财政教育体制改革的不断深入和细化，在自身结构方面发生了明显的变化，但仍存在一些问题：

（1）教育支出结构从"基建型"向"事业型"的转型面临体制机制约束。

我国教育支出结构呈现出非常突出的"基建型"特征。在教育普及和规模扩大任务十分繁重以及教育现代化、信息化迅速发展的大背景下，随着高等教育跨越式发展、义务教育均衡发展（校安工程、薄弱校改造、标准化建设）、职业教育协调发展等工程建设的推进，学校基础设施建设等方面的投入始终保持在较高水平。我国教育经费投入中用于基建支出（含基本建设支出和其他资本性支出中的专项支出）以及其他资本性支出中的公用支出占比在15%和7%左右，合计占比达到20%以上。从"十二五"后半期开始，我国教育支出结构已经呈现出从"基建型"向"事业型"转型的趋势，资本性支出占教育经费总支出的比例逐年下降。未来，我国教育经费投入使用方向从"基建型"向"事业型"的转向还将持续下去。在上述转型的过程中，一些地方出现了教育资金结余等"资金饱和"假象，显示教育支出结构的转型面临一定的困难，实际上这些困难存在于转移支付制度、部门预算管理体制、生均拨款制度、教师薪酬制度等方面的体制机制约束（唐军，2017）。

（2）基础教育与高等教育资源配置不平衡。

我国基础教育与高等教育资源配置不公平，高等教育所获教育资源远远多于基础教育。20世纪50年代初期以后，国家教育投资的重心一直在高等教育，中央教育经费中用于基础教育的比重非常低。自1995年以来我国高等教育与基础教育支出差距从总体上来看有较大幅度的减小，但从静态的角度来讲，二者还存在着很大的绝对差距。已有研究表明：加强基础教育投资具有重要的现实意义，基础教育投资在经济发展和社会进步中发挥着重要作用。个人在基础教育阶段获得的知识和技能，能够为以后的人力资本积累提供关键基础。公共财政对基础教育的投资能够促进未来高等教育型人力资本的积累，从而影响未来的人力资本结构（孙萌，台航，2018）。①

（3）各级各类教育的生均经费投入增长幅度不均衡。

小学教育生均预算事业费增幅最大、增速最快，65 年中增加了 1263 倍；中等教育生均教育经费增长速度居其次，达 110 倍；增速最慢的是高等教育生均经费投入，65 年中只增长了不到 12 倍。出现这种情况的主要原因：①小学教育生均经费投入水平起点太低；②与近年来我国高等教育经费投入滞缓有一定关系。同世界平均水平相比，我国高等教育生均教育事业费支出偏低，而初等教育支出偏高。以 2013 年为例，高等教育生均预算费用与初等教育生均预算费之比的国际平均标准是 2.75∶1，但同期我国的水平是 2.05∶1；中等教育生均预算费与初等教育生均预算费之比的国际平均标准是 2.06∶1，而同期我国的水平是 1.37∶1。生均教育预算经费增长迅速，但教育经费结构的不均衡、不合理状态还没有根本改变。教育层级之间的投入不平衡问题比较严重，需要更加重视，并找到解决良策。

（4）财政教育支出城乡发展不均衡。

长期以来，我国固有的城乡二元结构以城市为中心，并且资源禀赋集中。这种现状使得在财政投入时总保持着一定的惯性，只是注重城市和发达地区的教育投入，忽视了农村教育。而农村中小学人数占全国中小学人数 70% 左右，而全国农村义务教育经费占 GDP 的比重不到 1%。由于城市经济发展较快，公共服务发展完善，教育设施也相对完善，所以不需要大规模的资金来补充教学的基础设施；而农村则不然，农村需要大量的资金购买或更新相应的基础教学设备，同时还需要通过较好的福利来吸引更

---

① 孙萌，台航. 基础教育的财政投入与人力资本结构的优化——基于 CHIP 数据和县级数据的考察 [J]. 中国经济问题，2018（5）：68-85.

多的老师，这就更加挤占了农村教育相对有限的财政资金，加剧了城乡教育的财政支出差异。农村没有足够收入支持教育费用，形成了教师资源、教学设施资源匮乏的恶性循环。财政教育结构发展不均衡，严重影响了我国教育事业的发展（李迎，2012）。

3.4 财政教育支出绩效分析

绩效又称效绩，是一种普遍存在的概念，意指某一系统的运作结果，英文中的表达是"performance"。任何组织都存在绩效的问题，尽管绩效的内容存在差异，但任何组织的运作目标都是要提升绩效，因而"绩效导向"就成为所有组织管理理念的核心。彼得·德鲁克曾经说"没有评价就没有管理"。我国《教育规划纲要》中明确提出，要"改进管理模式，引入竞争机制，实行绩效评估，进行动态管理"。关注结果、强调绩效已成为财政管理体制改革的新方向。

3.4.1 宏观描述统计分析

近年来，财政教育支出绩效的评估工作已经引起了学术界和各级政府的密切关注，并进行了一系列绩效评价的实践探索。国家颁布了《国家中长期教育改革和发展规划纲要（2010—2020年）》，体现了政策制定者优先发展教育的决心和信息。而在发展教育的过程中，更加注重以人为本、公平等价值观念（朱春奎，刘宁雯，吴义欢，2011）。2017年，《国务院关于国家财政教育资金分配和使用情况的报告》发布，对我国尤其是党的十八大以来的财政教育资金、税收政策、教育发展水平、教育功能、教育公平和质量等情况进行了较为详细的报告，重点提出了我国财政教育在绩效管理方面的现实情况：中央部门教育预算所有项目和中央财政教育专项转移支付全部编报绩效目标。教育部等中央部门对部门项目执行结果全面开展绩效自评,在此基础上,财政部对部分转移支付项目开展绩效评价。

3.4.2 主要宏观困境

(1) 绩效评价认识上仍有不足。

绩效评价由于能更好地知悉、判断和反馈绩效信息,已成为支出管理的重要工具(吴建南,李贵宁,2004)。近年来,国家财政部门和各级政府在财政教育绩效评价领域进行了一定的实践探索。但仍存在认识上的不足,主要体现以下几个方面:①绩效评价的重要性。虽然重要性被多次提出,但很多场合流于形式,未真正落实到操作上。②绩效评价的长期性。财政教育内容十分繁杂,对其进行绩效评价研究是一个长期而艰巨的工作。

(2) 绩效评价体系不够完善。

我国财政支出绩效评价制度建设和改革虽然取得了一定进展,但目前我国财政教育支出绩效评价法制建设却近乎空白,还处于探索和初步发展阶段[①],这极大影响了财政教育支出绩效评价工作的深入开展和整体成效。近年来,我国政府也开始了"以绩效为导向"的财政支出管理体制改革,并取得了部分成效。在评价过程中虽然构建了绩效评价指标体系、运用了绩效评价方法、参数估计,等等,但评价指标的设计欠缺科学性与系统性,评价方法以及参数估计也并非尽善尽美。现阶段,对财政教育绩效评价的标准主要体现在项目本身的绩效自评,而对项目的社会效应、经济效应等外溢效应关注较少。对财政教育支出的绩效评价不仅要注重量的变化,而且还应注重质的提高(郭华桥,2011),并且还要坚持社会发展特征、社会需求现实,这对财政教育绩效评价提出了更高、更复杂的要求。

---

① 许盛. 高等财政教育支出绩效评价问题初探 [J]. 教育财会研究, 2006 (2): 21-23.

（3）立法保障比较缺乏。

国家和各级政府虽然在相关的政策文件中提到重视财政教育的绩效、做好评估工作，但从法制建设的视角来看，财政教育体制的完善离不开立法的支持。国外有些国家在财政教育立法上已呈现出经常化、制度化的趋势。与其相比，我国财政绩效评价的法制建设显得十分缓慢，很大程度上影响了绩效评价工作的开展与成效。

3.5 小结

通过财政教育制度演变历程分析，可以看出我国财政教育制度发生了深刻变革，并逐步形成了具有中国特色的财政教育制度，具有既定制度环境约束、兼顾公平与效率、法制建设逐步完善等特征。

通过对财政教育支出规模分析，主要存在4个方面宏观问题：①财政教育支出规模不足的问题；②教育投入未能够与经济发展速度同步；③教育经费支出面临着很大不确定性；④我国教育事业在国际比较中并未展现出明显优势。

通过财政教育支出结构分析，主要存在4个方面宏观问题：①教育支出结构从"基建型"向"事业型"的转型面临体制机制约束；②基础教育与高等教育资源配置不平衡；③各级各类教育的生均经费投入增长幅度不均衡；④财政教育支出城乡发展不均衡。

通过对财政教育支出绩效分析，可以看出有效的绩效评价体系比片面要求增加教育经费总量的提高更有意义。财政教育支出的绩效评价不仅要注重量的变化，而且还应注重质的提高。在新型城镇化背景下，财政教育绩效评价更应突出对人的重视。当前主要存在3个方面宏观问题：①认识上存在不足；②绩效评价体系不够完善；③立法保障比较缺乏。

第4章

最优规模：基于农村职业财政教育支出实证测度

在第 3 章财政教育支出宏观分析的背景下，第 4 章、第 5 章将对财政教育支出最优规模、最优结构展开微观层面的实证测度。我们选择农村职业教育作为研究对象，主要是由于农村职业教育有助于为乡村振兴提供人才支撑，促进乡村振兴。而乡村振兴与新型城镇化均为解决我国"三农"问题的重要力量，乡村振兴为推力，新型城镇化为拉力。因此，研究农村职业教育对新型城镇化的推进，既有直接意义又有间接价值。

4.1 研究对象及逻辑起点

本章中选取农村职业教育为研究对象，农村职业教育主要是指中等职业教育，包括普通中专（中等职业学校）、职业高中（职教中心）和技工学校教育（王凤羽，杨小容，2012）。即本章中财政投入规模总量就界定在农村职业教育领域。长期以来，在我国财政性职业教育支出方面普遍存在整体财政支持力度严重不足，区域不均衡性、财政教育资源利用效率低下、体制不健全等问题（胡斌武，叶萌，庞尧等，2017），这已成为严重制约我国农村职业教育发展的瓶颈。党的十九大报告明确提出乡村振兴战略，并将这一战略写进了党章总则。而农村职业教育有助于培养造就一支懂农业、爱农村、爱农民的"三农"工作队伍，有助于培养造就有一批有文化、懂技术、会经营的新型职业农民。农业人才队伍建设有利于促进乡村振兴战略的实施，为此，适当提高对财政性农村职业教育支出显得十分重要。尽管2012—2017年连续6年每年财政性教育支出的GDP占比超过4%，但是，具体到职业财政教育方面，普遍存在支持力度不足、财政教育资源利用效率较低等问题。近年来，多项政策提出教育投入作为公共资源在财政方面应优先保障，同时，中等职业教育的重要性也被多次提及，中央和各地方政府不断加大对中等职业教育的投入力度，资源短缺问题得到较大改善（李玲，黄宸，邹联克，2015），农村职业教育得到一定程度的发展（王凤羽，刘钟钦，2010），但农村职业教育存在的诸多问题依然没有得到很好的解决。如何构建"充足、公平、高效"的财政性农村职业教育支出体制，仍然是各级政府与学术界探讨的重要问题。在这样的背景下，深入研究财政性农村职业教育支出规模问题，对于调整和优化财政性农村职业教育支出水平、提高财政投入效率具有重要的理论价值与现实意义。

学术界对财政教育支出的研究主要集中在基础教育与高等教育，对财政性农村职业教育支出关注较少。丹尼森（Denison E F，1961）通过实证分析美国经济增长路径，分别考察劳动力资本和同期教育对经济增长的贡献。西奥·舒尔茨（1961）认为，人力资本的积累是社会经济增长的源泉，强调人力资本在美国经济增长中的重要作用，估算出教育形成的人力资本对美国经济增长的贡献率。罗默（1986）、卢卡斯（1988）、哈孙比（Haribison）、马亚（Myer）等学者通过各类模型与方法均认证了教育程度与经济发展的关系，哈孙比、马亚等学者更是发现受过中等教育的劳动力与人均GNP的相关性最高。国内学者关于教育投入、教育水平与经济增长的关系主流认为，在整体教育框架研究下，教育投入、教育水平对经济增长具有促进作用。王凤羽（2012）认为，财政性农村职业教育支出对经济增长具有促进作用。徐鲲（2012）认为，中国农村教育与农村经济增长不协调，没能有效促进农村经济的发展。基于教育对经济增长的贡献，众多学者均认为有必要加大教育投入，但在现实中对不同的教育类别，投入差距较大。范红（2015）通过对比发现，农村普通高中的教育经费投入一直远超于农村职业高中，并认为农村职业教育在整个国民教育体系中处于弱势地位。韩永强（2014）通过对比我国职业教育经费数据发现，我国职业教育经费投入水平低于普通教育。教育投入特别长期财政投入不足的情况在很大程度上限制了农村职业院校的发展（彭干梓，1993；范红，2015），在新型城镇化建设的背景下，薄弱的农村职业教育更难以适应农村经济发展的需要（范红，2015），政府应当直接或间接地增加对职业教育的投入（牛征，2001；蒋作斌，2003），优化投入产出比，发挥整体优势（丁留宝，张洁，2016）。

总体来看，已有研究成果对财政性农村职业教育支出做了许多有价值的探讨，得出具有一定启发意义的结论。然而，大多数研究仅对投入现状、投入资金来源结构、财政投入存在的问题等方面进行探讨，而对于财政性农村职业教育支出最优规模的研究处于空白状态。基于财政投入与效用最大化角度，我们对内生经济增长模型进行了扩展，构建了财政性农村职业教育支出最优规模模型，并以重庆市为例，进行了财政性农村职业教育支出最优规模估计。

4.2 最优规模经济学分析

政府是财政投入的主体，因此政府财政投入的安排要从大局出发，要基于社会全部资源宏观配置效率接近帕累托最优（Pareto Optimality）或者是达到帕累托最优的角度进行决策。社会资源宏观配置主要是指公共经济部门和私人经济部门之间的分配和使用。政府肩负着满足社会公共需求的使命，因此社会对公共物品的需求由政府来提供，而政府提供公共物品主要是通过财政投入来完成。财政投入的规模自然要与公共物品的供给量相适应，财政投入的规模效率体现为通过财政投入的规模确定要保证私人产品与公共产品的合理组合,促使私人经济部门与公共经济部门资源配置的边际收益相等。

公共产品最优供给表现为:全体社会人员对公共产品与私有产品消费的边际替代率(MRS)刚好等于公共产品与私有产品的边际技术转换率(MRT)。在图4-1中,纵轴为私人产品,横轴为公共产品。EF为社会资源的约束曲线,U_1、U_2、U_3为社会无差异曲线,凸向原点的U_1、U_2、U_3三条曲线,代表私人产品与公共产品的全部组合点的集合。无差异曲线U_2与社会总资源约束曲线相切A点,这一点表明全体社会人员对公共产品与私有产品消费的边际替代率(MRS)刚好等于公共产品与私有产品的边际技术转换率(MRT),资源配置达到了最优。在图4-2和图4-3中,纵轴表示价格,横轴表示财政投入规模;在图4-4中,纵轴表示价格,横轴代表财政投入或税收规模。当社会资源配置处于最优状态时,政府财政投入的边际效益(MB)等于边际成本,财政投入的净效益达到最佳。而此时,财政投入产生的边际正效用恰好可以弥补税收产生的边际负效用。

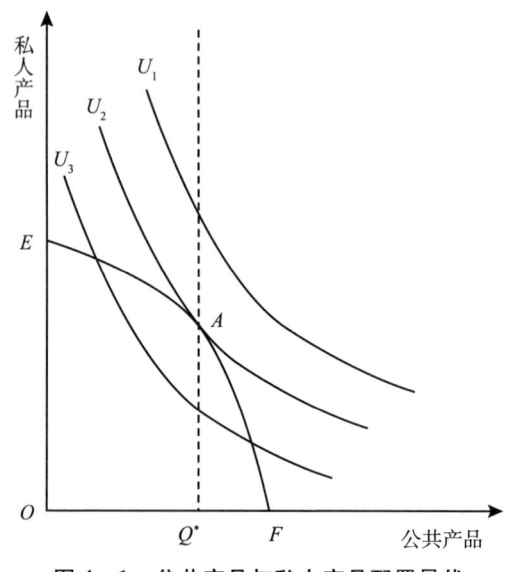

图4-1 公共产品与私人产品配置最优

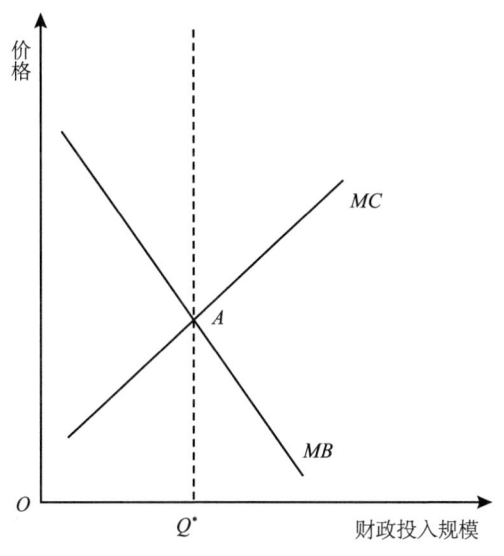

图 4 – 2 财政投入规模最优条件

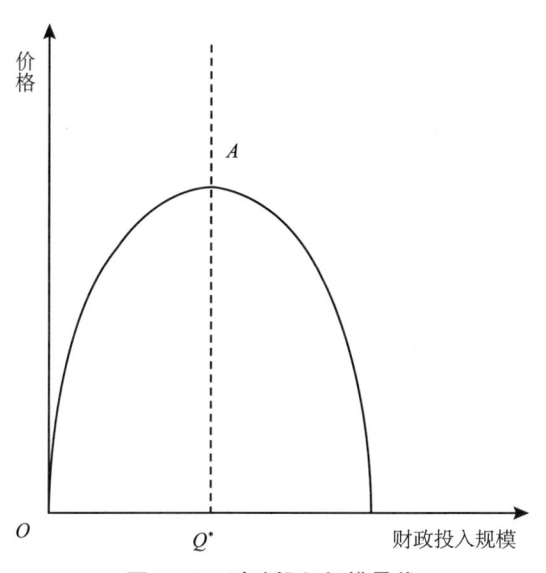

图 4 – 3 财政投入规模最优

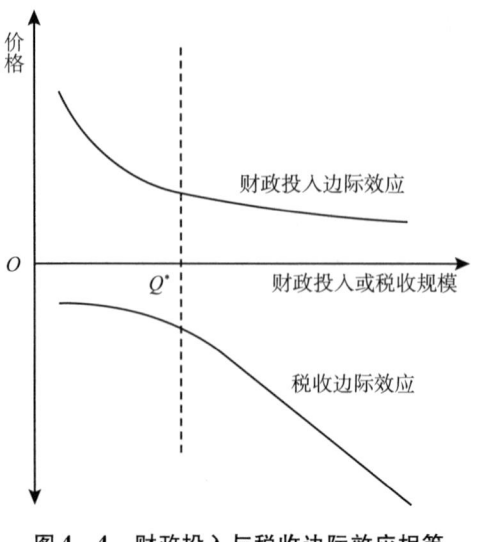

图 4-4　财政投入与税收边际效应相等

公共经济部门相对私人经济部门来讲掌握政治权利，处于优势地位，因此社会资源配置能否达到最优点 A，主要取决于公共经济部门而非私人经济部门。从主要财政资源筹措的视角来看，公共经济部门在确定宏观税收的水平上基本能体现资源在私人经济部门和公共经济部门配置的比例。

4.3　内生经济增长与最优财政投入规模模型构建

以索洛为代表的经济增长理论流派认为，政府投入被视为外生变量，并一律判定为消费性支出。资本产品边际效用递减的基本规律表明，经济不会持续增长，经济发展趋势必将沿着鞍点路径达到一种稳定状态，而这种稳态的经济增长只与外生不变的技术进步密切相关。在稳态的环境下，财政政策只发挥水平效应的作用，而对经济增长效应不发挥任何作用。伴随着经济学不断深入的研究，经济学家们逐渐地认识到政府投入具有生产性作用。

库尔茨与阿罗（Kurz & Arrow，1970）第一次将公共资本引入生产函数方程。假设 Z_s 表示具有私人产品性质的私人资本存量，Z_g 表示具有纯公共品性质的公共资本存量，建立的生产函数表示如下：

$$Y(t) = E Z_s^\alpha(t) Z_g^\beta(t) L^{1-\alpha-\beta}(t)$$

政府消费性投入对经济主体效用的积极作用也在效用函数中得到了体现，因此，政府消费性投入也不再看作外生变量。卢卡斯（1985）、罗默（1986，1987，1990）、巴罗（Baaro，1990，1992）等人为代表，将人力资本、开发与研究、技术进步等变量内生化，修正了新古典经济增长生产函数，使生产函数至少达到不变的规模报酬。由于人力资本、开发与研究、技术进步等内生变量具有的非排他性和非竞争性特点，并在财政政策影响之下，产生了与财政政策相关联的敏感性，进而为政府对宏观经济的调控提供了理论上的指导。

巴罗（1990）把公共部门引入具有不变规模报酬的"EZ"生产函数中，建立了一个以政府投入为中心的内生经济增长模型，并得出一个最优财政投入规模。富塔格米（Futagami，1993）、邹与斯瓦罗普（Zou & Swaroop，1996）、贝尔与格洛姆（Baier & Glomm，2001）在巴罗内生经济增长模型的基础上，把政府资本包含其中，特别是把教育、交通、国防、基础设施等政府投入对经济增长与社会福利的影响纳入到"EZ"生产函数中一并考虑。在"EZ"生产函数中，还考虑了通过税收购买基础设施来提高其他政府投入的福利效应和政府服务质量。上述相关经济增长模型的本质就是由于市场失灵存在，因而政府就需要提供免费公共产品来干预市场经济，从而会使政府对公共产品的投入可能成为促进经济增长内生变量。当然，政府不能无限度地干预市场经济，如果超过一定的限度将会阻碍经济的发展。国内学者沈淑霞、秦富和石安（2004）认为，农业投入规模还相对较小，应该加大对农业的投入力度，计量的测算应该是财政投入占农业生产总值由4%上升至10%左右的水平。而对教育的投入普遍认为应该占GDP的4%左右，但对农村职业教育投入的最优规模还没有定论，理论分析及文献梳理显示这样的最优规模是存在的。

基于此，把农村职业教育的财政投入与农村职业教育对经济增长的贡献联系起来，借鉴国内外学者对内生经济增长模型的研究成果，结合重庆市农村职业教育的实际情况，探寻财政性农村职业教育支出最优规模，从而对当前财政性农村职业教育支出趋势进行更为理性的分析，为未来农村职业教育最优的筹资规模的决策提供较为合理理论支撑。

巴罗将生产性公共资本引入生产函数模型

$$Y(t) = EZ_b^\alpha(t)S^\beta(t)L^{1-\alpha-\beta}(t)$$

$P(t)$ 表示公共投入流量，表明在私人投入 Z 和 L 的不变规模报酬的前提下，P 能否提升要素的边际产品是促进经济内生增长的关键。

在现实的经济生产过程中，公共产品并不一定都具有非排他性与非竞争性。因为消费公共产品的人们变得越来越多，必然会导致一定的拥挤。所以，为了有效研判公共产品如何对经济内生增长产生的影响，一定要对巴罗的内生经济增长模型做出修正和拓展，在拉姆齐（Ramsey）追求家庭效用最大化的基础上构建拥挤效用最大化的内生经济增长数理计量模型。

假设一个封闭的经济体系构成包括同质充分竞争性企业、代表性的无限寿命家庭、政府。企业是依照完全竞争条件下的租赁资本和雇佣劳动开展生产经营，并达到最大化的利润；家庭取得消费最大化效用的前提条件是不考虑闲暇替代劳动；政府为企业与家庭提供公共产品，采用一次性的比例总税负进行财政积累。

（1）家庭部门。

在家庭预算约束下，人均消费 $c(t)$ 产生的最大化 $U[c(t)]$ 效用的贴现量

$$\max u[c(t)] = \int_0^\infty \left(\frac{c^{1-\phi}-1}{1-\phi}\right) f^{-(i-\eta)t} dt \qquad (4-1)$$

主要变量含义为：η 表示人口增长率，同时假定初始人口为 1；ϕ 表示不变替代弹性系数；i 表示贴现率。在均衡的劳动力出清市场中，家庭能够取得合理的就业数量，在每单位时间内每人提供 1 单位的劳动服务，每个

成人的工资收入等于 $w(t)$；家庭还可通过资本出租而得到利息收入；所以，家庭取得的总收入包括两部分：劳动收入和资本利息收入。因此，针对家庭而言，其流量约束可表示为

$$z(t) = w(t) + rz(t) - c(t) - \eta z$$

家庭初始与边界条件分别为

$$z(o) = 1\lim_{t \to \infty} z\{\exp[-\int_0^t [r(v) - \eta] dv]\} \geq 0$$

边界条件满足"非篷齐博弈"条件，即家庭不能进行无限借款以至于产生零效用。

（2）企业部门。

政府为企业生产提供工商注册、公共交通、法律保障等公共物品，企业依据一定的税率 γ 缴纳相关税收；企业生产通过家庭为其提供租赁资本、劳动力。假定企业应用柯布—道格拉斯生产函数安排生产，则生产函数模型为

$$Y = EZ^\alpha L^{1-\alpha} S^{\beta(1-\alpha)}$$

或
$$y = Ez^\alpha S^{\beta(1-\alpha)} \tag{4-2}$$

主要变量含义为，E 表示资本，S 表示政府财政提供的公共产品数量；y 表示人均产出，z 表示人均资本，α 表示资本的产出弹性。β 的取值范围 $1 \geq \beta \geq 0$，当 $\beta = 0$ 时，表示财政为企业提供公共产品存在拥挤现象，当 $1 > \beta > 0$ 时，表示财政为企业提供公共产品存在拥挤现象，具有部分竞争性；当 $\beta = 1$ 时，表示政府通过财政为企业生产所供给的公共产品为纯公共产品，拥挤现象不存在。企业面临的问题主要为给定的价格序列 $\{\gamma, \varphi, \lambda\}$ 下，按照式（4-2）进行生产，并使税后利润达到最大化，即

$$\max[(1-\lambda)E^\alpha L^{1-\alpha} G^{\beta(1-\alpha)} - \gamma L - (\varphi + \delta)e] \tag{4-3}$$

（3）政府部门。

政府部门依据一定的税率 γ 的比例向企业征取税收，形成政府筹集的财政资金，然后进行必要的财政投入，为企业提供免费的公共产品，即 $S = \lambda Y$。假定财政实行平衡预算政策，把总量生产函数（4-2）代入，

$S = \lambda Y$ 可解得

$$S = (\lambda E K^\alpha L^{1-\alpha})^{\frac{1}{1-\beta(1-\alpha)}} \qquad (4-4)$$

(4) 均衡分权经济。

企业与家庭在相同的工资率与利率的条件下，供给与需求达到均衡，代表性家庭债务最后为零。按照企业追求利润最大化及零利润条件，宏观经济均衡形成的最大化问题的解

$$\max u[c(t)] = \int_0^\infty \left(\frac{c^{1-\phi}-1}{1-\phi}\right) f^{-(i-\eta)t} \mathrm{d}t$$

其经济资源约束条件为

$$z(t) = (1-\lambda)f(z,P) - c(t) - (\delta+\eta)z(t)$$

边界性条件

$$\lim_{t\to\infty} z\{\exp[-\int_0^t [r(v)-\eta]\mathrm{d}v]\} \geqslant 0$$

为求解最大化问题的经济增长率，建立现值汉密尔顿数学模型

$$H(c,z,t,P,v) = \int_0^\infty \left(\frac{c^{1-\phi}-1}{1-\phi}\right) f^{-(j-\eta)t} + v[(1-\lambda)Ez(t)^\alpha P^{\beta(1-\alpha)} - c(t) - (\delta+\eta)z(t)]$$

由一阶条件：$\frac{\partial H}{\partial c} = 0$，可得

$$v[(1-\lambda)\partial z^{\alpha-1}P^{\beta(1-\alpha)} - (\delta+\eta)] = -v \qquad (4-5)$$

此时，横截性条件为

$$\lim z\{\exp[-\int_0^t [E\partial z^\alpha P^{\beta(1-\alpha)} - (\eta+\delta)]\mathrm{d}v]\} = 0$$

将 $f^{-(j-\eta)t}c^{-\phi} = v$ 等式的两边取对数，并对时间求导，结果为

$$-\frac{v}{v} = \phi\frac{c}{c} + (j-\eta) \qquad (4-6)$$

根据式（4-5）、式（4-6）及横截性条件

人均消费增长率模型为

$$r_c = \frac{c}{c} = \frac{\partial(1-\lambda)Ez^{\alpha-1}G^{\beta(1-\alpha)} - (j+\delta)}{\phi}$$

第4章 最优规模：基于农村职业财政教育支出实证测度

将式（4-4）代入上述消费方程得

$$r_c = \frac{\partial(1-\lambda)}{\phi} E\partial(\lambda EL)^{\frac{\beta(1-\alpha)}{1-\beta(1-\alpha)} = \frac{(1-\alpha)(\beta-1)}{1-\beta(1-\alpha)}} - \frac{j+\delta}{\phi}$$

从上式可以看出，人均消费增长率随 β 取值范围的变化而产生不同的增长效果：当 $\beta=1$ 时，通过财政投入为企业所提供的公共服务属于纯公共产品，此时的人均消费增长率为

$$r_c = \frac{\partial(1-\lambda)}{\phi} E\partial(\lambda EL)^{\frac{1-\alpha}{\alpha}} - \frac{j+\delta}{\phi}$$

本书借鉴了巴罗（1990）、郭忠孝（2008）的最优财政支出模型和最优财政支农模型，假设最优农村职业教育生产函数为

$$Y = F(Z, N, S)$$

其中，Y 代表农村职业教育对经济增长的贡献，Z 代表农村职业教育资本存量，N 代表教职工人数，S 代表财政性农村职业教育支出。

对上述农村职业教育生产函数两边取全微分得到

$$\begin{aligned} dY &= \partial F/\partial Z \times dZ/Y + \partial F/\partial N \times dN/Y + \partial P \times dP/Y \\ &= \alpha \times dZ/Z + \beta \times dN + MPS(dS/S \times S/Y) \end{aligned}$$

再对方程两边同时除以 Y，整理得

$$\begin{aligned} dY &= \partial F/\partial Z \times dZ/Y + \partial F/\partial N \times dN/Y + \partial F/\partial S \times dS/Y \\ &= \alpha \times dZ/Z + \beta \times dN/N + MPS(dS/S \times S/Y) \end{aligned} \quad (4-7)$$

其中，$\alpha = \partial F/\partial Z \times Z/Y$ 为资本存量的产出弹性；$\beta = \partial F/\partial N \times N/Y$ 为劳动力的产出弹性，$MPS = \partial Y/\partial S$ 为政府财政性农村职业教育支出的边际产出。α、β、MPS 为待估参数。

基于上述数学模型的分析，政府财政投入可以促进生产效率的提高，进而促进经济增长率的提升。此外，政府增加财政投入在一定程度上将导致消费者的可支配收入减少，进而会减少消费与投资的资源，最终会导致经济增长速度降低。依据对此增彼减的这种经济现象研判，在长期经济发展中增长率达到最优的财政支出水平是客观存在的，如图4-5所示。因为财政每提供1个单位的公共服务或公共产品，就要使用1个单位的社会

资源，即公共服务或公共产品的边际成本为1，而财政支出的边际收益为 MPS。因此，在扭曲性税收不存在的前提下，依据边际收益等于边际成本原则可知，理论上 MPS = 1 就是最优财政投入规模的决定条件。当财政性农村职业教育支出规模达到最优时，则有边际产出 MPS = 1，即 1 个单位财政投入刚好能提供 1 个单位的农村职业教育产出。其经济学含义为：当政府财政投入变动 1 元，产出同样变动 1 元时，政府的财政投入达到最优；当产出的增加小于 1 元（MPS < 1），表明政府财政投入过度；当产出的增加大于 1 元（MPS > 1），表明政府财政投入不足。

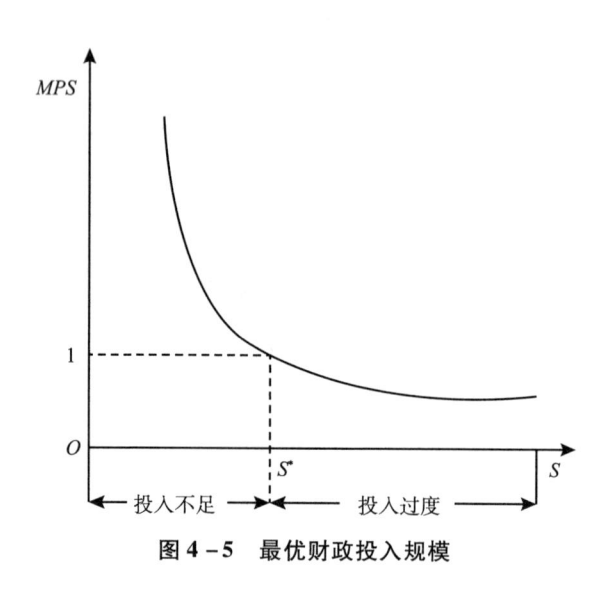

图 4-5 最优财政投入规模

财政投入最优规模为

$$MPS = \partial F/\partial S = \partial F/\partial S \times S/Y \times Y/S = (\partial F/\partial S \times S/Y) \times Y/S \quad (4-8)$$

$\partial F/\partial S \times S/Y$ 实际上为财政性农村职业教育支出的产出弹性，设为 W，S/Y 为财政性农村职业教育支出规模，设为 γ。

所以式（4-8）可以写作

$$MPS = W/\gamma$$

农村职业财政教育支出为最优规模时，此时

$$MPS = 1, W = \gamma$$

将 $W = MPS \times \gamma$ 代入式（4-7）可得

$$dY/Y = \alpha \times dZ/Z + \beta \times dN/N + \gamma \times dS/S \qquad (4-9)$$

最后，加上 μ 随机误差项，模型转变为

$$dY/Y = \alpha dZ/Z + \beta dN/N + \gamma dS/S + \mu \qquad (4-10)$$

Y 的水平量与 Z、N、S 的水平量之间存在稳定的关系，通过差分量仅为水平量前后期的差值可以证明。采取计量分析时拟采用双对数模型，因本该模型主要研究各变量弹性间的贡献关系。为了简化模型，忽略技术进步因素。

最终，计量方程形式为

$$\ln Y = \alpha \ln Z + \beta \ln n + \gamma \ln S + \mu$$

其中，Y 代表农村职业教育对经济增长的贡献，Z 代表农村职业教育的资本存量，用中等职业学校固定资产的数额来代替；n 代表农村职业教育教职工人数；S 代表政府财政性农村职业教育支出。

4.4 财政教育支出最优规模的实证检验

4.4.1 数据来源及说明

（1）农村职业教育 GDP。

农村职业教育 GDP 主要表示农村职业教育对经济增长的贡献，本书采用（王凤羽，2011）丹尼森系数法估算的全国农村职业教育对经济增长的贡献的水平 0.525% 来估计重庆农村职业教育对经济增长的贡献。

（2）资本存量。

农村职业教育的固定资产主要由财政投入形成，而在统计年鉴也存在相应的数据，因此就用固定资产的年末数据近似代替农村职业教育的资本存量。

(3) 教职工人数。

教职工人数代表劳动力总量。农村职业教育的劳动者主要是教师、行政工勤人员等,因而用普通中专、职教中心、技工学校的教职工人数之和来计算劳动力总量。

(4) 财政性农村职业教育支出。

财政性农村职业教育支出：主要指普通中专、职教中心、技工学校财政投入之和,以及 2016 年度的《中国教育经费统计年鉴》和《重庆市统计年鉴》提供的 1997—2014 年度的相关数据。数据全部经过 1978 年为 100 的 GDP 平减指数进行平减。具体数据见表 4-1。

表 4-1　1997—2014 年重庆市农村职业教育相关指标主要数据

年份	Y - GDP（千元）	N - 教职工人数（人）	S - 财政经费（千元）	Z - 固定资产（千元）
1997	792618.75	14606	46056.94	227887.90
1998	841249.5	12966	56738.93	498809.01
1999	873180	13694	64128.89	460375.04
2000	940275	12057	73932.71	1817058.20
2001	1037851.5	9443	73101.51	1753517.00
2002	1172251.5	7836	77980.09	2788742.74
2003	1341753	7173	70597.96	1378021.25
2004	1593154.5	7241	74409.61	2942299.75
2005	1820553	7100	95913.88	513615.70
2006	2051295.75	13664	101050.74	533109.87
2007	2454968.25	13101	224025.82	749032.94
2008	3041671.5	14756	323631.25	802988.24
2009	3428255.25	14199	283811.81	1065031.21
2010	4160929.5	14324	87948.99	1080807.53
2011	5255969.25	14941	405048.97	1277267.73
2012	5990040	14960	270595.12	1369182.80
2013	6711211.5	15563	621437.82	1402755.73
2014	7487865	16223	703029.15	1607288.03

资料来源：1998—2015 年《中国教育经费统计年鉴》《重庆市统计年鉴》《重庆市教育年鉴》。

4.4.2 估计方法与过程

在对时间序列数据的早期研究中，主要采用的分析方法就是直接回归，因为在进行变量检验时，做了时间序列数据是平稳的假定。但是，近几年计量经济学与统计学的迅速发展进一步表明，宏观时间序列数据存在相当大比例是不平稳的。这表明在进行回归分析这些宏观的时间序列数据时，一定要对其实施平稳性检验。当时间序列数据出现非平稳性时，直接运用标准的回归分析就不匹配，其结果就会导致伪回归的产生。在现实中，宏观时间序列数据中单位根的存在是其不平稳的主要原因。所以，要通过检验时间序列数据单位根是否存在来研判它的平稳性。对时间序列的检验一般采用迪基—富勒（Dickey & Fuller，1979）提出的单位根检验法（ADF）。如果直接对非平稳的序列数据进行标准的回归分析，必须进行单位根检验，反之，就会出现伪回归的现象。针对可能出现的伪回归现象，通常会采用如下办法处理：①单位根检验。主要步骤：最小二乘法回归—残差序列进行单位根检验—残差序列平稳性；②进行协整检验。基本步骤：相关性分析—协整分析—标准的回归分析—误差修正模型（ECM）。

（1）单位根（ADF）检验。

本书在进行单位根检测之前，保证数据的平稳性对原始数据采用取对数处理（见表4-2）。

表4-2 1997—2014年重庆市农村职业教育相关指标主要数据的对数处理

年份	$\ln Y$	$\ln n$	$\ln S$	$\ln Z$
1997	13.58	9.59	10.74	12.34
1998	13.64	9.47	10.95	13.12
1999	13.68	9.52	11.07	13.04

续表

年份	lnY	lnn	lnS	lnZ
2000	13.75	9.40	11.21	14.41
2001	13.85	9.15	11.20	14.38
2002	13.97	8.97	11.26	14.84
2003	14.11	8.88	11.16	14.14
2004	14.28	8.89	11.22	14.89
2005	14.41	8.87	11.47	13.15
2006	14.53	9.52	11.52	13.19
2007	14.71	9.48	12.32	13.53
2008	14.93	9.60	12.69	13.60
2009	15.05	9.56	12.56	13.88
2010	15.24	9.57	11.38	13.89
2011	15.47	9.61	12.91	14.06
2012	15.61	9.61	12.51	14.13
2013	15.72	9.65	13.34	14.15
2014	15.83	9.69	13.46	14.29

资料来源：根据表4-1取对数所得。

然后，应用EViews7.2版统计分析软件，采用单位根检验的方法确定变量的平稳性问题。具体的检测结果见表5-3。将所用的变量分别取对数后检验其单位根，由于解释变量、控制变量与被解释变量在不差分时均存在单位根，所以对各个变量的一阶差分再进行单位根检验，检验结果见表4-3。根据表4-3可以看出，各个变量除了lnY在一阶差分情况下的DF-GLS单位根检验值都小于1%的临界值，但是lnY在一阶差分时的DF-GLS单位根检验值＜-1.9644（5% level）；所以这些变量是一阶差分平稳的。下面再对各个变量进行协整检验。

表4-3　重庆市财政性农村职业教育支出规模相关数据单位根检验结果

变量	DF-GLS检验值（一阶差分）	1% level	结论
ln$Y$	-2.1636<-1.9644（5% level）	-2.740613	平稳
ln$S$	-6.724200	-2.717511	平稳
ln$n$	-3.671901	-2.717511	平稳
ln$Z$	-5.554461	-2.717511	平稳

（2）协整检验。

首先将要进行协整检验的变量作为整体打开，继而对这些变量进行协整检验，协整检验结果如下：

日期：01/07/17　时间：21：52

调整的样本：1999 2014

包含观察值：16 after adjustments

趋势假设：无确定性趋势（restricted constant）

系列（Series）：ln$n$ ln$S$ ln$Y$ ln$Z$

滞后间隔（在一阶差分中）：1 to 1

无限制的协整检验（跟踪）

假设	特征值	迹统计	临界值 0.05	概率
无*	0.902019	80.66045	54.07904	0.0000
至多1*	0.846841	43.49269	35.19275	0.0051
至多2	0.399159	13.47223	20.26184	0.3273
至多3	0.282936	5.321435	9.164546	0.2500

注：*表示0.01水平显著；迹检测表明2在0.05水平协整。

本书采取约翰森协整检验（Johansen cointegration test）协整检验方法对ln$Y$、ln$S$、ln$n$、ln$Z$进行协整检验，得到结果如表4-4所示。

表4-4　　重庆市财政性农村职业教育支出相关数据协整检验

假设	特征值	统计量	5%临界值	伴随概率
无*	0.902019	80.66045	54.07904	0.0000
至多1*	0.846841	43.49269	35.19275	0.0051

注：*表示0.01水平显著。

结果表明各变量间存在协整关系。

（3）回归分析。

输入等式进行回归分析，如下：

因变量：$\ln Y$

引法：最小二乘法

日期：01/06/17　时间：22：40

样本：1997 2014

包含观察值：18

$\ln Y = C(1) + C(2) \times \ln S + C(3) \times \ln n + C(4) \times \ln Z$

变量	系数	标准误	t统计	概率
C（1）	2.670494	4.690272	0.569369	0.5781
C（2）	0.742656	0.142424	5.214410	0.0001
C（3）	0.181428	0.434165	0.417877	0.6824
C（4）	0.102324	0.165730	0.617412	0.5469
方差	0.816941	Mean dependent var		14.57694
调整的方差	0.777714	S. D. dependent var		0.771004
回归	0.363507	Akaike info criterion		1.007094
平方和残差	1.849923	Schwarz criterion		1.204954
似然对数	-5.063843	Hannan - Quinn criter.		1.034376
F统计量	20.82601	Durbin - Watson stat		1.539368
概率Prob	0.000020			

第 4 章 最优规模：基于农村职业财政教育支出实证测度

经过单位根及协整检验分析后，以 $\ln Y$ 为被解释变量、$\ln S$、$\ln n$ 为控制变量、$\ln Z$ 为解释变量，对该模型进行线性回归，其结果进行整理。由表 4-5 可以看出，回归模型为

$$\ln Y = 2.670494 + 0.742656\ln S + 0.102324\ln Z + 0.181428\ln n$$

代表财政经费的解释变量 $\ln S$ 前的系数为 0.742656，且该系数的 P 值 = 0.0001 < 0.05，所以该解释变量对被解释变量呈正向显著影响，即 $\ln S$ 每扩大 1 单位，可以正向推动被解释变量 $\ln Y$ 增大 0.742656 个单位；控制变量 $\ln Z$ 前的系数为 0.102324，且该系数的 P 值 = 0.5469 > 0.05，表明代表固定资产水平的控制变量 $\ln Z$ 对被解释变量存在正向不显著影响；控制变量 $\ln n$ 前的系数为 0.181428，且该系数的 P 值 = 0.6824 > 0.05，表明代表教职工人数的控制变量 $\ln n$ 对被解释变量也存在正向不显著影响。

表 4-5　重庆市财政性农村职业教育支出规模计量模型检验

	解释变量与控制变量			
	C	$\ln S$	$\ln Z$	$\ln n$
系数	2.670494 (0.5781)	0.742656 (0.0001)	0.102324 (0.5469)	0.181428 (0.6824)

4.4.3　结果分析

（1）固定资产与教职工人数两个变量尽管与被解释变量都是正相关，但是影响不够显著。主要原因：①从统计学的视角来看，时间序列数据的时间长度不够，导致数据量不充分。而重庆市 1997 年直辖到目前为止也就 20 年，统计数据本身的滞后性，只能统计到 2014 年。②教职工、固定资产作用到教育并产生对学生的传导效应相对于财政投入具有一定滞后性。同时在农村职业学校还存在一些固定资产闲置现象，导致固定资产没有充分地发挥其应有的作用。

（2）财政性农村职业教育支出弹性约为0.743，表明财政性农村职业教育支出对GDP具有明显的促进作用，即财政性农村职业教育支出每增加1%，农村职业教育对经济增长的贡献平均增加74.3%。

依据弹性定义可知，财政性农村职业教育支出产生的弹性由两个部分构成：①财政投入的边际产出；②财政投入占农村职业教育对经济增长贡献的比重。

$$\gamma = \partial F / \partial S \times S / Y$$

其中，γ表示弹性，$\partial F/\partial S$表示财政性农村职业教育支出的边际产出（MPS），S/Y表示财政性农村职业教育支出占农村职业教育对经济增长贡献的比重。

财政性农村职业教育支出的平均产出弹性，可依据上述回归计量统计分析估算出；财政性农村职业教育支出占农村职业教育GDP的比重，可以利用每年的相关统计数据计算出来。因此，根据上式可以近似地估算出每年财政性农村职业教育支出的边际产出$\partial F/\partial S$，其结果见表4-6。

表4-6　1997—2014年重庆市财政性农村职业教育支出边际产出

年份	Y-农村职业教育GDP（千元）	S-财政经费（千元）	S/Y	MPS
1997	792618.75	46056.94	0.0581	12.79
1998	841249.5	56738.93	0.0674	11.02
1999	873180	64128.89	0.0734	10.12
2000	940275	73932.71	0.0786	9.45
2001	1037851.5	73101.51	0.0704	10.55
2002	1172251.5	77980.09	0.0665	11.17
2003	1341753	70597.96	0.0526	14.12
2004	1593154.5	74409.61	0.0467	15.91
2005	1820553	95913.88	0.0527	14.10
2006	2051295.75	101050.74	0.0493	15.08
2007	2454968.25	224025.82	0.0913	8.14

第4章 最优规模：基于农村职业财政教育支出实证测度

续表

年份	Y-农村职业教育GDP（千元）	S-财政经费（千元）	S/Y	MPS
2008	3041671.5	323631.25	0.1064	6.98
2009	3428255.25	283811.81	0.0828	8.97
2010	4160929.5	87948.99	0.0211	35.15
2011	5255969.25	405048.97	0.0771	9.64
2012	5990040	270595.12	0.0452	16.45
2013	6711211.5	621437.82	0.0926	8.02
2014	7487865	703029.15	0.0939	7.91

资料来源：1998—2015年《中国教育经费统计年鉴》《重庆市统计年鉴》《重庆市教育年鉴》S/Y、MPS根据上述相关公式计算而得。

假设财政性农村职业教育支出弹性维持在0.743的水平，财政性农村职业教育支出达到最佳状态时会有 $MPS=1$ 或者 $\partial F/\partial S=1$。由于 $MPS = \gamma \times Y/S$，农村职业财政投入占农村职业教育GDP的比重，也就是S/Y为74.3%。但是，1997年农村职业教育的财政投入占农村职业教育GDP的5.81%，这与最优规模距离较远。即使在财政性农村职业教育支出的比例最高的年份2008年也只有10.64%，与最优规模相比也是相去甚远。表明了重庆市财政性农村职业教育支出的规模效率很低。其主要原因：①与中央财政投入相比，地方政府对财政性农村职业教育支出更接地气，产出弹性系数较高，导致边际产出高。②对农村职业教育研究范围的只界定为职业高中、普通中专、技工学校。范围可能相对狭小，在财政经费投入的口径上过小，在一定程度上有可能低估财政性农村职业教育支出。因而，尽管从估计的结果来看，财政性农村职业教育支出的规模与最优的规模差距较大，但实际的差距可能要小于估计的水平。③农村职业教育属于公共产品，财政性农村职业教育支出是一种政府行为。因此，从这个角度来看，评价财政性农村职业教育支出规模，还要考虑在实际工作中政府对财政性农村职业教育支出规模调整的可行性。实际上就是要把往年的财政性农村职业教育支出与当年的经济增长等状况作为对财政性农村职业教育支出的约束条件。

4.4.4 重庆市农村职业财政教育最优筹资模型及筹资估算

（1）估算模型的设计。

依据上述的估计结果，重庆市财政性农村职业教育支出达到最优规模的状态为：财政性农村职业教育支出的边际产出 $MPS=1$；财政性农村职业教育支出占农村职业教育对经济增长贡献的比重74.3%。因此，要增加财政性农村职业教育支出，促使模型向最优趋近，最终达到最优。同时，由于存在刚性因素的影响，导致了模型的增长路径是持续渐进的。根据 $\gamma = \partial F/\partial S \times S/Y$，可以求得最优筹资模型 $S = \gamma \times Y/MPS$。

（2）基本假设。

一是未来财政性农村职业教育支出对农村职业教育 GDP 贡献的比重保持0.743不变。依据重庆市第十三个五年计划和相关经济学家的预测，未来重庆市的 GDP 基本会保持9%的增长速度。因此，假定重庆市未来的经济增长速度为9%，农村职业教育对经济增长的贡献保持不变。二是在其他条件不变的情况下，依据规模报酬递减规律，随着财政性农村职业教育支出的越来越多，其边际产出会越来越少。由于财政性农村职业教育支出受到刚性因素的制约，不可能在短时间内达到最优规模，筹资规模趋近最优是一个循序渐进的过程。假设需要15年完成达到最佳筹资规模，假设在2014—2020年财政性农村职业教育支出边际产出的递减速度为0.5，2021—2025年财政性农村职业教育支出边际产出的递减速度为0.44，2026—2030年财政性农村职业教育支出边际产出的递减速度为0.342，直至2030年边际产出弹性为1。

在表4-7中，筹资规模的预测值（2015—2030年财政性农村职业教育支出的最佳筹资规模）为本书运用最优农村职业财政教育筹资规模取向模型估算出来的。该估算结果考虑到了财政性农村职业教育支出的刚性约束条件，也从另一个侧面表明了财政筹资的约束条件，具有一定的客观现实性与统计预测科学性。

表 4-7　重庆市财政性农村职业教育支出筹资规模预测

年份	重庆市 GDP 预测值（亿元）	农村职业教育 GDP 的预测值（亿元）	MPS 值	筹资规模的预测值（亿元）
2015	15717.27	82.52	7.41	8.27
2016	17131.82	89.94	6.91	9.67
2017	18673.69	98.04	6.41	11.36
2018	20354.32	106.86	5.91	13.43
2019	22186.21	116.48	5.41	16.00
2020	24182.97	126.96	4.91	19.21
2021	26359.44	138.39	4.47	23.00
2022	28731.78	150.84	4.03	27.81
2023	31317.65	164.42	3.59	34.03
2024	34136.23	179.22	3.15	42.27
2025	37208.49	195.34	2.71	53.56
2026	40557.26	212.93	2.368	66.81
2027	44207.41	232.09	2.026	85.11
2028	48186.08	252.98	1.684	111.62
2029	52522.83	275.74	1.342	152.67
2030	57249.88	300.56	1	223.32

本书最优筹资模型的基本运行原理就是通过调整财政性农村职业教育支出的 MPS 值接近于 1 的速度，经过估算求得预测年度的财政性农村职业教育支出水平，即农村职业财政教育筹资水平。边际产出 MPS 趋近 1 的速度可以根据重庆经济发展不同时期水平、政府的教育政策取向、教育政策制定者偏好和财政能力不同阶段水平进行相应的调整和设定。调整与设定的条件不同，财政性农村职业教育支出的结果也不一致，但其最终目标都是促使农村职业财政教育资源的配置达到最佳水平。

本书最优筹资模型的估计以及最优财政性农村职业教育支出取向增长的估算是一个动态过程。政策制定者主观判断与估计值的变化是对模型的测算结果产生重要影响的两个根本性因素。前述对最优规模的估计是利用宏观经验数据，运用计量经济学的方法得到的结论。随着时间的不断变化，新的估计需要不断更新数据。基于这个视角，最优规模的估计和财政性农村职业教育支出最优取向增长的估算是一个动态连续的过程。

4.5 财政教育支出最优筹资规模的影响因素分析

通过上述的实证分析表明，在理论上是存在最优规模，并利用经验数据验证了重庆市财政性农村职业教育支出规模较小的事实。为了达到最佳的投入规模，就要很好地谋划最佳的筹资规模。经过分析，影响农村职业教育筹资规模的主要因素有经济发展水平、相关政策、法律制度等。

4.5.1 经济发展水平

一个地区的经济发展水平决定了该地区的财政税收水平，也决定了筹资的能力和水平。按照上述实证的结果表明，农村职业教育的财政投入与GDP的关系较为密切，国家财政性教育经费占国内生产总值4%的投入指标是世界衡量教育水平的基础线。特别是以下几个比例对农村职业财政教育筹资规模影响至关重要：财政教育占整个财政的比例、职业财政教育占财政教育的比例、农村职业财政教育占职业财政教育的比例。尽管重庆地区这3个比例逐年有所提高，但财政性农村职业教育支出的规模还需不断加大。总之，经济发展水平决定税收、税收决定财政收入、财政收入决定财政教育筹资规模、财政教育筹资规模决定农村职业教育筹资规模，进而决定财政性农村职业教育支出水平。

4.5.2 相关政策

近年来,对职业教育日益重视,经费投入总量逐步提升。自2005年《国务院关于大力发展职业教育的决定》颁布以来,我国职业教育进入快速发展阶段,国家对职业教育的投入也开始逐步提升,职业教育经费投入总量、国家财政性职业教育经费和预算内职业教育经费逐年递增,有效保障了职业教育的基本建设经费。

从2016年5月1日起,国家将全面实施"营改增"政策,并且将范围扩大到建筑业、房地产业、金融业、生活性服务业。"营改增"的主要目的是促进企业的减负,提高企业的积极性以便创造更大的GDP。但是,从重庆个别县区的调研来看,"营改增"的显性成果还没有完全呈现。从长远来看,"营改增"政策促进了经济增长,进而影响了农村职业财政筹资规模和投入水平。

国家中长期教育改革和发展规划纲要(2010—2020年)指出:加快发展面向农村的职业教育,把加强职业教育作为服务社会主义新农村建设的重要内容。强化省级、市(地)级政府发展农村职业教育的责任,扩大农村职业教育培训覆盖面,根据需要办好县级职教中心。强化职业教育资源的统筹协调和综合利用,推进城乡、区域合作,增强服务"三农"能力。支持各级各类学校积极参与培养有文化、懂技术、会经营的新型农民,开展进城务工人员、农村劳动力转移培训。进一步明确各级政府提供公共教育服务职责,完善各级教育经费投入机制,保障学校办学经费的稳定来源和增长。中等职业教育实行政府、行业、企业及其他社会力量依法筹集经费的机制。2007年,出台了资助就读中等职业学校的农村学生每生每年1500元助学金;2009年,出台了关于免除就读中等职业学校涉农专业学生的学费,并逐步实施免费教育,目前中等职业教育基本上全部免除学费。这些政策在一定程度上推进农村职业财政教育规模的扩大,然而相关政策的效果并不十分明显,尚需进一步做相关的评价,促进农村职业教育健康发展。

4.5.3 法律制度

美国新制度经济学家诺思指出：制度是通过产生一定的激励机制、形成一定的经济行为、产出一定的经济成果来决定经济行为变化的重要因素。法律是最强有力的制度，一些转移支付法律制度的不健全是影响农村职业财政教育规模效率的主要因素之一。

基于国际视角，中国国内的转移支付制度还比较匮乏，特别是在公平、公开、一致等方面还不够完善。在外国，高一级政府对低一级政府的转移支付是低一级政府的主要财政资金来源。美国的转移支付制度具有如下特点：①转移支付的规模不断增大，无论是州政府对地方政府，还是联邦政府对州政府与地方政府，从转移支付的绝对规模或者是相对规模来看都在不断增大。②不同级别政府间的转移支付依存度不同。地方政府与州政府之间较大，地方政府、州政府与联邦政府之间较小。③用途更多是关注民生领域。联邦政府对地方政府、州政府的转移支付的用途主要是教育培训、卫生、交通与社会保障。

源于分税制改革、基于中央对地方财政返回税的收基数法，形成我国"一省一额、一省一率"的不够完善的转移支付制度。主要表现：①相关的法律规范还不够健全，导致转移支付具有一定的随意性；②对地方政府的激励与约束机制、促进市场化的程度等尚需进一步加强；③分配资金过程的透明度还不高，尚不能完全满足对农村职业教育等公共产品的需求。

4.6 小结

在乡村振兴的背景下，分析财政性教育支出最优规模，特别是调整和优化财政性农村职业教育支出水平，具有重要的理论价值与现实意义。基

第4章 最优规模：基于农村职业财政教育支出实证测度

于财政投入与效用最大化角度对内生经济增长模型的进行扩展，构建财政性农村职业教育支出最优规模模型，通过求解得出：在理论上，财政性农村职业教育支出最优规模的人均消费增长率为

$$r_c = \frac{\partial(1-\lambda)}{\phi} E \partial(\lambda EL)^{\frac{1-\alpha}{\alpha}} - \frac{j+\delta}{\phi}$$

最优投入规模为

$$S = \gamma \times Y/MPS$$

从理论上填补了财政性农村职业教育支出最优规模定量研究的空白。而在现实中，对于财政投入最优规模的讨论需要纳入一个更为复杂的系统中，需要根据各地区的现实情况，有针对性地进行修正与应用。仅以重庆为例进行实测，得出重庆市财政经费对经济增长存在显著正向影响，固定资产水平、教职工人数对经济增长不存在显著影响；财政性农村职业教育支出弹性约为0.743；基于时间序列，农村职业教育投入预期在2030年达到最优规模，投入规模为223.32亿元。最优筹资模型估计及最优财政性农村职业教育支出的取向增长的估算是一个动态过程，运用计量经济学的方法得到的结论，随着时间的不断变化，新的估计需要不断更新数据。

当然，从宏观的视角来分析，影响财政性农村职业教育支出最优规模的因素还包括经济发展水平、相关政策以及法律制度等。

第 5 章

最优结构：基于农村职业财政教育支出实证测度

5.1 研究对象及逻辑起点

本章承接第 4 章内容，仍然选取农村职业教育作为研究对象。长期以来，我国在财政性职业教育支出方面普遍存在整体财政支持力度严重不足、区域不均衡、财政教育资源利用效率低下、体制不健全等问题（胡斌武，叶萌，庞尧等，2017），这些问题已成为严重制约我国农村职业教育发展的瓶颈。从我国的教育历史发展来看，相对于义务教育和高等教育，农村职业教育的受重视程度一直处于缺失的状态。国家提出加快中等职业教育发展的政策较晚，近年来，多项政策提出教育投入作为公共资源在财政方面应优先保障，同时，中等职业教育的重要性也被多次提及，中央政府和各地方政府不断加大对中等职业教育的投入力度，资源短缺问题得到较大改善（李玲，黄宸，邹联克，2015），农村职业教育得到一定程度的发展（王凤羽，刘钟钦，2010），但农村职业教育存在的诸多问题依然没有得到很好的解决。如何构建"充足、公平、高效"的财政性农村职业教育支出体制，仍然是各级政府与学术界探寻的重要问题。在此背景下，深入研究财政性农村职业教育支出问题，尤其是结构问题，对调整和优化财政性农村职业教育支出结构、提高财政支出效率具有重要理论价值和现实意义。

学术界主要集中在对教育公平和效率的相关研究，对财政性农村职业教育支出结构的研究较少。主流观点认为，财政教育公平和效率的标准是教育经费的充足性、教育资源配置的有效性和公平性（Benson，1985），而在投入结构中，怎样支持各种类型、等级的学校是分配学校经费中一个主要的效率问题（Psachropoulos G，1973）。只有处理好教育公平与效率的关系，才能促进职业教育的和谐发展和增进社会的整体公平（戴国强，2007）。然而，中等职业教育资源跟不上发展要求，区域间基础性条件、经费投入水平均存在不均衡现象（马树超，张晨，陈嵩，2011）。造成不均衡的主要原因在于学校教育对地区和地方政府部门资助学校的依赖性很强（Sherman J D，1980），政府财政预算上存在习惯偏见，重视学历教育，忽视职业教育；职业教育经费不足，甚至存在缩减现象（王贤德，邱小健，2014）；投入结构不尽合理，投入水平低于普通教育。与 OECD 国家相比，我国职业教育投入占 GDP 的比重、生均经费、国家财政性教育经费投入占比等都远低于 OECD 国家的平均水平（韩永强，2014）。农村职业教育的事业发展和教育质量提高，受到财政教育投入不足的严重制约（彭干梓，1993）。为此，政府应当直接或间接地增加对职业教育的投入（牛征，2001；蒋作斌，2003），优化投入产出比，发挥整体优势（丁留宝，张洁，2016）。

总体来看，已有研究成果对财政性农村职业教育支出做了许多有价值的探讨，得出具有一定启发意义的结论。然而，大多数研究仅对投入现状、投入资金来源结构、财政投入存在的问题等方面进行探讨，且主要站在农村职业教育总体财政投入的角度，而对于财政性农村职业教育支出的内部结构的研究处于空白状态。基于柯布—道格拉斯生产函数，通过基本条件假设、数理逻辑推演，构建财政性农村职业教育支出最优结构模型。并以重庆市为例，进行农村职业教育投入最优结构实证分析，以便科学地了解重庆市农村职业教育投入结构的现实情况，为进一步调整与优化财政性农村职业教育支出结构、提高财政投入效率提供科学决策参考。

5.2 最优结构经济学分析

财政性农村职业教育支出结构效率的动态分析是在考虑农村职业教育结构变动对经济发展的影响的条件下，分析财政性农村职业教育支出结构的发展变动带来的整体效益，即对经济增长的贡献份额。为农村职业财政教育资金的筹措提供最佳结构，并从财政资金结构的视角促进农村职业教育健康发展。

依据微观经济学的基本原理，只有用于财政性农村职业教育支出的各个部分资金产生的社会边际效用相等时，基于财政性农村职业教育支出结构效率的视角，资源配置才能趋近或达到最佳状态。假定财政性农村职业教育支出只考虑普通中专（P）和职业高中（Z）两种公共产品，U 为社会无差异曲线，EF 为财政性农村职业教育支出的预算线，当社会无差异曲线 U_2 与预算线 EF 相切于 A_2 时，给就读于普通中专和职业高中带来的边际效用是一致的。在这种状态下，按普通中专与职业高中比重配置的农村职业财政教育资金的结构是处于最优状态。当财政性农村职业教育支出总量增多时，预算约束线会向右平行移动至 CD，与另外一条社会无差异曲线 U_1 相交于 A_1，此刻，财政性农村职业教育支出的结构需要依据新的比例进行调整（见图 5-1）。

内生经济增长理论认为，公共投资具有很强的生产性。阿罗和库尔茨（Arrow & Kurz，1970）将公共资本存量增加到宏观生产函数中，把公共支出和经济增长的关系进行计量模型分析，构建了新的生产函数

$$Y(t) = E[S(t), Z(t), P(t)m^n] \qquad (5-1)$$

式（5-1）中，$S(t)$ 与 $Z(t)$ 分别表示纯公共物品性质的公共资本存量和私人资本存量，r 表示技术进步率（外生增加劳动力时产生的）。公共

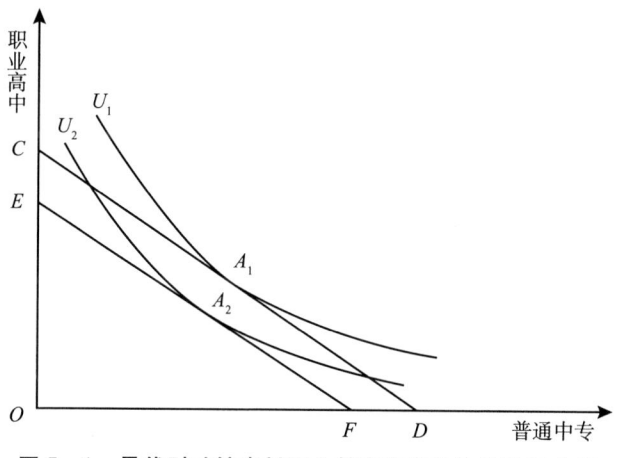

图 5-1 最优财政性农村职业教育支出结构的边际分析

资本存量的双重作用的特征，使其也在家庭效用函数中出现，而均衡状态波动性使这个模型很少使用。

巴罗在假定公共投资流量可以直接纳入宏观经济生产函数时，吸收了经济服务中生产机会具有正效应的观点，构建了一个应用较为广泛的内生经济增长模型

$$Y(t) = E[Z(t)I_S(t)] = Z(t)^{1-\beta}I_S(t)^{\beta} \qquad (5-2)$$

式（5-2）中，$I_S(t)$ 表示财政投入流量，β 表示财政投入产出弹性。为了筹集公共财政投入，政府按照 g 的所得税对家庭进行征税。假设预算是在均衡的条件下，公共财政投入流量的计量分析模型

$$I_S(t) = gz(t)^{1-\alpha}I(t)^{\beta} \qquad (5-3)$$

德瓦拉加（Devaraja）、邹和斯瓦罗普（1996）构建了财政投入结构与经济增长关系模型，尽管该模型与巴罗（1990）的相同，都包含了公共支出与私人资本存量，但是其模型把公共支出分为两类。

$$Y(t) = E(Z, S_1, S_2) = (\alpha z^{-\vartheta} + \beta s_1^{-\vartheta} + \gamma S_2^{-\vartheta})^{-\vartheta} \qquad (5-4)$$

式（5-4）中，Z 表示私人资本存量，S_1、S_2 代表两种公共支出，α、β、γ 分别代表其对生产的贡献度。假设财政收支均衡，公共支出的比重和其产出弹性是调整财政投入结构、促进经济增长的主要影响要素。

郭庆旺、吕冰洋和张德勇（2003）构建了财政支出与经济增长关系模型，该模型是从社会总产品供求平衡的角度分析，其模型为

$$Y = C + I + S \tag{5-5}$$

式（5-5）中，S 为政府购买支出，政府购买支出分为投资支出和消费支出，投资支出又分为人力资本物质资本支出；I 为民间投资，C 为民间消费。其必要增长率为

$$\zeta_\gamma = \eta[1-(1-\phi_1-\phi_2)s] - \eta c(1-t) \tag{5-6}$$

其中，η 代表投资潜在的社会平均生产率，ϕ_1 代表政府物质资本投入占政府购买支出比例、ϕ_2 代表政府人力资本投入占政府购买支出比例，C 代表边际消费倾向。

借鉴相关的理论框架，先推导财政支农结构最优的计量模型。将财政投入分为生产性财政投入和非生产性的财政投入两部分，并将其引入柯布—道格拉斯生产函数中进行计量模型分析。假设生产函数包括私人资本存量、劳动力和生产性财政投入、非生产性财政投入。由于一个国家，特别是我国劳动力是有充分的富余，因此劳动力要素可以暂时忽略不计。

$$y = f(z, s_1, s_2) = z^\alpha s_1^\beta s_2^\gamma \tag{5-7}$$

$$0<\alpha<1, \ 0<\beta<1, \ 0<\gamma<1, \ \alpha+\beta+\gamma=1$$

式（5-7）中，s、z_1、z_2 的投入产出的弹性分别为 α、β、γ。用 T 代表对总的国民收入的征税比率，S 代表总财政支出。假设财政收支处于平衡状态，则有

$$Ty = S = s_1 + s_2 \tag{5-8}$$

生产性财政支出所占的比重为 ϕ_1，非生产性财政支出所占的比重为 ϕ_2，$\phi_1 + \phi_2 = 1$ 则有

$$s_1 = \phi_1 S = \phi_1 Ty, \ s_2 = \phi_2 S = \phi_2 Ty \tag{5-9}$$

假设政府对 T 和 ϕ_1 的决策是确定的，从事家庭生产的典型个人，其目标是在无限期内最大化其效用的贴现

$$\max \int_0^\infty \left[\frac{\omega^{1-v}-v}{1-v}\right] e^{ft} \mathrm{d}t \tag{5-10}$$

f 为不变的时间偏好率，ω 为家庭人均消费，v 为跨时替代弹性的倒数。

$$z = (1-t)y - \omega \tag{5-11}$$

应用现值汉米尔顿函数推导竞争条件下的增长率

$$H = u(\omega) + \rho(1-T)\gamma z^{\alpha} s_1^{\beta} s_2^{\gamma} - \omega$$
$$= \frac{c^{1-v} - 1}{1-v} + \rho(1-T)z\alpha s_1^{\beta} s_2^{\gamma} - \omega \tag{5-12}$$

式（5-12）中，ρ 为当前效用度量的投资的影子价值。

最大化汉密尔顿函数的一阶必要条件是投资的影子价值等于消费的边际效用

$$u'(\omega) = \rho \tag{5-13}$$

影子价值 ρ 本身是由边际资本带来的效用流的现值决定的。可以根据欧拉方程来确定

$$f\rho = \rho y_z + \rho = v\alpha(1-T)z^{\alpha-1}s_1^{\beta}s_2^{\gamma} + \rho \tag{5-14}$$

横截性条件为

$$\lim_{t \to \infty} e^{-ft}\rho z = 0$$

通过式（5-11）、式（5-13）和式（5-14）及横截性条件我们可以得到调整后的欧拉方程，也是消费增长率方程

$$\frac{\omega}{\omega} = \frac{\alpha(1-T)z^{\alpha-1}s_1^{\beta}s_2^{\gamma} - f}{v} \tag{5-15}$$

把式（5-9）代入式（5-15）：

$$s = \frac{1}{v}[(1-T)T^{\frac{1-\alpha}{\alpha}}\alpha\phi_1^{\beta/\alpha}\phi_2^{\gamma/\alpha} - f] \tag{5-16}$$

式（5-16）充分说明，经济增长会受到财政投入的比例（即财政支出结构：ϕ_1、ϕ_2）与总税率（T）的根本影响；在总的财政投入明确的条件下，优化财政投入结构能够有效地促进经济增长。假定政府宏观政策目标是实现经济增长速度的最大化，在 $\phi_1 + \phi_2 = 1$ 的条件下，主要通过选择总税率及财政投入结构来实现这一目标。ϕ_1、ϕ_2 要满足下列条件

$$\phi_1^* = \frac{\beta}{\beta+\gamma}\phi_2^* = \frac{\lambda}{\beta+\gamma} \qquad (5-17)$$

表明各项财政投入要与其产出弹性相适应才能达到最优,当 $\phi_1^* \neq \frac{\beta}{\beta+\gamma}\phi_2^* \neq \frac{\lambda}{\beta+\gamma}$ 就不需要调整财政投入规模,而需要优化财政投入结构而来促进经济增长。所以,可以通过优化财政的投入结构来促进经济发展,不断发挥财政投入的结构效应。

上述计量模型也可以推广为多种财政投入形式。如果有 n 种财政投入,各项财政投入在生产函数中的指数为 γ_i,各项财政投入的比例为 ϕ_i,促进经济增长率最大化的财政支出结构为

$$\phi_1 = \frac{\gamma_i}{\sum_n \gamma_n} \qquad (5-18)$$

5.3 财政教育支出最优结构模型的构建

依据最优结构模型的分析和推导,农村职业财政教育支出应该存在一个使农村职业教育对经济增长率最大化的财政投入结构。从微观经济学的理论角度来判断,财政性农村职业教育支出的结构效率达到最优的条件是构成农村职业财政教育的各个组成部分带来的边际效用相等。只要农村职业财政教育支出的比例结构在客观数量允许的弹性区间内,无论是消费性还是投资性,农村职业财政教育投入都会推动经济增长。但是财政性农村职业教育支出总量超越这个弹性区间,就会产生消极效应。所以,本书在经典的生产函数的基础上,通过基本条件假设、数理逻辑的推演,构建了财政性农村职业教育支出结构效率的计量经济模型。并运用这个模型进一步分析比较财政性农村职业教育支出的各个部分的产出弹性与贡献份额的规模。最后,结合财政性农村职业教育支出的实际情况不断优化,促使其达到最佳结构。

第 5 章 最优结构：基于农村职业财政教育支出实证测度

设农村职业教育生产函数为

$$Y = F(Z, N, S) \tag{5-19}$$

其中，Y 代表农村职业教育对经济增长的贡献，Z 代表农村职业教育资本存量，N 代表教职人数，S 代表财政性农村职业教育支出。由于农村职业学校的师资主要学历为大学本科层次，而中国的本科教育培养的人才是富足的，因而假设农村职业教育的师资是充足的，人力资本即教职员工不构成约束条件，实际上就省去了劳动力投入生产要素。

从理论上的推导来看，可以对劳动投入即农村职业教育师资 N 加一个 m 容量限制，因此有

$$Y = F(Z, S)\min(N, M)^k, \ k > 0 \tag{5-20}$$

令 $w = (M)^k$ 表示最大的农村职业教育产出能力，农村职业教育最大劳动力容量如果实现，那么农村职业教育将处于稳定的规模收益，农村职业教育对经济增长的贡献规模将取决于总的资本投入与财政投入。生产函数就会演变为

$$Y = wF(Z, S) \tag{5-21}$$

对式（5-21）取全微分

$$dY = w\partial F/\partial Z \times dZ + W\partial F/\partial S \times dS \tag{5-22}$$

在式（5-22）中，S 代表财政性农村职业教育支出，主要由三部分组成，分别为普通中专财政投入、职教中心财政投入和技工学校的财政投入。因此，财政性农村职业教育支出的水平可以用 S_1、S_2、S_3 这 3 个变量表示。其变量函数 $F = L(S_1, S_2, S_3)$。将该函数整合到式（5-22）中。

$$dY = w\partial F/\partial Z \times dZ + w\partial F/\partial S(\partial S/\partial S_1 \times dS_1 + \partial S/\partial S_2 \times dS_2 + \partial S/\partial S_3 \times dS_3)$$

$$\tag{5-23}$$

整理后

$$dY = w\partial F/\partial Z \times dZ + w\partial F/\partial S_1 \times dS_1 + w\partial F/\partial S_2 \times dS_2 + w\partial F/\partial S_3 \times dS_3$$

$$\tag{5-24}$$

在式（5-24）中，分别用 V_1、V_2、V_3、V_4 代表农村职业教育资本存

量的边际产出、普通中专财政投入、职教中心财政投入、技工学校财政投入的边际产出。再对两边分别除以 W，则得到人均产出增长模型

$$dY/w = v_1 dZ + v_2 dS_1 + v_3 dS_2 + v_4 dS_3 \qquad (5-25)$$

利用式（5-25）人均产出增长计量模型，可以分析经济增长与财政性农村职业教育支出结构之间的计量经济联系，dY/w 可以用农村职业教育对经济增长贡献 P 近似代替。因为差分量就是水平量的前期减去后期所得的数值，所以容易证明，P 与 $(Z、S_1、S_2、S_3)$ 的水平量之间的关系是稳定的。然后，对该模型两端进行对数处理，会得到本书的数理分析模型

$$\ln P = \lambda_0 + \lambda_1 \times \ln Z + \lambda_2 \times \ln S_1 + \lambda_3 \times \ln S_2 + \lambda_4 \times \ln S_3 + \varepsilon \qquad (5-26)$$

其中，$\lambda_1、\lambda_2、\lambda_3、\lambda_4$ 分别代表农村职业教育资本、普通中专财政投入、职教中心财政投入、技工学校财政投入的产出弹性。ε 表示随机误差项，λ_j 表示第 j 项财政性农村职业教育支出占财政性农村职业教育总支出的比例。每提高 1%，农村职业教育对经济增长的贡献提高为 λ_j%。当 $\lambda_j \geq 0$ 时，表示投入在农村职业财政教育总投入中占的比例偏少。增加支出比例，可以进一步提高农村职业教育对经济增长的贡献。换句话说，该项投入在农村职业教育总的财政投入中的比例不足。当 $\lambda_j < 0$ 时，表示投入在农村职业教育总投入中占的比例偏大，减少该项投入的比例，可以进一步提高农村职业教育对经济增长的贡献。换句话说，该项财政投入在农村职业教育的总投入中比重过大。

5.4 财政教育支出最优结构模型构建与实证检验

5.4.1 数据来源及说明

（1）农村职业教育 GDP。农业职业教育 GDP 主要表示农村职业教育对经济

第5章 最优结构：基于农村职业财政教育支出实证测度

增长的贡献，本书采用（王凤羽，2011）丹尼森系数法，估算的全国农村职业教育对经济增长的贡献的水平0.525%来估计重庆农村职业教育对经济增长的贡献。重庆市GDP主要来源于2015年度《重庆市统计年鉴》。

（2）农村职业教育资本存量。农村职业教育资本存量用农村职业教育的固定资产来表示。农村职业教育的固定资产主要由财政投入构成，而在统计年鉴也存在相应的数据，因此就用固定资产的年末数据近似代替农村职业教育的资本存量。

（3）普通中专、职教中心、技工学校财政投入数据主要来源于《中国教育经费统计年鉴》《重庆市统计年鉴》提供的1997—2014年度的相关数据。数据全部经过1978年为100的GDP平减指数进行平减。具体数据见表5-1。

表5-1　　　　　重庆市财政性农村职业教育支出结构数据　　　　单位：千元

年份	GDP	固定资产-Z	普通中专-S_1	职业高中-S_2	技工学校-S_3
1997	792618.75	227887.90	21698.08	22502.57	1856.29
1998	841249.50	498809.01	24713.58	29206.26	2819.09
1999	873180.00	460375.04	31892.98	29933.29	2302.61
2000	940275.00	1817058.20	41167.38	30447.39	2317.94
2001	1037851.50	1753517.00	34687.50	36016.64	2397.38
2002	1172251.50	2788742.74	33697.67	34969.76	9312.67
2003	1341753.00	1378021.25	29744.99	37527.89	3325.09
2004	1593154.50	2942299.75	27694.60	42070.58	4644.44
2005	1820553.00	513615.70	24815.58	54660.36	16437.94
2006	2051295.75	533109.87	24355.46	69550.87	7144.40
2007	2454968.25	749032.94	25954.87	179603.57	18467.38
2008	3041671.50	802988.24	26175.49	269716.65	27739.11
2009	3428255.25	1065031.21	65668.26	192074.90	26068.65
2010	4160929.50	1080807.53	33949.46	20323.07	33676.47

续表

年份	GDP	固定资产 $-Z$	普通中专 $-S_1$	职业高中 $-S_2$	技工学校 $-S_3$
2011	5255969.25	1277267.73	97468.49	269856.51	37723.98
2012	5990040.00	1369182.80	52545.03	175382.59	42667.50
2013	6711211.50	1402755.73	417444.47	156149.64	47843.71
2014	7487865.00	1607288.03	488392.49	161968.45	52668.21

资料来源：1998—2015 年《中国教育经费统计年鉴》《重庆市统计年鉴》《重庆市教育年鉴》。

5.4.2 估计方法与过程

一般的宏观的时间序列的经济变量数据都是非平稳的。因此，依据前面的理论分析，首先要对平减的数据进行对数处理，初步处理数据的非平稳性问题。处理结果见表5－2。

表5－2　重庆市财政性农村职业教育支出对数处理后的结构数据

年份	$\ln P$	$\ln Z$	$\ln S_1$	$\ln S_2$	$\ln S_3$
1997	13.58	12.34	9.98	10.02	7.53
1998	13.64	13.12	10.12	10.28	7.94
1999	13.68	13.04	10.37	10.31	7.74
2000	13.75	14.41	10.63	10.32	7.75
2001	13.85	14.38	10.45	10.49	7.78
2002	13.97	14.84	10.43	10.46	9.14
2003	14.11	14.14	10.30	10.53	8.11
2004	14.28	14.89	10.23	10.65	8.44
2005	14.41	13.15	10.12	10.91	9.71
2006	14.53	13.19	10.10	11.15	8.87
2007	14.71	13.53	10.16	12.10	9.82
2008	14.93	13.60	10.17	12.51	10.23

续表

年份	ln$P$	ln$Z$	lnS_1	lnS_2	lnS_3
2009	15.05	13.88	11.09	12.17	10.17
2010	15.24	13.89	10.43	9.92	10.42
2011	15.47	14.06	11.49	12.51	10.54
2012	15.61	14.13	10.87	12.07	10.66
2013	15.72	14.15	12.94	11.96	10.78
2014	15.83	14.29	13.10	12.00	10.87

资料来源：根据表5-1取对数所得。

为了防止伪回归的出现，依然要使用统计学的经典检验方法，也就是基于ADF的单位根检验，分别对上述的经济变量进行单位根检验。具体的检验结果见表5-3。

表5-3　重庆市财政性农村职业教育支出结构相关数据单位根检验结果

变量	DF-GLS检验值（一阶差分）	1% level	结论
ln$P$	-2.1636 < -1.9644（5% level）	-2.740613	平稳
ln$Z$	-5.554461	-2.717511	平稳
lnS_1	-8.342781	-3.770000	平稳
lnS_2	-6.190557	-2.717511	平稳
lnS_3	-7.047763	-2.728252	平稳

根据表5-3可以看出，各个解释变量、控制变量及被解释变量在一阶差分情况下的DF-GLS单位根检验值都小于1%的临界值，所以这些变量是一阶差分平稳的，再对各个变量进行协整检验。

以ln$P$为被解释变量、ln$Z$为控制变量、lnS_1、lnS_2、lnS_3为解释变量做协整检验。具体步骤与上述协整检验过程类似，下面为ln$P$、ln$Z$、lnS_1、lnS_2、lnS_3的协整检验结果。

日期：01/07/17　时间：21：59

调整的样本：1999 2014

包含观察值：16 after adjustments

趋势假设：无确定性趋势

系数：$\ln S_1$ $\ln S_2$ $\ln S_3$ $\ln Y$ $\ln Z$

滞后时间间隔（第一时间不同）：1：1

无限制协整等级测试（跟踪）

假设	特征值	统计量	0.05 临界值	伴随概率
无*	0.968788	106.4790	60.06141	0.0000
至多1*	0.880412	51.00763	40.17493	0.0029
至多2	0.500064	17.02842	24.27596	0.3095
至多3	0.307648	5.936017	12.32090	0.4438
至多4	0.003334	0.053437	4.129906	0.8497

注：*表示0.01水平显著。

对上述协整分析结果整理为表5-4。

表5-4　重庆市财政性农村职业教育支出结构相关数据协整检验结果

假设	特征值	统计量	5%临界值	伴随概率
无*	0.968788	106.4790	60.06141	0.0000
至多1*	0.880412	51.00763	40.17493	0.0029

注：*表示0.01水平显著。

由表5-4可以看出$\ln P$、$\ln Z$、$\ln S_1$、$\ln S_2$、$\ln S_3$之间存在协整关系。在协整关系的条件下，再对结构模型做回归分析，其回归结果如下：

第5章 最优结构：基于农村职业财政教育支出实证测度

Dependent Variable：lnP

Method：Least Squares

日期：01/07/17 时间：22：01

样本：1997 2014

包含观察值：18

$\ln P = C(1) + C(2) \times \ln Z + C(3) \times \ln S_1 + C(4) \times \ln S_2 + C(5) \times \ln S_3$

变量	系数	标准误	T统计	概率
C(1)	7.426789	1.235472	6.011295	0.0000
C(2)	0.013122	0.083484	0.157176	0.8775
C(3)	0.177409	0.074587	2.378557	0.0334
C(4)	0.051536	0.088493	0.582370	0.5703
C(5)	0.485694	0.071390	6.803359	0.0000
方差	0.940087	严格内生变量		14.57694
调整的方差	0.921652	SD内生变量		0.771004
回归	0.215810	避免信息准则		0.001292
平方和残差	0.605459	施瓦茨准则		0.248618
似然对数	4.988368	汉南-奎因准则		0.035395
F统计量	50.99515	杜宾-沃森统计		2.671530
概率（F-statistic）	0.000000			

对上述回归步骤的结果进行整理为表5-5。

表5-5 重庆市财政性农村职业教育支出结构模型回归结果

系数	解释变量与控制变量				
	C	$\ln S_1$	$\ln S_2$	$\ln S_3$	$\ln Z$
	7.426789 (0.0000)	0.177409 (0.0334)	0.051536 (0.5703)	0.485694 (0.0000)	0.013122 (0.8775)

5.4.3 结果分析

根据表 5-5 可以看出，解释变量 lnS_1 前的系数为 0.177409，且该系数的概率值等于 0.0334 小于 0.05，表示代表普通中专经费投入水平的变量对被解释变量存在正向显著影响，即 lnS_1 扩大 1 单位，可以推动 lnP 扩大 0.177409 个单位。解释变量 lnS_2 前的系数为 0.051536，且该系数的概率值大于 0.05，即回归结果不显著。由回归结果可以得出，代表职业高中财政经费水平的 S_2 对产出存在不显著的正向影响。代表技工学校财政经费水平的解释变量 lnS_3 前的系数为 0.485694，且该系数的概率值小于 0.05，则技工学校财政经费水平对被解释变量总产出存在显著影响，即 lnS_3 扩大 1 单位，可以推动 lnP 扩大 0.485694 个单位。由以上分析可以看出，技工学校财政经费对总产出的影响比普通中专和职业高中要大得多。控制变量 lnZ 前的系数为 0.013122，但是其概率值大于 0.05，即固定资产对总产出不存在显著影响。

在财政性农村职业教育支出的结构中涵盖普通中专、技工学校和职业高中的财政经费。对普通中专和技工学校的财政投入产出的效果明显，而对职业高中的投入产出不明显，该变量的对数未进入回归方程。主要原因可能是职业高中教育在发展过程中经历了升学—就业—就业、升学三个主要的发展阶段。即早期的职业高中教育更注重文化基础教育倾向于学生的升学，追求升学率；中期才开始注重职业技能的培训，提升学生的就业能力；目前，职业高中教育是升学与就业并重。而技工学校注重技能的培养，实现更好的就业，有助于呈现财政投入产出的效果。技能性培养的程度越高，其投入产出的效果就越好。因此，技工学校的财政投入效果要强于普通中专的财政投入效果。

本模型选择固定资产作为控制变量，其前提是假定师资力量是丰富，也就是中职师资比较富余，因而本要素在模型中省去。而现实中中职师资的质量因素尚未考虑进去，也就是真正的双师型师资队伍还相对匮乏。学校的固定资产在整个学校教育生产过程中产生的效应具有一定滞后性，特别是一些教学设备的陈旧、对技能性人才培养相对断裂，在一定程度上降低了应用型人才培养的传导效应。同时，教育信息技术的日薪月异，也为教学设备的迅速更新带来障碍，固定资产的投入对中等职业教育投入产出效果的影响不显著。

5.5 财政教育支出最优结构影响因素分析

在关注投入结构的同时，需要进一步关注影响投入结构效应的因素。影响农村职业教育最优结构的主要因素有观念因素、制度因素和官僚因素等。

5.5.1 观念因素

在市场经济发展进程中，为了适应生产力发展，我国财政体制从计划型向转轨型再向市场型转变，地方政府的角色也在发生着变化，由生产活动的直接组织者逐步向公共产品的提供者与公共服务者转变。当然，地方政府角色的变化与我国财政体制的变化紧密相关，地方政府在以经济增长为考核目标的激励下，不断地调整财政投入政策，促进经济增长。地方政府的决策者把本地区经济增长作为其现实的选择，因此，地方政府就要寻求新的经济增长方式与资源配置方法。普通中专、技工学校、职业高中的教育投入都具有投资周期长，风险大、收益低的特点，地方政府往往倾向于见效相对较快的生产支出的财政投入。

此外，由于普通高校的扩招以及受传统观念的影响，很多家庭和孩子们不愿就读普通中专、职业高中和技工学校。事实上就读这类农村职业教育的学生大部分成绩不好，他们就读普通高中无望只好选择职业院校。尽管国家出台了一些促进农村职业教育健康发展的相关政策，但是对农村职业教育的生源的质量和数量的提高还是很不明显。即使选择了这类学校就读，其生源分布也不太均衡，就读普通中专要高于职业高中的，就读职业高中高于技工学校的。2015年全国教育事业发展公告显示，中等职业教育招生601.25万人，比上年减少18.51万人，占高中阶段教育招生总数的43.0%。其中，普通中专招生259.95万人，比上年增加2861人；职业高中招生155.20万人，比上年减少6.34万人；技工学校招生121.43万人，比上年减少2.97万人。当然，我国适学人口的自然减少也是影响生源人数下降的原因之一。但是对农村职业教育的消费相对匮乏成为就读人数减少的主要原因，这也进一步影响地方政府对普通中专、职业高中和技工学校结构性财政投入的选择。

5.5.2 制度因素

我国在农村职业教育经费筹措方面先后出台了很多相关制度、规定。1986年6月23日颁布的《关于职业中学经费问题的补充规定》："职业中学（农业中学）多渠道筹措经费问题除有关文件规定的渠道解决外，可在自愿基础上，鼓励社会力量、单位、集体和个人捐资助学，实行委托培养或向用人单位酌收一定数量的培养费的办法以扶持职业中学的发展。"1991年10月17日颁布的《国务院关于大力发展职业技术教育的决定》中相关内容为："在国家政策规定的范围内，各地各部门应采取多种措施，扩大职业技术教育的经费来源。"1995年5月17日颁布的《国家教委关于普通中等专业教育（不含中师）改革和发展的意见》指出："中等专业学校要改变单纯依靠国家财政拨款办学的状况，在坚持国家财政拨款为主渠道的同时，实行多渠道筹措办学经费。"1996年5月15日颁布的《中华人民共和国职业教育法》中提出，国家鼓励通过多种渠道依法筹集发展职业教育的资金。省、自治区、直辖市人民政府应当制定本地区职业学校学生人数平均经费标准。2002年8月24日颁布的《国务院关于大力推进职业教育改革与发展的决定》中有"可以利用金融、税收以及社会捐助等手段支持职业教育的发展"。2004年9月14日颁布的《教育部等七部门关于进一步加强职业教育工作的若干意见》指出："逐步建立政府、受教育者、用人单位和社会共同分担、多种所有制并存和多渠道增加职业教育经费投入新机制。"相关的资料表明，重庆市农村职业财政教育筹资制度主要贯彻国家的相关规定，从制度演变来看更多的是关注职业中学和普通中专。因此，在财政筹资中对技工学校关注相对较少，主要原因是技工学校更多的是行业企业办学，在历史上其归口主管部门主要是劳动保障部门，在一定程度上影响着其经费的筹措。

此外，地方政府财政职能遭到了分解与弱化，表现在财政预算外收入没有得到很好的监督与控制；预算内财政收入乏力。特别是最近几年，有的单位和部门为了强化既得利益进一步促进了预算外资金的膨胀。普通中专、职业高中、技工学校在经费投入上相对来说更加关注人头费的投入，特别是行政人员的人头费，对基本教学设备、实验实训基地的投入相对较少，在一定程度上降低了财政经费的使用效率。客观的标准不足与扭曲、依法监督体系不够完善，在一定程度上导致了农村职业财政教育资金的筹措与投入的积极性不高，监督和激励也就无能为力。当财政能力有限时，财政性农村职业教育支出方式是照顾到普通中专、职业高中、技工学校各方面利益而不是通过实际需要、竞争性的选择来筹措和分配财政资金。

5.5.3 官僚因素

公共经济学的理性人基本理论认为，官僚在做出财政筹措与投入决策时存在选择性偏好，往往考虑自身最大化利益。农村职业教育各类财政投入的效率不同，因此，财政性农村职业教育支出不同的结构就会导致财政性农村职业教育支出总的效率不同，倒逼不同的农村职业教育的筹资结构。不同的初中毕业生、农村职业学校与官僚对具有纯公共产品属性较强的农村职业教育的需求结构并不完全一致。由于官僚所处的特殊的政治地位，完全依据自身的偏好与价值的追求来确定农村职业教育的财政投入结构。而农村职业教育的结构性财政投入与地方政府追求的"短、平、快"的项目相比显得乏力，主要原因是官僚更注重自身的政绩与利益。

此外，寻租活动也会影响农村职业财政教育筹措与投入结构。地方政府财政投入责任复杂、财政转移支付制度不够完善等因素，导致地方官员为了追求自身的政绩，获得更多的政治上的利益和财政预算，定期或不定期地向上级领导与部门寻租，这基本形成了行政工作中的一个潜规则。多年形成的"部门利益"促使地方基层政府部门到上级部门去"要、跑、争"项目与资金，追求地方政府财政预算最大化，而对普通中专、职业高中、技工学校等农村职业教育的投入不充分，导致市场运作效率不高，直接影响地方政府资源配置效率。

5.6 小结

基于柯布—道格拉斯生产函数，通过基本条件假设、数理逻辑推演构建财政性农村职业教育支出最优结构模型，并以重庆市为例，进行农村职业教育投入最优结构实证，分析比较财政性农村职业教育支出的各个部分的产出弹性与贡献份额的规模。通过数理逻辑推演求得

$$s = \frac{1}{v}[(1-T)T^{\frac{1-\alpha}{\alpha}}\alpha\phi_1^{\beta/\alpha}\phi_2^{\gamma/\alpha} - f]$$

说明经济增长会受到财政性农村职业教育支出结构的影响，优化投入结构能够有效促进经济增长，并且存在促进经济增长率最大化的最优结构值为

$$\phi_i = \gamma_i \sum_n \gamma_n$$

重庆市财政性农村职业教育支出的实际结构与最优结构存在一定的偏

差；普通中专（中等职业学校）、技工学校的财政经费水平对产出存在显著正向影响，且技工学校财政投入弹性大于普通中专（中等职业学校）；职业高中（职教中心）的财政经费水平对产出则不存在显著影响。

此外，影响最优财政教育结构效应的因素还有观念因素、制度因素和官僚因素。

第6章

财政教育支出与新型城镇化机理分析

挖掘新型城镇化与财政教育支出耦合关系对丰富财政教育绩效评估和人的城镇化具有重要意义。从理论渊源、耦合关系的核心、机理、支撑与演进等五方面对财政教育支出与新型城镇化耦合机理进行分析。

6.1 理论渊源

6.1.1 财政教育支出与新型城镇化耦合的基本内涵

"耦合"属于物理学中的一个概念，是指两个或两个以上系统或运动形式通过各种相互促进、反馈、依赖等作用而彼此影响产生的协同现象。基于协同的视角，耦合作用及其协调程度决定了系统在达到临界区域时走向何种序与结构，也就是从无序到有序的发展脉络（吕汝健，2013）。而系统内部各要素之间交互协同决定了系统发生变化的规律和特征，进而决定无序到有序的运行机理。

从一般意义上而言，系统耦合是指多个系统在一定的条件下，通过能流、物流和信息流的超循环作用，形成新的高级系统——耦合系统的系统进化过程。通过系统耦合结合而成的新的、高一级的结构功能体就是耦合系统。由于耦合系统的组分更为复杂，结构更为合理，因而可以强化系统的整体功能，放大系统的整体效益。系统耦合的各系统要素之间表现为紧密依存、互相促进的关系，最终将强化系统的生产和生态功能，系统耦合所产生的耦合效应，表现为系统结构与环境条件相互协调、相互激发的综合效应，具体表现为系统相悖效应、低水平耦合效应、虚假耦合效应、协同耦合效应四方面具体的效应（王薇，2016）。

财政教育支出与新型城镇化作为两个系统通过各自耦合序参（元素）相互作用及彼此影响而产生耦合度，其大小反映财政教育支出与新型城镇化相互协同程度。当财政教育支出与新型城镇化耦合达到结构合理、功能高效、良性循环，进而实现整个系统高效均衡的良性运行，耦合效应为理想状态，二者耦合的目标既不是简单加总效应也不是低水平耦合效应，更不是系统相悖效应、虚假耦合效应，而是协同耦合效应，主要表现为可持续性发展的经济效益与社会效益，即为财政教育支出与新型城镇化耦合的基本发展目标。

6.1.2 财政教育支出与新型城镇化耦合的主要理论依据

基于系统理论的基本思想，把所研究和处理的对象当作一个系统，分析系统的结构和功能，研究系统、要素、环境三者的相互关系和变动的规律性，并优化系统。由两个及以上的系统通过要素间的关系耦合形成的高一级系统称为复合系统，对于复合系统而言，其协调性是指各子系统及子系统要素间具有合作、互补、协同等关系，以及由于这些关系而使复合系统呈现出的协调的结构与状态。本书尝试把财政教育支出、新型城镇化二者当作一个复合系统，研究二者之间的耦合关系，并优化系统，以期为我国财政教育支出与新型城镇化协调发展提供理论依据。

基于控制理论的基本观点，研究人们如何通过对事物运行的内在机制的揭示，并通过人的干预使事物能够按照人们预定的标准或最佳的方式运行的理论。控制是指人们根据给定的条件和预定的目的，改变和创造条件使事物沿着可能性空间内确定的方向（或状态）发展（Norbert Wiener，1940）。依据控制论原理，可以采取措施实现对财政教育支出和新型城镇化发展过程和目标的控制。研究财政教育支出和新型城镇化之间的耦合关系，目的就是通过识别财政教育支出与新型城镇化水平之间的协调程度，进而通过可控方式来达到二者和谐发展的目标。

基于协调理论的主要视角，协调发展是关注两个或两个以上相对独立但在某些性质上具有相通之处的子系统在经历过相互对立、相互制约和相互影响的阶段后开始相互结合、相互转化，进而形成了一个新的大系统。围绕系统的发展目标，正确处理不同要素活动之间的各种关系，体现一种整体上的合理效应，使系统有效运行，实现整体目标。财政教育支出与新型城镇化二者在现阶段有必要，也必须和谐一致、配合得当。

6.2 财政教育支出与新型城镇化耦合关系的核心

财政教育支出与新型城镇化作为耦合的两个体系应该相互促进，推动各自体系不断完善。城镇化的本质是一种集聚，包含产业集聚、新产业区与城镇经济空间的整合；本科教育的本质也是一种集聚，体现知识集聚、创新思想和学员成长发展空间的整合，两种集聚方式不可避免地相互影响（褚宏启，2015）。对学校人、财、物的投入逐渐将人力资源转化为人力资本、经济资本、文化资本、社会资本等，这些资本的形成构成了城镇化的基本要素，助推城镇化的发展。而城镇化大发展又会促进产业集聚、人才集聚推动经济发展（徐君等，2016），依据拉弗曲线原理，创造的经济价值要在国与民之间通过平均税率来分配，形成国家财政税收。国家财政进一步资源配置到教育领域，形成财政教育资源。因此，财政教育支出与新型城镇化两大体系相互促进、彼此推动，形成良好的互动关系是二者耦合的核心。

6.3 财政教育支出与新型城镇化耦合关系的机理

依据舒尔茨的"人力资本理论"、罗默和卢卡斯的"新增长理论"、缪尔达尔的"回波扩散效应理论",从宏观、中观和微观三方面分析财政教育支出与新型城镇化耦合关系,如图 6-1 所示。

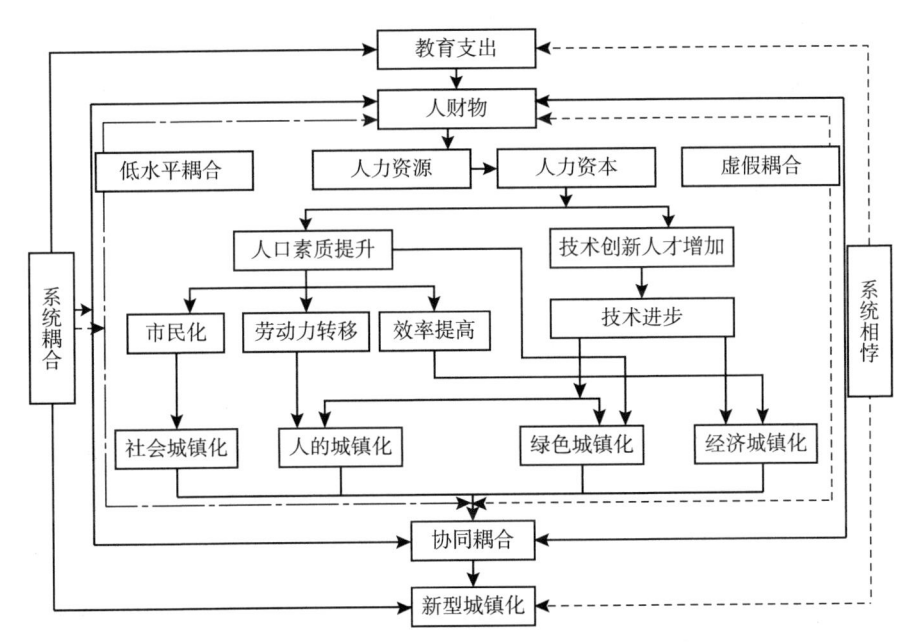

图 6-1 财政教育支出与新型城镇化耦合关系的机理

从宏观方面来看,财政教育支出一般会在一定程度上促进经济效益的增加,实现各个要素耦合;而经济效益的增加也会导致回波扩散效应的产生,从而推进新型城镇化的进程,实现财政教育支出与新型城镇化两个系统之间的耦合,如图 6-1 中最外层左侧由实线和箭头组成部分所示。当然，现实中也会存在系统相悖现象，如图6-1中最外层右侧虚线与箭头组成部分所示。

从中观方面来看，教育支出主要以人、财、物等具体指标进行，一般会通过经济效益和社会效益来推进新型城镇化中人的城镇化、经济城镇化、社会城镇化和绿色城镇化的实现，形成了低水平耦合（从外到里第三层左侧虚实线与箭头组成部分）、虚假耦合（从外到里第三层右侧虚线与箭头组成部分）和协同耦合（从外到里第二层实线与箭头组成部分）。协同耦合是教育支出的人、财、物等要素与新型城镇化人口、经济、环境等要素构成教育耦合、财政耦合与环境耦合（卢志滨，2016）的基本结构；结构决定功能，功能又是系统之间在相互作用时所体现的能力、功效、性质，在教育支出与新型城镇化发展演进过程中，并不是沿着各自轨迹独自进行，而是具体到一个时期内和一定区域里（王薇，2016）。现实中协同耦合是一种帕累托资源配置最佳的基本状态，而低水平耦合与虚假耦合也是存在的，本书后面的内容将从定量实证的角度进一步深入分析。

从微观方面来看，财政教育支出也会导致人力资源形成人力资本，促进技术的进步、劳动效率提高和人口的市民化等，推进人的城镇化、经济城镇化、社会城镇化和绿色城镇化，实现内部的要素的耦合。

财政教育支出与新型城镇化两系统的耦合需要存在调控关系。调控关系是根据财政教育支出与新型城镇化两个系统耦合的规律及其运行的状态和发展的阶段，有目的、有计划对这一耦合系统实施干预，使之不断的趋近并达到协同耦合目标的过程所采取的一系列的方式和措施。具体涵盖调控目标、思路、主体、客体以及方法等（卢志滨，2016）。目标主要考虑财政教育支出与新型城镇化耦合的高效性、协同性及均衡性等；调控的思路一般按照时空分布的相应耦合指标来作基本的调整；调控主体主要为政府，客体为财政教育支出体系与新型城镇化体系；调控的依据为财政教育支出与新型城镇化两个系统的耦合状态。

6.4 财政教育支出与新型城镇化耦合关系的支撑

财政教育支出与新型城镇化耦合的支撑关系主要表现在政府推动、市场拉动两个方面（丁晖，2013）作用于人的城镇化，人的城镇化是新型城镇化的核心。政府推动方面，基于产品属性的视角来看，教育、城镇交通、基础设施、环卫等都具有公共产品或准公共产品的属性，一般具有正的外部性，这就意味着政府在这些方面的建设处于主导地位，制定相关的财政政策、制度、预算推动二者的协调发展，比如《国家中长期教育改革和发展规划纲要（2010—2020年）》《国家新型城镇化规划（2014—2020年）》《国家乡村振兴战略规划（2018—2022年）》等；市场拉动方面，一是产品市场拉动，城镇化会引起产业集聚，而教育带来的技术创新又会促进产业结构发生变化，既可以创造新产品和新产业，也可以改造旧产品，提高产品质量。产业的发展基本遵循市场规律，在产品市场上，技术进步会引起产品成本降低、资源消耗强度下降，从而为消费者提供高质量的产品，满足高品质生活需求。二是人才市场拉动，在人才市场上会对技术人才、管理人才等表达需求。教育对人力资本形成，对人才市场的供给至关重要，不断提高教育的投资效率，进而培养高质量人才，提升教育的个人收益率和社会收益率。基于磁场效应机理，城市就是一个巨大"磁场"，吸引技术人才、管理人才、商人及产业等，这些人、财、物一旦被吸引到城市中，就会被"磁化"，产生更强的吸引力。这些磁化了的精神产品与物质产品传播到偏远的山乡将成为振兴乡村、就地城镇化的重要媒介。因而，在供求规律的主导下，市场会在一定程度上拉动财政教育支出与新型城镇化的耦合协同发展。具体支撑关系如图6-2所示。

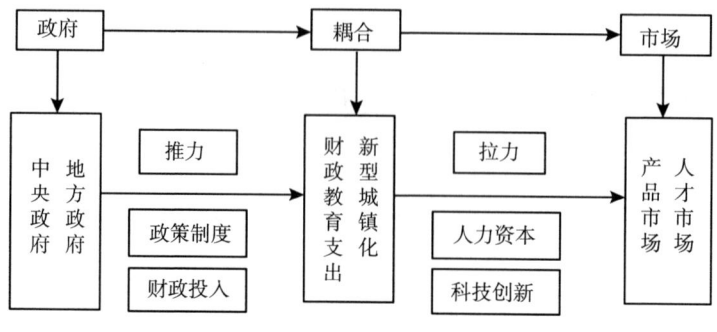

图 6－2　耦合关系支撑的基本框架

6.5 财政教育支出与新型城镇化耦合关系的演进

　　财政教育支出与新型城镇化的耦合是一个不断演进的过程，耦合的总体效应主要由耦合协调度与耦合发展度决定（王薇，2016），如图 6－3 所示。横轴 X 表示新型城镇化水平 $N(L)$，纵轴 Y 表示财政教育支出水平 $E(U)$。C_1、C_2、C_3 代表财政教育支出与新型城镇化耦合的协调度；借鉴无差异曲线构建的基本思路，把一簇凸向原点并向右下方倾斜的曲线视作无差异曲线，如 D_1、D_2、D_3。基于发展度的视角，每一条无差异曲线上的点表示其发展度是相同的，距离原点越远的发展度就越高，反之，则发展度小。图 6－3 中 D_1 发展度最低，D_3 发展度最高；基于协调度的视角，两个系统正相关性越强，它们的协同性就越强。当 $E_U(Y)=N_L(X)$ 时，协调度达到最大值 C_2，代表斜率为 1 的 45°线上所有点的集合，其协调度的取值也为 1。斜率为 1 的线居中，向上下两个方向偏离的较多，表明其协调度较低，比如 C_1 和 C_3。最终的耦合协同效应是由耦合的发展度与耦合的协调度共同决定，图 6－3 中的任意一点代表耦合的效应的程度。a、b、d、e 在同一条无差异发展度曲线上，表明其发展度是一致的，但是其协调度不同，其衡量标准就是偏离 45°线的远近。

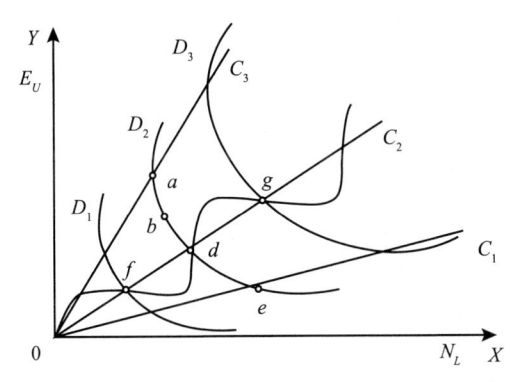

图 6-3　财政教育支出与新型城镇化耦合演进路径

从图 6-3 中可以看出 a 点 $< b$ 点、b 点 $< d$ 点、d 点 $< e$ 点；f、d、g 都在 45°线上，这些点上财政教育支出与新型城镇化的耦合协调度最大均为 1，达到了最优状态。但是，g 点相比 f 点、d 点处于较高水平的发展度状态，因此，财政教育支出与新型城镇化的最佳耦合效应是沿着 45°线向右上方不断演进的过程。

6.6　小结

从理论渊源、耦合关系的核心、机理、支撑与演进五方面对财政教育支出与新型城镇化耦合机理进行分析，基本观点如下：

（1）从系统论、控制论、协调论等思想，把财政教育支出、新型城镇化二者视作一个复合系统。

（2）财政教育支出与新型城镇化两大体系相互促进、彼此推动，形成良好的互动关系是二者耦合的核心。

（3）耦合关系机理体现在宏观、中观和微观三方面（见图 6-1）。

（4）财政教育支出与新型城镇化耦合的支撑关系主要表现在政府推动、市场拉动两个方面。

（5）财政教育支出与新型城镇化耦合是一个不断演进的过程，耦合的总体效应主要由耦合协调度与耦合发展度决定。

第7章

新型城镇化水平与财政教育支出水平实证测度

7.1 新型城镇化水平实证测度

城镇化水平的科学测度既要关注评价指标的科学、客观的选取，又要关注不同指标权重的科学体现。本章利用主成分分析法确定新型城镇化各具体评价指标的权重。

7.1.1 数据来源及说明

本书主要数据来源于《中国统计年鉴》《中国教育统计年鉴》以及各省、自治区、直辖市统计年鉴。研究年份选取 2000—2015 年。21 世纪以来，我国的城镇化进程以年均 1% 的速度增长，令世界瞩目，无论是政策背景还是现实背景，此时间段都备受关注。

7.1.2 指标体系构建

充分借鉴前人研究成果，并结合新型城镇化特点，选取若干个既联系又独立的指标，包括人口发展质量、经济发展质量、社会发展质量和环境资源质量4个维度共计22个具体指标，构建反映区域新型城镇化综合水平的综合指标体系（见表7-1）。

（1）人口发展质量。

城镇人口占区域总人口比重。城镇人口是指居住在城镇范围内的全部常住人口。年末城镇人口数是指每年截至12月31日24时的人口数。年度统计的全国人口总数未包括香港特别行政区、澳门特别行政区和台湾地区人数。城镇化率是反映城镇化最主要的指标，该指标既反映了人口在城镇的集聚程度，又在相当的程度上反映了劳动力的转移程度，因而该指标在世界上得到广泛采用，通用性强。

城镇就业人口比重。城镇就业人口比重是指城镇就业人口占地区就业总人口的比重，反映一个地区的就业结构。该指标越大说明城镇对乡村劳动力的吸纳能力越强。

城镇人口规模。城镇人口规模是指居住在城镇范围内的全部常住人口。

个体就业人数。个体就业人数是指在16周岁及以上，从事一定社会劳动并取得劳动报酬或经营收入的人员。这一指标反映了一定时期内全部劳动力资源的实际利用情况，是研究我国基本国情国力的重要指标。

城镇个体就业人数。城镇个体就业人员是指在工商管理部门注册登记，并持有城镇户口或在城镇长期居住，经批准从事个体工商经营的就业人员，包括个体经营者和在个体工商户劳动的家庭帮工和雇工。该指标反映了一个地区的就业结构，该指标越大，城镇对乡村劳动力的吸纳能力越强。

年末人口数。人口数是指一定时点、一定地区范围内有生命的个人总和。年度统计的年末人口数是指每年12月31日24时的人口数。年度统计的全国人口总数未包括香港特别行政区、澳门特别行政区和台湾地区以及海外华侨人数。

（2）经济发展质量。

人均工业总产值。国内生产总值（GDP）是指一个国家所有常住单位在一定时期内生产活动的最终成果。对于一个地区来说，称为地区生产总值或地区 GDP。人均工业总产值是指工业生产总值与人口数之比。城镇化的发展带来产业结构的变化，其本质是第一产业向第二产业变迁，人均工业产值很好地体现了这一点。

第二、第三产业产值占 GDP 比重。第二产业是指采矿业，制造业，电力、煤气及水的生产和供应业，建筑业。第三产业是指除第一、第二产业以外的其他行业。第二、第三产业产值占 GDP 比重是指第二、第三产业实现的增加值之和在全部地区生产总值中的比重。一般来说，第二、第三产业增加值占 GDP 比重越大，表明经济发展水平越高；反之，经济发展水平则低。

第二、第三产业 GDP 密度。GDP 密度或地均 GDP 是指每平方公里土地创造的 GDP，它可以反映一个地方的经济密度和经济发达程度。第二、第三产业 GDP 密度是第二、第三产业 GDP 与行政区划面积之比。

人均可支配收入。居民可支配收入是指居民可用于最终消费支出和储蓄的总和，即居民可用于自由支配的收入。既包括现金收入，也包括实物收入。人均可支配收入是人口发展质量的基本指标之一。

土地产出率。前面提到 GDP 密度或地均 GDP 是指每平方公里土地创造的 GDP。土地产出率是指地区生产总值与行政区划面积之比。

（3）社会发展质量。

城镇在岗职工。在岗职工是指在本单位工作且与本单位签订劳动合同，并由单位支付工资和社会保险、住房公积金的人员，以及上述人员中由于学习、病伤、产假等原因暂未工作但仍由单位支付工资的人员。在岗职工还包括应订立劳动合同而未订立劳动合同人员（如使用的农村户籍人员）、处于试用期人员、编制外招用的人员。

城镇居民消费支出。城镇居民消费支出是指城镇居民用于满足家庭日常生活消费需要的全部支出，既包括现金消费支出，也包括实物消费支出。消费支出可划分为食品烟酒、衣着、居住、生活用品和服务、交通通信、教育文化娱乐、医疗保健以及其他用品和服务八大类。

城乡居民消费比。城乡居民消费比是指城市居民人均消费支出与农村居民消费支出之比。

人均城乡居民储蓄存款余额。城乡储蓄存款包括城镇居民储蓄存款和农民个人储蓄存款两部分,不包括居民的手存现金和工矿企业、部队、机关团体等集团存款。储蓄存款余额是指城乡居民存入银行及农村信用社储蓄的时点数(存入数扣除取出数的余额),如月末、季末或年末数额。人均城乡居民储蓄存款余额是指人均城乡居民存入银行及农村信用社储蓄的时点数。

万人人口医疗卫生机构床位数。医疗卫生机构是指从卫生(卫生计生)行政部门取得《医疗机构执业许可证》《计划生育技术服务许可证》,或从民政、工商行政、机构编制管理部门取得法人单位登记证书,为社会提供医疗服务、公共卫生服务或从事医学科研和医学在职培训等工作的单位。医疗卫生机构包括医院、基层医疗卫生机构、专业公共卫生机构、其他医疗卫生机构。床位数是指年底固定实有床位(非编制床位),包括正规床、简易床、监护床、正在消毒和修理床位、因扩建或大修而停用的床位;不包括产科新生儿床、待产床、库存床、观察床、临时加床和病人家属陪侍床。人口数系年末常住人口。计算公式:每万人口医疗卫生机构床位=医疗卫生机构床位数/人口数×10000。万人人口医疗卫生机构床位数是直接影响到居民身体健康和生活质量的重要指标。

万人普通中学在校生数。万人普通中学在校生数是人口发展质量的重要参考指标。

(4)资源环境质量。

绿化覆盖率。绿化覆盖率是指在城市建成区的绿化覆盖率面积占建成区面积的百分比。绿化覆盖面积是指城市中乔木、灌木、草坪等所有植被的垂直投影面积。

人均绿地面积。城镇人均公共绿地面积是指城镇公共绿地面积的人均占有量,以平方米/人表示。公共绿地包括公共人工绿地、天然绿地,以及机关、企事业单位绿地。

燃气普及率。城市燃气普及率是指报告期末城区内使用燃气的人口与总人口的比率。

生活垃圾无害化处理率。生活垃圾无害化处理率是指无害化处理的城市市区垃圾数量占市区生活垃圾产生总量的百分比（见表7-1）。

表7-1　　　　　　　　新型城镇化水平综合指标体系

综合指标	维度	具体指标
新型城镇化水平	人口发展质量	城镇人口比重（%）
		非农从业人口比重（%）
		城镇人口规模（万人）
		个体就业人数（万人）
		城镇个体就业人数（万人）
		年末人口数（万人）
	经济发展质量	人均工业总产值（元/人）
		第二、第三产业产值比重（%）
		第二、第三产业GDP密度（元/平方千米）
		人均可支配收入（元）
		土地产出率（元/平方千米）
	社会发展质量	城镇在岗职工人数（万人）
		城镇居民人均消费支出（元）
		城乡居民消费比（%）
		人均城乡居民储蓄存款余额（元）
		万人人口医疗卫生机构床位数（张）
		万人普通中学在校生数（人）
	环境资源质量	绿化覆盖率（%）
		人均绿地面积（平方米）
		燃气普及率（%）
		生活垃圾处理率（%）
		单位GDP电耗（千瓦时/元）

单位GDP电耗。能源消费总量是指在一定时期内全省物质生产部门、非物质生产部门和生活消费的各种能源的总和，是观察能源消费水平、构成和增长速度的总量指标，能源消费总量包括原煤和原油及其制品、天然

气、电力,不包括低热值燃料、生物质能和太阳能等。能源消费总量分为三部分:终端能源消费量、能源加工转换损失量和损失量。单位 GDP 电耗是指一定时期内,一个国家或地区每生产一个单位的国内生产总值所消耗的电力,即全社会用电量与国内生产总值之比。

7.1.3 研究方法

主成分分析法是一种降维的统计方法,它借助于一个正交变换,将其分量相关的原随机向量转化成其分量不相关的新随机向量。这在代数上表现为将原随机向量的协方差阵变换成对角形阵;在几何上表现为将原坐标系变换成新的正交坐标系。使之指向样本点散布最开的 P 个正交方向,然后对多维变量系统进行降维处理。

主成分分析的原理是设法将原来变量重新组合成一组新的相互无关的几个综合变量,同时根据实际需要从中可以取出几个较少的总和变量尽可能多地反映原来变量的信息的统计方法,是数学上处理降维的一种方法。主成分分析是设法将原来众多具有一定相关性(比如 P 个指标),重新组合成一组新的互相无关的综合指标来代替原来的指标,使之能以一个较高的精度转换成低维变量系统,再通过构造适当的价值函数,进一步把低维系统转化成一维系统。即将原有多个相关性较强的变量 X_1, X_2, $\cdots$, X_p 重新组合,生成少数几个彼此不相关的变量 F_1, F_2, $\cdots$, F_m,使其尽可能多地提取原有变量的信息。其中,F_1, F_2, $\cdots$, F_m 为主成分,依次为第一主成分、第二主成分、$\cdots$、第 m 主成分。

7.1.4 各省(区市)新型城镇化水平测度结果

利用构建的城镇化水平测度指标体系,采用主成分分析方法,进行我国省际城镇化水平测度,获得模型估计结果(见表 7-2、表 7-3)。

(1) 指标权重确定。

采用 Spss21.0，获得的 KMO=0.852，Bartlett 的检验（近似卡方等于 12748.025，$df=231$，sig.=0.000），适合采用因子分析进行进一步分析（见表7-2）。

表7-2　　　　　　　　　　KMO 和 Bartlett 的检验

取样足够度的 Kaiser - Meyer - Olkin 度量		0.852
Bartlett 的球形度检验	近似卡方	12748.025
	df	231
	Sig.	0.000

利用构建的城镇化水平测度指标体系，采用主成分分析方法，进行我国省际城镇化水平测度，获得模型估计结果（见表7-2、表7-3）。采用主成分分析方法提取5个主成分来解释的总方差为78.039%（见表7-3）。

表7-3　　　　　　　　　　解释的总方差

成分	初始特征值			提取平方和载入			旋转平方和载入		
	合计	方差的%	累积%	合计	方差的%	累积%	合计	方差的%	累积%
1	9.362	42.555	42.555	9.362	42.555	42.555	6.718	30.535	30.535
2	3.896	17.709	60.265	3.896	17.709	60.265	4.310	19.591	50.126
3	1.787	8.121	68.385	1.787	8.121	68.385	3.441	15.640	65.766
4	1.117	5.077	73.462	1.117	5.077	73.462	1.449	6.585	72.351
5	1.007	4.577	78.039	1.007	4.577	78.039	1.251	5.688	78.039
6	0.922	4.191	82.230	—	—	—	—	—	—
7	0.673	3.060	85.291	—	—	—	—	—	—
8	0.637	2.895	88.186	—	—	—	—	—	—
9	0.490	2.228	90.414	—	—	—	—	—	—
10	0.379	1.723	92.136	—	—	—	—	—	—

续表

成分	初始特征值 合计	初始特征值 方差的%	初始特征值 累积%	提取平方和载入 合计	提取平方和载入 方差的%	提取平方和载入 累积%	旋转平方和载入 合计	旋转平方和载入 方差的%	旋转平方和载入 累积%
11	0.322	1.464	93.600	—	—	—	—	—	—
12	0.287	1.305	94.905	—	—	—	—	—	—
13	0.237	1.078	95.983	—	—	—	—	—	—
14	0.206	0.936	96.919	—	—	—	—	—	—
15	0.191	0.870	97.789	—	—	—	—	—	—
16	0.142	0.643	98.432	—	—	—	—	—	—
17	0.123	0.559	98.991	—	—	—	—	—	—
18	0.110	0.502	99.493	—	—	—	—	—	—
19	0.038	0.172	99.665	—	—	—	—	—	—
20	0.035	0.161	99.827	—	—	—	—	—	—
21	0.022	0.101	99.928	—	—	—	—	—	—
22	0.016	0.072	100.000	—	—	—	—	—	—

注：提取方法为主成分分析法。

其中，第一主成分方差贡献率为30.535%，包括具体指标为城镇人口规模，个体就业人数，城镇个体就业人数，年末人口数，单位GDP电耗、第二、第三产业GDP密度，人均城乡居民储蓄存款余额，万人普通中学在校生数，生活垃圾处理率；第二主成分方差贡献率为19.591%，包括具体指标为城镇在岗职工、人均可支配收入、城镇居民人均消费支出、万人人口医疗卫生机构床位数、非农从业人口比重、人均绿地面积；第三主成分方差贡献率为15.640%，包括具体指标为人均工业总产值，第二、第三产业产值比重，城镇人口比重，燃气普及率，城乡居民消费比；第四主成分方差贡献率为6.585%，包括具体指标为绿化覆盖率；第五主成分方差贡献率为5.688%，包括具体指标为土地产出率（见表7-4）。

表7-4　　　　　　　　　　　旋转成分矩阵

指标	成分				
	1	2	3	4	5
城镇人口比重	0.086	0.373	0.745	0.149	-0.135
非农从业人口比重	-0.109	0.619	0.018	-0.284	-0.403
城镇人口规模	0.934	-0.032	0.221	0.132	-0.041
个体就业人数	0.914	0.117	0.049	0.186	0.027
城镇个体就业人数	0.888	0.273	0.055	0.107	-0.050
年末人口数	0.879	-0.311	-0.007	0.154	0.006
人均工业总产值	0.213	-0.048	0.783	0.048	0.352
第二、第三产业产值比重	0.178	0.279	0.759	-0.196	0.197
第二、第三产业GDP密度	0.844	0.390	0.241	0.100	0.085
人均可支配收入	0.301	0.783	0.414	0.144	0.033
土地产出率	-0.075	0.053	0.208	-0.073	0.775
城镇在岗职工	0.129	0.849	0.330	0.060	-0.004
城镇居民人均消费支出	0.187	0.778	0.069	0.279	0.224
城乡居民消费比	-0.112	-0.226	-0.555	-0.497	-0.111
人均城乡居民储蓄存款余额	0.738	0.328	0.329	0.117	0.088
万人人口医疗卫生机构床位数	-0.078	0.689	0.453	-0.019	0.127
万人普通中学在校生数	0.738	-0.117	0.066	-0.139	-0.299
绿化覆盖率	0.190	0.112	0.080	0.809	-0.067
人均绿地面积	0.358	0.585	0.248	0.303	-0.215
燃气普及率	0.202	0.325	0.717	0.216	-0.047
生活垃圾处理率	0.644	0.503	0.009	0.164	0.252
单位GDP电耗	0.875	0.257	0.223	-0.001	0.048

注：提取方法为主成分分析法；旋转法：具有Kaiser标准化的正交旋转法。

根据成分得分系数矩阵（见表7-5），并进行指标权重的归一化处理，获得城镇化水平测度的综合得分模型系数和权重（见表7-6）。

第7章 新型城镇化水平与财政教育支出水平实证测度

表 7-5　　　　　　　　　　成分得分系数矩阵

指标	成分 1	成分 2	成分 3	成分 4	成分 5
城镇人口比重	-0.060	-0.045	0.308	0.037	-0.239
非农从业人口比重	-0.019	0.226	-0.020	-0.274	-0.318
城镇人口规模	0.152	-0.101	0.061	-0.004	-0.060
个体就业人数	0.150	-0.008	-0.075	0.045	0.040
城镇个体就业人数	0.146	0.050	-0.083	-0.030	-0.019
年末人口数	0.162	-0.152	-0.002	0.059	0.007
人均工业总产值	-0.002	-0.177	0.326	-0.044	0.162
第二、第三产业产值比重	0.007	-0.040	0.293	-0.271	0.053
第二、第三产业GDP密度	0.127	0.063	-0.036	-0.057	0.070
人均可支配收入	-0.006	0.181	0.006	0.000	0.000
土地产出率	-0.002	0.027	-0.043	-0.088	0.642
城镇在岗职工	-0.028	0.233	-0.027	-0.052	-0.015
城镇居民人均消费支出	-0.018	0.258	-0.208	0.153	0.228
城乡居民消费比	0.072	0.071	-0.168	-0.356	0.001
人均城乡居民储蓄存款余额	0.101	0.023	0.026	-0.032	0.049
万人人口医疗卫生机构床位数	-0.058	0.167	0.064	-0.096	0.063
万人普通中学在校生数	0.150	-0.087	0.081	-0.193	-0.261
绿化覆盖率	-0.064	-0.047	-0.043	0.664	-0.077
人均绿地面积	-0.003	0.116	-0.004	0.163	-0.199
燃气普及率	-0.040	-0.060	0.275	0.086	-0.158
生活垃圾处理率	0.096	0.166	-0.204	0.027	0.261
单位GDP电耗	0.149	0.023	-0.004	-0.136	0.036

注：提取方法为主成分分析法；旋转法为具有 Kaiser 标准化的正交旋转法；构成得分。

表7-6　　　　　新型城镇化水平综合指标体系指标权重

综合指标	维度	具体指标	模型系数	指标权重
新型城镇化水平	人口发展质量	城镇人口比重	0.1175	0.0401
		非农从业人口比重	0.0121	0.0041
		城镇人口规模	0.1857	0.0634
		个体就业人数	0.1932	0.066
		城镇个体就业人数	0.1976	0.0675
		年末人口数	0.1302	0.0444
	经济发展质量	人均工业总产值	0.1169	0.0399
		第二、第三产业产值比重	0.1223	0.0418
		第二、第三产业GDP密度	0.2251	0.0769
		人均可支配收入	0.1867	0.0637
		土地产出率	0.0497	0.017
	社会发展质量	城镇在岗职工	0.1497	0.0511
		城镇居民人均消费支出	0.1584	0.0541
		城乡居民消费比	-0.1262	-0.0431
		人均城乡居民储蓄存款余额	0.2072	0.0707
		万人人口医疗卫生机构床位数	0.1068	0.0365
		万人普通中学在校生数	0.0972	0.0332
	环境资源质量	绿化覆盖率	0.0988	0.0337
		人均绿地面积	0.1565	0.0534
		燃气普及率	0.1397	0.0477
		生活垃圾处理率	0.1981	0.0676
		单位GDP电耗	0.2056	0.0702

（2）各省（区市）新型城镇化水平测量。

对我国31省（区市）具体指标进行标准化，利用获取的指标权重，进行我国31省（区市）城镇化水平的综合测度，获得测度结果（见表7-7）。

第7章 新型城镇化水平与财政教育支出水平实证测度

表7-7 我国省（区市）城镇化水平测度结果对比

省份	2000	2001	2002	2003	2004	2005	2006	2007	2008	2009	2010	2011	2012	2013	2014	2015
北京	-0.0417	-0.0397	-0.0055	0.0061	-0.0078	0.0519	0.2816	0.2264	0.2788	0.5199	0.6557	0.7790	0.8092	1.1551	1.3716	1.5019
天津	-0.3390	-0.3591	-0.3919	-0.3751	-0.4665	-0.3617	-0.2405	-0.1625	-0.0700	-0.0177	0.0890	0.2090	0.2768	0.4917	0.5418	0.6377
河北	-0.1119	-0.2225	-0.2690	-0.3234	-0.2132	-0.1478	-0.0519	0.0770	0.1641	0.5087	0.6081	0.7876	0.9005	1.1534	1.2213	1.1904
山西	-0.6353	-0.7078	-0.7619	-0.7381	-0.6904	-0.5941	-0.4514	-0.3257	-0.2258	-0.1478	0.0670	0.2080	0.2967	0.4562	0.5196	0.5278
内蒙古	-0.6563	-0.7217	-0.7869	-0.8535	-0.7878	-0.6570	-0.5451	-0.4338	-0.3616	-0.2531	-0.0728	0.1219	0.2898	0.5652	0.7755	0.8302
辽宁	-0.1661	-0.2025	-0.2027	-0.2003	-0.1208	-0.0156	0.0395	0.1423	0.1847	0.3358	0.5812	0.7267	0.8703	1.0812	1.2090	1.1837
吉林	-0.4288	-0.6029	-0.6134	-0.6865	-0.5984	-0.5408	-0.5312	-0.4411	-0.3759	-0.2762	-0.1017	0.0221	0.1152	0.2954	0.3922	0.4823
黑龙江	-0.3809	-0.4407	-0.4989	-0.5339	-0.4302	-0.3661	-0.4026	-0.3444	-0.2539	-0.1427	0.0940	0.1976	0.2797	0.4250	0.4701	0.4670
上海	-0.1251	-0.0923	-0.0608	-0.0238	-0.2743	0.0446	0.2520	0.2906	0.3230	0.5008	0.7282	0.8383	0.8448	1.1518	1.2427	1.3462
江苏	-0.0037	-0.0062	-0.0065	0.0363	0.1462	0.3704	0.5400	0.7538	0.8238	1.0787	1.4987	1.7263	1.9288	2.2653	2.4552	2.3625
浙江	-0.0919	-0.0563	-0.0552	0.0349	0.2536	0.3751	0.2792	0.5258	0.5859	0.7650	1.1345	1.3312	1.4827	1.7657	1.9644	1.9371
安徽	-0.3074	-0.4339	-0.4820	-0.4330	-0.3634	-0.4289	-0.3190	-0.1931	-0.1277	0.0132	0.2491	0.3869	0.5146	0.7051	0.8863	0.9604
福建	-0.3304	-0.4067	-0.4196	-0.3920	-0.1662	-0.1222	-0.2854	-0.1345	-0.0266	0.1123	0.2599	0.4360	0.5815	0.7685	0.9086	0.9933
江西	-0.6664	-0.7280	-0.7437	-0.6891	-0.4778	-0.4043	-0.4775	-0.3695	-0.1981	-0.1438	0.0453	0.2092	0.3101	0.4656	0.5724	0.6462
山东	-0.1283	-0.2124	-0.2250	-0.1191	0.0240	0.1776	0.5029	0.6277	0.7001	0.9417	1.3126	1.4994	1.7004	1.9945	2.1955	2.2652
河南	-0.4572	-0.5677	-0.5821	-0.4978	-0.3407	-0.2527	-0.1490	-0.0154	0.0176	0.2591	0.4931	0.7055	0.8982	1.0585	1.2764	1.2715
湖北	-0.2455	-0.4345	-0.5117	-0.5005	-0.3954	-0.2877	-0.1860	-0.0779	-0.0110	0.1379	0.3953	0.6169	0.8000	1.0443	1.2769	1.3069

127

续表

省份	2000	2001	2002	2003	2004	2005	2006	2007	2008	2009	2010	2011	2012	2013	2014	2015
湖南	-0.4542	-0.5421	-0.5904	-0.5711	-0.3712	-0.3112	-0.3231	-0.2247	-0.1754	-0.0431	0.1642	0.3610	0.4918	0.7167	0.8955	0.9356
广东	0.2370	0.1928	0.1838	0.2613	0.5406	0.9338	0.9510	1.1247	1.3032	1.5686	2.1510	2.3727	2.5706	2.9136	3.2581	3.0962
广西	-0.3336	-0.4656	-0.5487	-0.8386	-0.6008	-0.4525	-0.5089	-0.4011	-0.3541	-0.2266	-0.1200	0.0166	0.1191	0.2979	0.4142	0.5189
海南	-0.6747	-0.8138	-0.8922	-0.9846	-0.7390	-0.7218	-0.7934	-0.7559	-0.7148	-0.6292	-0.5406	-0.4077	-0.3564	-0.1738	-0.0885	-0.0230
重庆	-0.7808	-0.9246	-0.9253	-0.8962	-0.8027	-0.6281	-0.6120	-0.4501	-0.3452	-0.2177	-0.0746	0.1313	0.3031	0.4818	0.5717	0.6931
四川	-0.4843	-0.6453	-0.6962	-0.4797	-0.3117	-0.2292	-0.1872	-0.0711	0.0011	0.1925	0.4572	0.6294	0.8318	1.0540	1.1935	1.1785
贵州	-0.8659	-0.9820	-0.9770	-0.9931	-0.9185	-0.8757	-0.8834	-0.8179	-0.7253	-0.6739	-0.5315	-0.3867	-0.2347	-0.0020	0.1394	0.2884
云南	-0.5961	-0.6920	-0.7141	-0.7450	-0.6183	-0.5734	-0.6653	-0.4637	-0.4100	-0.3015	-0.1530	0.0010	0.0690	0.2232	0.3576	0.3936
西藏	-0.7926	-0.9617	-1.3103	-1.2551	-1.2649	-1.1964	-0.9668	-0.8502	-0.8945	-0.8168	-0.8483	-0.8540	-0.8583	-0.7597	-0.4669	-0.1535
陕西	-0.6637	-0.7399	-0.7967	-0.7638	-0.6460	-0.5747	-0.5427	-0.3950	-0.3239	-0.3055	-0.1391	0.0902	0.2417	0.4327	0.5780	0.6441
甘肃	-0.9153	-1.0385	-1.0980	-0.9771	-0.9748	-0.9427	-0.8293	-0.7892	-0.6789	-0.6181	-0.5093	-0.4275	-0.2820	-0.0618	0.0344	0.1182
青海	-0.8931	-0.9376	-0.9449	-0.9640	-0.9944	-0.9604	-0.8057	-0.7366	-0.6301	-0.6091	-0.5598	-0.4146	-0.3573	-0.2453	-0.1230	-0.0257
宁夏	-0.8153	-0.9776	-1.0513	-1.0020	-1.0583	-1.0070	-0.8024	-0.6855	-0.5835	-0.4631	-0.3829	-0.3005	-0.2388	-0.0496	0.0614	0.1560
新疆	-0.5756	-0.7653	-0.7533	-0.7824	-0.8235	-0.8103	-0.6542	-0.5620	-0.4994	-0.3861	-0.3047	-0.1629	0.0822	0.1194	0.2672	0.4018

第7章 新型城镇化水平与财政教育支出水平实证测度

①总体呈现逐渐上升趋势。

2000—2015年，我国31省（区市）的新型城镇化水平总体发生了很大变化，均得到不同程度的发展，2015年较之2000年新型城镇化增加了3~4倍之多。总体上，东部新型城镇化水平在全国平均水平以上，中西部地区在全国平均水平以下。西部地区表现出强劲的发展势头，东部发展有所放缓。这反映了新型城镇化发展到一定阶段，高水平区向低水平区扩散，这一过程可能需要漫长的时间来进行。

②存在明显的空间格局。

我国31省（区市）新型城镇化发展水平存在明显的空间格局，如图7-1所示。在高于全国平均值的城市中，除了北京、上海和天津几个直

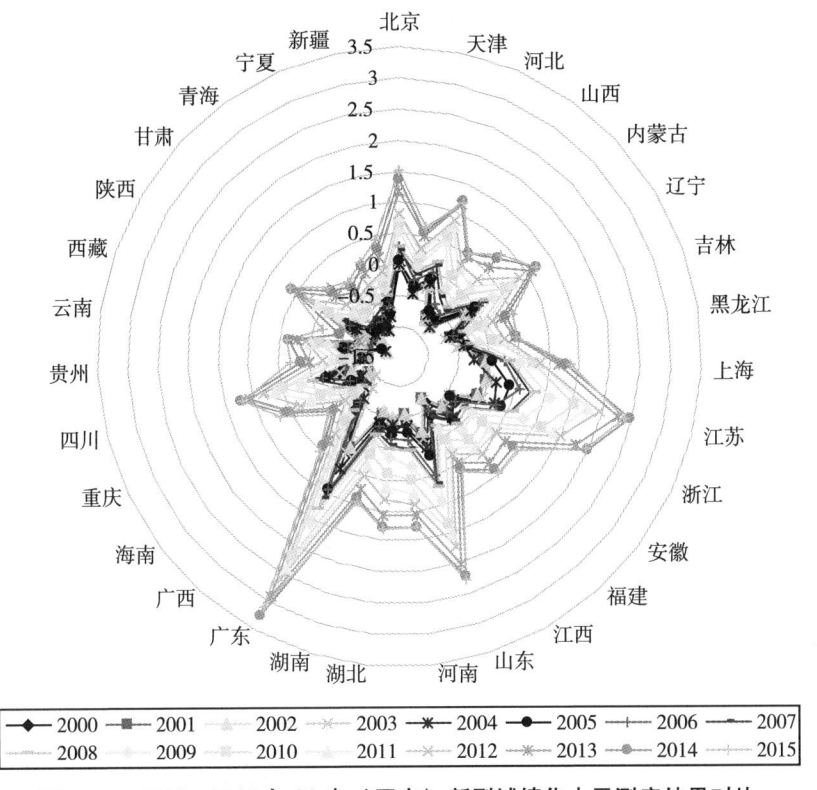

图7-1　2000—2015年31省（区市）新型城镇化水平测度结果对比

辖市外,有一半及以上的城市来自东部沿海地区;低于全国平均值的城市主要集中在中西部地区,西部居多。我国幅员辽阔,各区域自然地理条件和人口分布差异显著,在不同区域内形成人才、技术、资本的集聚效应,使得经济发展水平存在区域差异,经济的空间差异深刻影响着我国城镇化综合水平。

③我国31省(区市)新型城镇化发展水平存在较大差异。

2000—2015年,我国31省(区市)新型城镇化发展水平存在较大差异,且存在动态变化。2000年,新型城镇化水平最高的3个省份分别是广东、江苏和北京,最低的3个省份分别是甘肃、青海和贵州。2005年,新型城镇化水平最高的3个省份分别是广东、浙江和江苏,最低的3个省份分别是西藏、宁夏和青海,如图7-2所示。2010年,新型城镇化水平最高的3个省份分别是广东、江苏和山东,最低的3个省份分别是西藏、青海和海南,如图7-3所示。2015年,新型城镇化水平最高的3个省份分别是广东、江苏和山东,最低的3个省份分别是西藏、青海和海南,如图7-4所示。综合发展水平的高低能反映出该城市城镇化的一些面貌,新型城镇化水平较高的省份其经济发展程度比较高且总体发展比较均衡,新型城镇化水平较低的省份则需要补齐短板,重点突破。

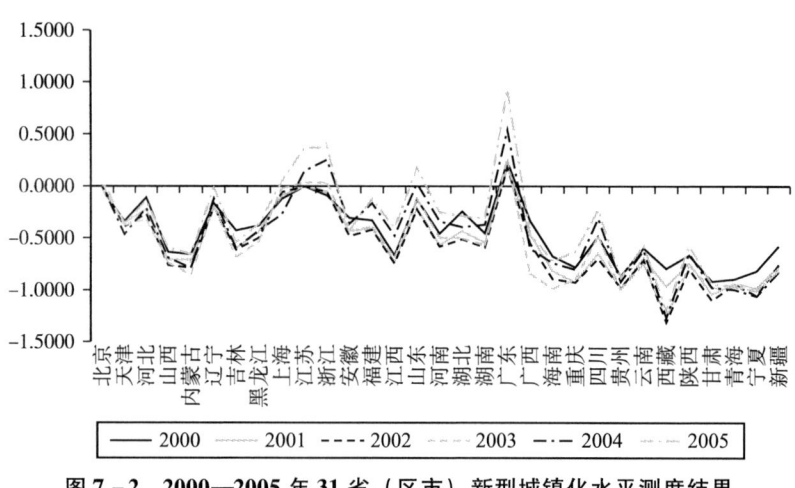

图7-2 2000—2005年31省(区市)新型城镇化水平测度结果

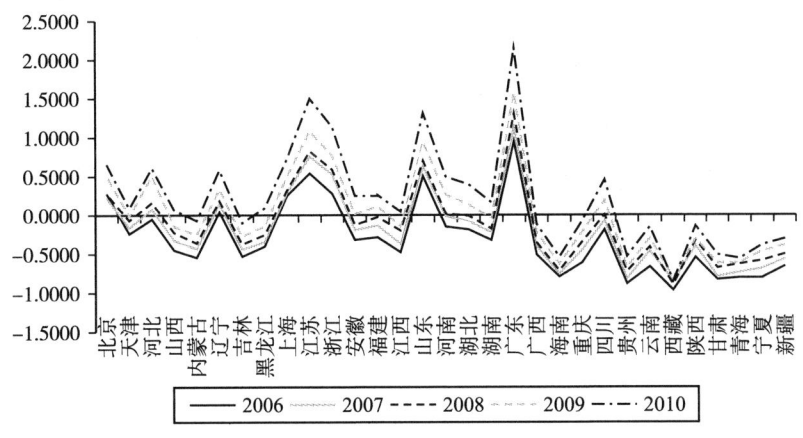

图 7-3 2006—2010 年 31 省（区市）新型城镇化水平测度结果

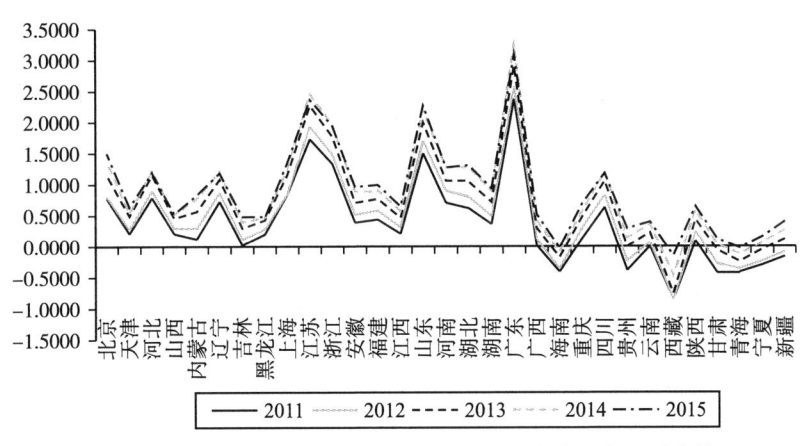

图 7-4 2011—2015 年 31 省（区市）新型城镇化水平测度结果

7.2 财政教育支出水平实证测度

本书界定的财政教育支出水平是指以结果为导向的对财政教育支出水平的评估，财政教育支出水平的实证测度的本质就是借助主要的宏观数据，运用一定数理统计方法对财政教育支出的绩效进行评估。

7.2.1 数据来源及说明

本书的数据主要来源于《中国统计年鉴》《中国教育统计年鉴》、各省、自治区、直辖市统计年鉴以及教育部《教育统计数据》等。根据研究需要对相关指标进行计算；为消除不同变量之间性质、量纲、数量级等特征属性的差异，将数据转化为标准化数值，便于不同单位或数量级的指标能够进行综合分析和比较。

7.2.2 研究方法

层次分析法（AHP）是美国运筹学家匹茨堡大学教授萨蒂（T. L. Saaty）于20世纪70年代初，提出的一种层次权重决策分析方法。它是一种解决多目标的复杂问题的定性与定量相结合的决策分析方法，是一种将决策者对复杂系统的决策思维过程模型化、数量化的过程。

层次分析法基本原理是首先把问题层次化，按问题性质和总目标将此问题分解成若干层次和若干因素，构成一个多层次的分析结构模型。分为最低层（供决策的方案、措施等），相对于最高层（总目标）的相对重要性权值的确定或相对优劣次序的排序问题。该方法用决策者的经验判断各衡量目标能否实现的标准之间的相对重要程度，在各因素之间进行简单的比较和计算，可以得出每个决策方案的每个标准的权数，利用权数求出各方案的优劣次序，为最佳方案的选择提供依据。层次分析法一般包括4个步骤：①明确问题；②递阶层次结构的建立；③建立两两比较的判断矩阵；④层次单排序和综合排序。

层次分析法的特点是在对复杂的决策问题的本质、影响因素及其内在关系等进行深入分析的基础上，利用较少的定量信息使决策的思维过程数学化，从而为多目标、多准则或无结构特性的复杂决策问题提供简便的决策方法。比较有效地应用于那些难以用定量方法解决的课题。

7.2.3 研究对象

财政教育的相关研究对象主要集中在义务教育和高等教育，研究内容集中在财政支出、财政公平、财政绩效、政府财政责任、财政资助和减免政策等几方面。在财政教育支出水平的维度和实证方面做了一定研究，美国学者斯塔弗尔比姆（Stufflebeam, 1966）在反思泰勒行为目标模型的基础上提出了 CIPP 评价模式，即按照背景、输入、过程、产出四类评价指标对一些学校进行评价。吴建南、李贵宁（2004）从总体状况、目标达成、合规性、直接影响以及间接影响 5 个方面提出财政教育支出水平评估的框架。刘国永（2007）从高等教育资源投入、高等教育产出与结果、高校的发展能力 3 个维度构建指标体系，并以江苏省高校实证。辛斐斐、刘国永（2011）采用因子分析方法，从职业教育资源投入、职业教育产出与结果、职业教育的发展能力、社会效果评价 4 个维度构建绩效评价模型，并以江苏省实证。虽然在维度研究方面存在一定的差异，但总体来讲涉及面广，财政教育支出绩效通常包括配置绩效、耗用绩效、成果绩效、监管绩效（王敏，2005）。在本书的研究中，财政教育支出水平主要指财政教育支出绩效，即配置绩效，通过财政教育支出提供的产品或服务是否能满足利害关系人的不同偏好，能否配置实现最大多数人的最大利益。而绩效评估可以进一步分为规模绩效评估、结构绩效评估、导向绩效评估、拨付绩效（王敏，2005），本书构建的指标体系同时考虑规模绩效评估、结构绩效评估、导向绩效评估、拨付绩效评估。本书分别选择农村职业教育（中等职业教育）、普通高等教育作为财政教育支出水平评估对象。

7.2.4 财政性农村职业教育支出水平测度

（1）指标体系构建。

教育支出是指一个国家或地区根据教育事业发展的需要，在教育领域中投入的人力、物力和财力的总和[①]。人力、物力、财力投入的涉及面较

---

① 刘晓，石伟平．当前我国职业教育投入现状的分析与思考 [J]．职教论坛，2011 (4)：4-8．

为广泛，涵盖教育事业的方方面面，教育的支出最终均作用于区域经济的发展[①]。在借鉴前人研究成果的基础上，本书认为教育投入主要是通过人力、物力和财力3个方面对人才培养产生作用，进而对地区经济发展做出贡献。结合财政教育支出水平特点，分别从人、财、物3个维度构建财政教育支出水平评估指标体系，具体包括22个具体子指标（见表7-8）。

表7-8　　　财政性农村职业教育支出水平测度指标体系

目标层	准则层	方案层
财政性农村职业教育支出水平	人的维度	教工人数（万人）
		专任教师数（万人）
		招生人数（万人）
		在校生人数（万人）
		毕业生人数（万人）
		生师比（%）
		每10万人口各级学校平均在校生数（人）
		就业率（%）
		职业资格总人数（万人）
	财的维度	财政性教育经费（万元）
		事业收入（万元）
		学杂费（万元）
		社会捐赠（万元）
		其他教育经费（万元）
		公共财政教育支出（亿元）
		生均公共财政预算教育学费（元）
		生均公共财政预算公用经费（元）
		公共财政教育支出占公共支出比例（%）
		国家财政性教育经费占国内生产总值比例（%）
	物的维度	学校数（所）
		教学及辅助用房（平方米）
		生活用房（平方米）

---

① 曾玖林. 长江经济带高等教育投入与区域经济发展关系研究 [D]. 重庆：重庆工商大学，2016.

①人的维度。

教工人数。教工人数是指在学校（机构）工作并由学校（机构）支付工资的教职工人数。包括校本部教职工、科研机构人员、校办企业职工、其他附设机构人员。

专任教师数。专任教师是指具有教师资格，专门从事教学工作的人员。

招生人数、在校生人数、毕业生人数。招生人数一般是指招生计划人数；在校生人数是指一定时期内在校注册学习的学生总数；毕业生人数是指招生计划毕业生人数。招生人数、在校生人数、毕业生人数是教育事业计划中的重要指标，反映了教育事业发展的总规模。

生师比。生师比是指学校专任教师数与在校学生数的比例。生师比是教学评估中用来衡量高校办学水平是否合格的重要指标。

每10万人口各级学校平均在校生数。本书即为每10万人口中等职业学校平均在校生数（人）。

就业率。就业率是指在业人员占在业人员与待业人员之和的百分比。它反映了在全部可能参与社会劳动的劳动力中，实际被利用的人员比重，是反映劳动力就业程度的指标。

职业资格总人数。职业资格总人数是指中等职业学校获得职业资格证书毕业生数。

②财的维度。

国家财政性教育经费。国家财政性教育经费包括公共财政预算教育经费、各级政府征收用于教育的税费、企业办学中的企业拨款、校办产业和社会服务收入用于教育的经费、其他属于国家财政性教育经费。

事业收入。事业收入是指学校和单位开展教学、科研及其辅助活动依法取得的收入。

学杂费。学杂费是指义务教育阶段学生缴纳的杂费，非义务教育阶段学生缴纳的学费。

社会捐赠。社会捐赠是指境内外社会各界及个人对教育的资助和捐赠。

其他教育经费。其他教育经费是指除了上述各项收入以外的其他各项收入。

公共财政教育支出。公共财政教育支出是指由政府财政支出的教育经费。教育支出反映了政府教育事务支出。有关具体教育事务包括教育行政管理、学前教育、小学教育、初中教育、普通高中教育、普通高等教育、初等职业教育、中专教育、技校教育、职业高中教育、高等职业教育、广播电视教育、留学生教育、特殊教育、干部继续教育、教育机关服务等。

国家财政预算内教育学费。国家财政预算内教育经费是指中央、地方各级财政或上级主管部门在本年度内安排，并划拨到各级各类学校、单位，列入国家预算支出科目的教育经费，包括教育事业费拨款、科研经费拨款、基建拨款和其他经费拨款。生均国家财政预算内教育经费是指每名学生国家财政预算内教育经费。用以反映政府对教育的重视程度与支持程度，以及可支配财力对教育投入的强度。

生均公共财政预算公用经费。教育经费支出分为事业性经费支出和基建支出两部分。事业性经费支出分为个人部分支出和公用部分支出；公用部分支出包括商品和服务支出以及其他资本性支出两部分。商品和服务支出是指反映学校或单位购买商品或服务的支出（不包括用于购置固定资产的支出）。其他资本性支出是指反映非各级发展与改革部门集中安排用于学校或单位购置固定资产、土地和无形资产，以及购建基础设施、大型修缮所发生的费用。生均公共财政预算公用经费是指每名学生公共财政预算公用经费。用以反映政府对教育的重视程度与支持程度，以及可支配财力对教育投入的强度。

公共财政教育支出占公共支出比例。公共财政教育支出占公共支出比例是指公共财政教育支出与公共支出总额之比。

国家财政性教育经费占国内生产总值比例。国家财政性教育经费占国内生产总值比例是指国家财政性教育经费与国内生产总值之比。

③ 物的维度。

学校数。学校数是指按照国家规定的设置标准和审批程序批准举办的学校数量。本书仅指中等职业学校数量和普通高等学校数量。普通高等学校指通过国家普通高等教育招生考试，招收高中毕业生为主要培养对象，实施高等学历教育的全日制大学、独立设置的学院、独立学院和高等专科学校、高等职业学校及其他机构；中等职业学校数量主要指普通中专、职业高中、技工学校的数量。这些学校所从事的教育主要是指农村职业教育（王凤羽，2012），该观点已经得到很多同行专家的认同，此处不再赘述。

教学及辅助用房。教学及教学辅助用房是指学校建设的主体，包括普通教室、专用教室、公共教学用房及其各自的辅助用房。属于校舍之一。

生活用房。生活用房包括根据办学的实际需要设置的教职工单身宿舍、教职工与学生食堂、开水房、汽车库、配电室、教职工与学生厕所等用房；以及学生宿舍、锅炉房、浴室、自行车库等用房。生活用房亦属于校舍之一。

首先要根据人、财、物的各个子指标对农村职业教育支出的贡献，对各层指标因素进行对比分析，引入 1~9 比率标度方法构造出判断矩阵，用求解判断矩阵最大特征值及对应的正交化特征向量的方法，求得同一层次上各元素对上一层次元素的相对优先权重。为了使各判断矩阵之间协调一致，必须对判断矩阵进行一致性检验（见表 7-9、表 7-10、表 7-11 和表 7-12）。

表 7-9　　财政性农村职业教育支出水平一级指标判断矩阵及一致性

维度	物的维度	财的维度	人的维度
物的维度	—	1	1/2
财的维度	—	—	1/3
人的维度	—	—	—

注：判断矩阵一致性为 0.0176。

表7-10　农村职业教育支出水平人的维度各指标判断矩阵及一致性

维度	教工人数	专任教师数	招生人数	在校生人数	毕业生人数	每十万人口平均在校生人数	就业率	生师比	职业资格总人数
教工人数	—	1	1/7	1/7	1/7	1	1	1/7	1
专任教师数	—	—	1/9	1/9	1/9	1	1	1/5	3
招生人数	—	—	—	3	1	7	3	1	5
在校生人数	—	—	—	—	1/3	3	1	1	3
毕业生人数	—	—	—	—	—	7	1	1	7
每十万人口平均在校生人数	—	—	—	—	—	—	1/3	1/5	1/3
就业率	—	—	—	—	—	—	—	1	3
生师比	—	—	—	—	—	—	—	—	3
职业资格总人数									

注：判断矩阵一致性为0.0865。

表7-11　农村职业教育支出水平财的维度各指标判断矩阵及一致性

维度	财政性教育经费	事业收入	学杂费	社会捐赠	国家财政性教育经费占国民生产总值比例	公共财政教育支出占公共支出比例	生均公共财政预算公用经费	公共财政教育支出	生均公共财政预算教育经费	其他教育经费
财政性教育经费	—	1/5	3	3	1	1	1/3	1/3	1/3	3
事业收入	—	—	3	3	1	1	1	1	1	3
学杂费	—	—	—	1	1/3	1/3	1/3	1/3	1/5	1
社会捐赠					1/3	1/3	1/3	1/3	1/5	1

续表

维度	财政性教育经费	事业收入	学杂费	社会捐赠	国家财政性教育经费占国民生产总值比例	公共财政教育支出占公共支出比例	生均公共财政预算公用经费	公共财政教育支出	生均公共财政预算教育经费	其他教育经费
国家财政性教育经费占国民生产总值比例	—	—	—	—	—	1/3	1/5	1	1/5	3
公共财政教育支出占公共支出比例	—	—	—	—	—	—	1/5	3	1/5	5
生均公共财政预算公用经费	—	—	—	—	—	—	—	5	1/3	7
公共财政教育支出	—	—	—	—	—	—	—	—	1/7	5
生均公共财政预算教育学费	—	—	—	—	—	—	—	—	—	9
其他教育经费	—	—	—	—	—	—	—	—	—	—

注：判断矩阵一致性为 0.0796。

表 7-12　农村职业教育支出水平物的维度各指标判断矩阵及一致性

维度	教育及辅助用房	生活用房	学校数
教育及辅助用房	—	1	1/2
生活用房	—	—	1/3
学校数	—	—	—

注：判断矩阵一致性为 0.0176。

最后用加权求和的方法，计算出各层子指标对财政教育绩效的组合权重，进而计算出农村职业财政教育绩效的综合评价值（见表 7-13）。

表 7-13　财政性农村职业教育支出水平测度指标体系权重

目标层	准则层	方案层	权重
农村职业教育财政绩效	人的维度	教工人数（万人）	0.0203
		专任教师数（万人）	0.0245
		招生人数（万人）	0.1279
		在校生人数（万人）	0.0726
		毕业生人数（万人）	0.1199
		生师比（%）	0.0877
		每10万人口各级学校平均在校生数（人）	0.0163
		就业率（%）	0.0565
		职业资格总人数（万人）	0.0229
	财的维度	财政性教育经费（万元）	0.0145
		事业收入（万元）	0.0214
		学杂费（万元）	0.0070
		社会捐赠（万元）	0.0070
		其他教育经费（万元）	0.0054
		公共财政教育支出（亿元）	0.0175
		生均公共财政预算教育学费（元）	0.0603
		生均公共财政预算公用经费（元）	0.0422
		公共财政教育支出占公共支出比例（%）	0.0210
		国家财政性教育经费占国内生产总值比例（%）	0.0144
	物的维度	学校数（所）	0.0137
		教学及辅助用房（平方米）	0.0710
		生活用房（平方米）	0.1563

（2）实证测度结果。

对我国 31 省（区市）财政性农村职业教育支出水平具体指标进行标准化，利用获取的指标权重，进行我国 31 省（区市）际财政性农村职业教育支出水平综合测度，获得测度结果（见表 7-14）。

第7章 新型城镇化水平与财政教育支出水平实证测度

表7-14 财政性农村职业教育支出水平测度结果

省份	2000	2001	2002	2003	2004	2005	2006	2007	2008	2009	2010	2011	2012	2013	2014	2015
北京	0.0695	0.0896	0.1499	-0.1009	-0.1905	-0.7064	-0.7527	-0.7140	-0.7265	-0.6727	-0.5998	-0.5347	-0.4624	-0.3886	-0.3637	-0.3457
天津	-0.0240	-0.0117	0.0595	-0.2068	-0.2846	-0.9458	-0.9279	-0.9242	-0.9590	-0.9822	-0.9424	-0.8824	-0.7086	-0.6318	-0.6023	-0.5855
河北	-0.0217	-0.0136	0.0775	0.1512	0.1635	0.5516	0.7534	1.0137	1.2774	1.3449	1.3344	1.1678	1.0276	0.7613	0.8661	0.7243
山西	-0.0403	-0.0292	0.0569	-0.1147	-0.1723	-0.5071	-0.3597	-0.1611	-0.0641	0.0089	0.1553	0.0884	0.0019	-0.0440	-0.0678	-0.0538
内蒙古	-0.0753	-0.0671	0.0167	-0.2163	-0.3363	-0.8553	-0.8201	-0.7030	-0.6769	-0.5366	-0.4677	-0.5178	-0.4251	-0.4831	-0.4915	-0.4626
辽宁	-0.0558	-0.0487	0.0283	-0.0574	-0.1224	-0.3711	-0.3180	-0.2172	-0.1699	-0.1591	-0.1584	-0.1150	-0.1742	-0.1997	-0.2491	-0.2314
吉林	-0.0570	-0.0468	0.0303	-0.1720	-0.2873	-0.8133	-0.6399	-0.5949	-0.5490	-0.4370	-0.5027	-0.5091	-0.4504	-0.4384	-0.5603	-0.4886
黑龙江	-0.0653	-0.0469	0.0183	-0.1145	-0.3101	-0.7200	-0.6336	-0.5686	-0.5029	-0.3943	-0.4585	-0.4545	-0.3250	-0.3969	-0.3720	-0.4289
上海	-0.0247	-0.0202	0.0393	-0.1511	-0.0643	-0.6965	-0.7141	-0.6223	-0.6603	-0.6857	-0.7230	-0.6737	-0.5567	-0.4340	-0.4325	-0.4025
江苏	-0.0236	-0.0055	0.0804	0.1702	0.1304	0.6429	0.8683	1.0297	1.1556	1.1990	1.2133	1.2376	0.9491	1.0222	0.9091	0.8999
浙江	-0.0605	-0.0373	0.0349	0.1200	0.2386	0.4747	0.4696	0.5263	0.5740	0.5193	0.6001	0.7212	0.5499	0.5385	0.5425	0.5660
安徽	-0.1064	-0.0981	-0.0131	-0.0279	0.2348	0.3499	0.5852	0.7349	0.9056	0.7367	0.9466	1.0350	0.9073	0.9477	0.8830	0.8594
福建	-0.0982	-0.0911	-0.0184	-0.0801	0.4156	-0.2164	-0.1271	-0.1015	-0.0534	0.0421	0.0623	0.1458	0.1553	0.0091	-0.0195	-0.0120
江西	-0.1271	-0.1165	-0.0476	-0.1378	-0.1026	-0.0856	0.0831	0.1946	0.2081	0.3144	0.3038	0.3596	0.1367	0.0507	-0.0298	-0.0317
山东	-0.0846	-0.0705	-0.0093	0.2727	0.2369	0.9246	1.1057	1.3862	1.5434	1.5334	1.6481	1.7192	1.4684	1.3807	1.2708	1.2107
河南	-0.1175	-0.1105	-0.0367	0.2105	0.1986	0.9031	1.1541	1.6316	1.9634	2.2740	2.4007	2.3647	1.9912	1.7274	1.4967	1.4179
湖北	-0.1240	-0.1165	-0.0462	-0.0879	-0.0829	-0.0087	0.3575	0.7004	0.8901	0.8635	0.8286	0.5195	0.2142	0.0558	-0.0139	-0.0191

141

续表

省份	2000	2001	2002	2003	2004	2005	2006	2007	2008	2009	2010	2011	2012	2013	2014	2015
湖南	-0.1370	-0.1307	-0.0647	0.1067	0.0943	0.3256	0.4396	0.7190	0.7434	0.8516	0.7257	0.6679	0.6101	0.5218	0.4389	0.4553
广东	-0.0694	-0.0619	0.0030	0.3675	0.3302	0.5917	0.7394	1.0708	1.3113	1.7677	2.3695	2.2899	1.8984	2.0647	2.0045	1.9242
广西	-0.1618	-0.1511	-0.0929	-0.0791	-0.1411	-0.3316	-0.1608	-0.0263	0.1063	0.1937	0.4618	0.4620	0.4612	0.5226	0.4395	0.4555
海南	-0.1742	-0.1647	-0.1299	-0.3733	-0.6511	-1.2255	-1.1850	-0.9612	-1.0257	-0.8770	-0.8893	-0.8839	-0.8043	-0.7721	-0.7580	-0.7121
重庆	-0.1820	-0.1749	-0.1203	-0.2201	-0.2148	-0.5143	-0.3931	-0.2653	-0.2793	-0.1512	-0.2049	-0.2223	-0.3273	-0.3253	-0.2910	-0.2671
四川	-0.1690	-0.1547	-0.0946	-0.0049	-0.0059	0.3601	0.7631	0.8107	1.1367	1.3677	1.4893	1.5154	1.3430	1.4810	1.4942	1.3611
贵州	-0.1965	-0.1890	-0.1300	-0.2909	-0.5129	-0.7704	-0.4456	-0.2853	-0.2314	-0.1928	-0.2039	-0.2198	-0.2818	-0.0570	-0.0300	0.0455
云南	-0.1807	-0.1726	-0.1294	-0.1520	-0.3227	-0.5648	-0.4842	-0.3536	-0.2221	-0.0566	0.2335	0.1398	0.0539	0.1665	0.0400	0.1023
西藏	-0.1637	-0.1618	-0.1490	-0.4041	-0.4069	-1.0004	-1.0418	-1.0461	-1.1243	-1.0837	-1.0788	-1.0285	-1.0062	-0.8890	-0.7289	-0.6045
陕西	-0.2146	-0.1973	-0.1516	-0.1441	-0.1470	-0.2464	-0.1392	0.0916	0.1924	0.2716	0.3324	0.3867	0.1582	0.1012	-0.0230	-0.1345
甘肃	-0.2200	-0.2108	-0.1714	-0.2609	-0.5175	-0.8758	-0.7432	-0.5601	-0.4279	-0.3767	-0.3194	-0.4805	-0.3478	-0.3401	-0.3646	-0.3353
青海	-0.2448	-0.2272	-0.1969	-0.4375	-0.6819	-1.1718	-0.9859	-0.9449	-0.4480	-1.1889	-0.0067	-1.1905	-0.9172	-0.9297	-0.8959	-0.8796
宁夏	-0.2484	-0.2383	-0.2059	-0.4387	-0.5658	-1.0639	-1.0490	-0.8839	-0.8208	-0.8460	-0.8447	-0.9160	-0.9200	-0.8654	-0.8664	-0.8584
新疆	-0.2384	-0.2157	-0.1981	-0.3315	-0.6553	-1.0575	-1.0807	-0.8866	-0.7995	-0.6188	-0.5222	-0.3856	-0.4617	-0.4093	-0.4149	-0.4012

年份

①总体趋势上逐年提高。

我国31省（区市）财政性农村职业教育支出水平在逐年提高，如图7-5所示。近年来，我国农村职业教育日趋呈现"以财政投入为主的多渠道职业教育经费投入"格局，各级政府财政对农村职业教育支出的相对比重逐年增大。农村职业教育的发展，客观上对财政支出水平提出了要求，从某种程度上也促进了其财政绩效的提高。

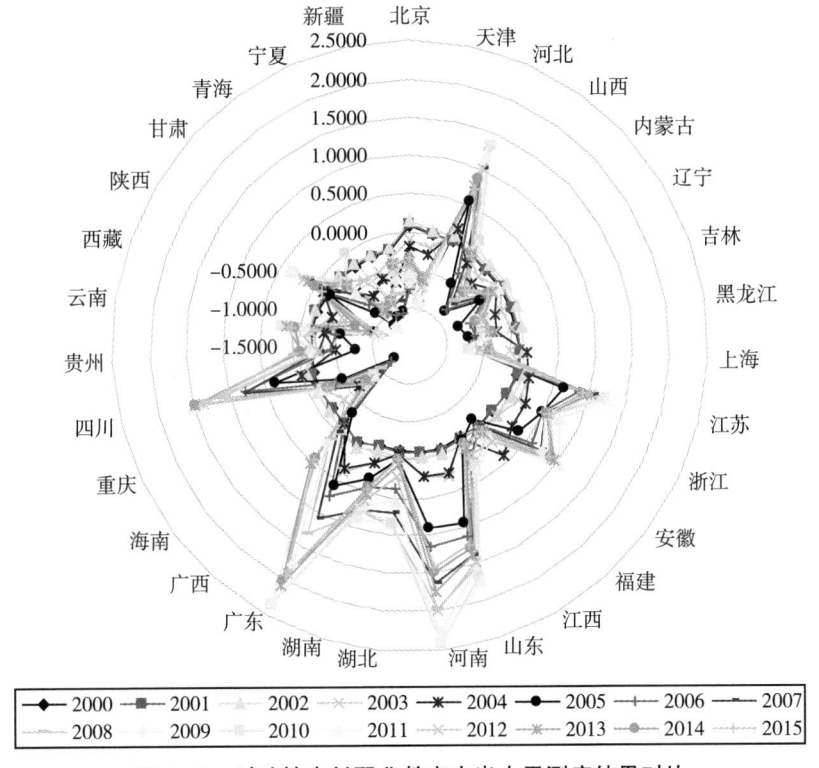

图7-5　财政性农村职业教育支出水平测度结果对比

②各省份之间存在较大差异。

我国31省（区市）财政性农村职业教育支出水平存在较大差异，且存在动态变化。2000年，财政性农村职业教育支出水平最高的3个省份分别是北京、河北和江苏，最低的3个省份分别是宁夏、青海和新疆，如图7-6

所示。2005 年,财政性农村职业教育支出水平最高的 3 个省份分别是山东、河南和江苏,最低的 3 个省份分别是海南、青海和宁夏,如图 7-7 所示。2010 年,财政性农村职业教育支出水平最高的 3 个省份分别是河南、广东和山东,最低的 3 个省份分别是西藏、天津和海南,如图 7-8 所示。2015 年,财政性农村职业教育支出水平最高的 3 个省份分别是广东、河南和四川,最低的 3 个省份分别是青海、宁夏和海南,如图 7-9 所示。

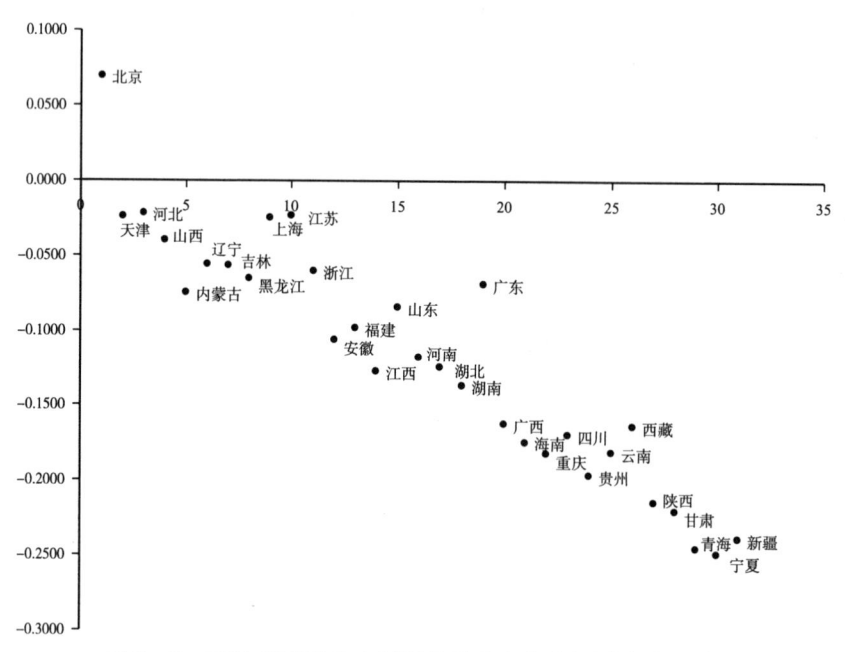

图 7-6 2000 年财政性农村职业教育支出水平测度结果对比

7.2.5 财政性高等教育支出水平测度

(1) 指标体系构建。

本书在借鉴前人研究成果的基础上,结合财政性高等教育支出水平的

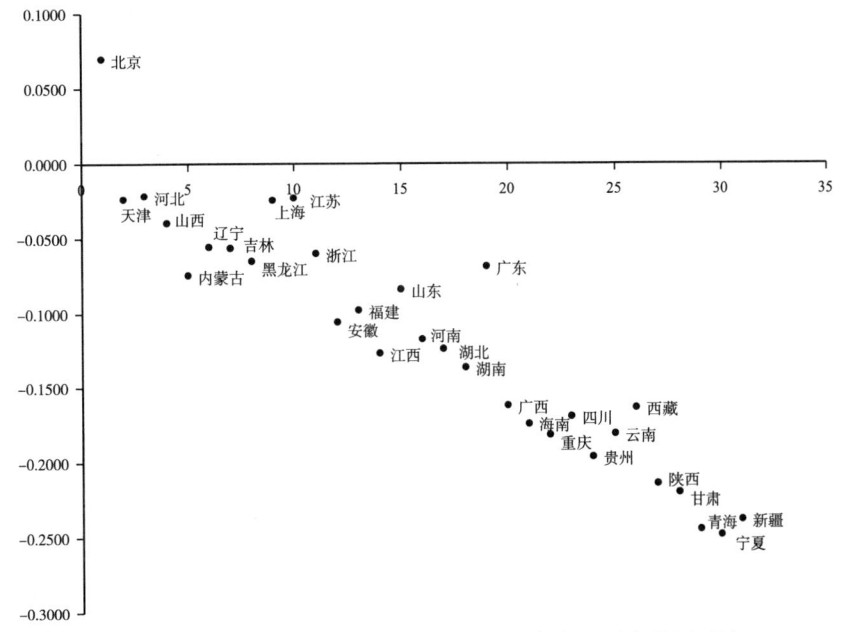

图7-7 2005年财政性农村职业教育支出水平测度结果对比

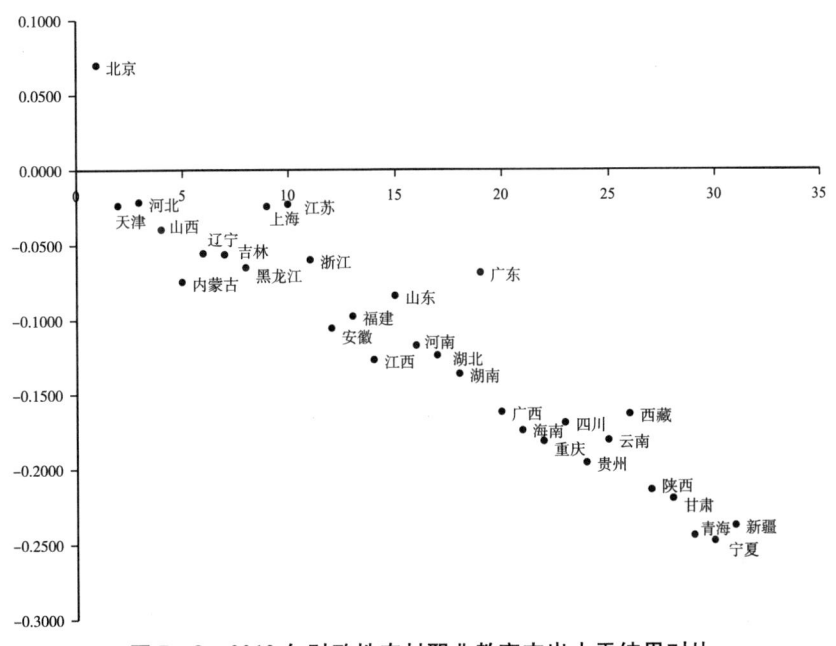

图7-8 2010年财政性农村职业教育支出水平结果对比

特点，分别从人、财、物3个维度构建财政教育支出水平的指标体系，具体包括23个具体子指标（见表7－15）。

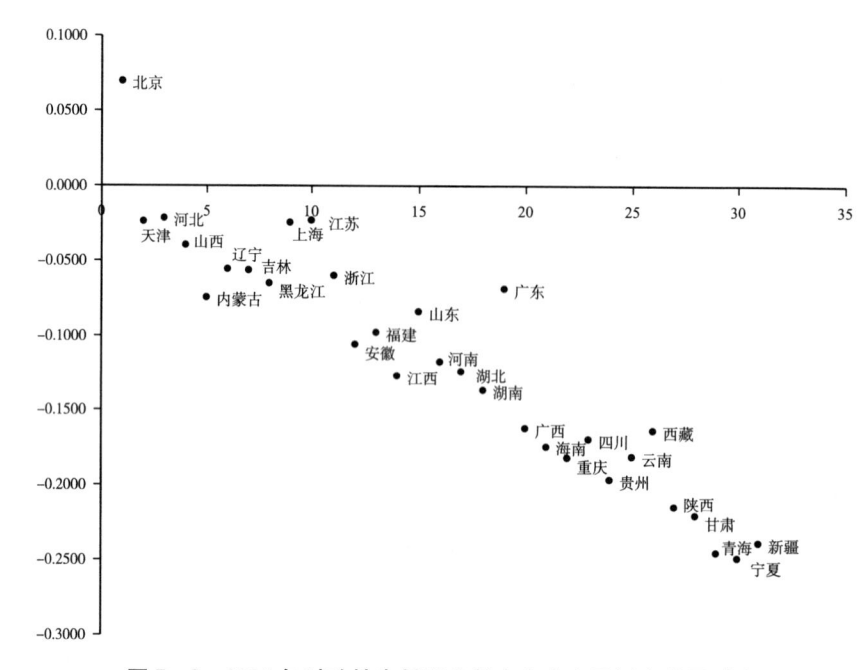

图7－9 2015年财政性农村职业教育支出水平测度结果对比

①人的维度。

在人的维度方面，本书选择了教工人数、专任教师数、招生人数、在校生人数、毕业生人数、生师比、每十万人口各级学校平均在校生数，指标具体阐释同前。

②财的维度。

在财的维度方面，本书选择了财政性教育经费、事业收入、学杂费、社会捐赠、公共财政教育支出、生均公共财政预算教育学费、生均公共财政预算公用经费、公共财政教育支出占公共支出比例、国家财政性教育经费占国内生产总值比例，指标具体阐释同前。

③物的维度。

学校数。学校数是指按照国家规定的设置标准和审批程序批准举办的学校数量。本书中仅指普通高等学校数量。普通高等学校指通过国家普通高等教育招生考试，招收高中毕业生为主要培养对象全日制的普通本科教育。

学校占地面积。学校占地面积包括学校产权校舍建筑面积、正在施工校舍建筑面积、非学校产权中独立使用建筑面积，不含民办的其他高等教育机构数据。生均学校占地面积是指每名学生拥有的学校占地面积。

教学、科研仪器设备。教学、科研仪器设备是用以评价资产情况（非学校产权中独立使用）的指标之一，具体指教学、科研仪器设备的固定资产值。生均教学、科研仪器设备是指每名学生拥有的教学、科研仪器设备的固定资产值。

体育运动场面积。本市运动场面积是用以评价资产情况（非学校产权中独立使用）的指标之一，具体指运动场地的占地面积。生均体育运动场面积是指每名学生拥有的体育运动场面积。

一般图书。一般图书是用以评价资产情况（非学校产权中独立使用）的指标之一，具体指图书数量。生均图书数量是指每名学生拥有图书的数量。

拥有教学用计算机。拥有教学用计算机是用以评价资产情况（非学校产权中独立使用）的指标之一，具体指教学用计算机数量。生均计算机数量是指每名学生拥有的计算机数量。

语音实验室和多媒体教室座位数。语音实验室和多媒体教室座位数是用以衡量教育质量的基本指标之一，包括语音实验室个数、多媒体教室座位数。生均语音实验室和多媒体教室座位数是指每名学生拥有的语音实验室和多媒体教室座位数。

表 7 – 15　　　　财政性高等教育支出水平测度指标体系

目标层	准则层	方案层
财政性高等教育支出水平	人的维度	教工人数（万人）
		专任教师数（万人）
		招生人数（万人）
		在校生人数（万人）
		毕业生人数（万人）
		生师比（%）
		每10万人口各级学校平均在校生数（人）
	财的维度	财政性教育经费（万元）
		事业收入（万元）
		学杂费（万元）
		社会捐款（万元）
		公共财政教育支出（亿元）
		生均公共财政预算教育学费（元）
		生均公共财政预算公用经费（元）
		公共财政教育支出占公共支出比例（%）
		国家财政性教育经费占国内生产总值比例（%）
	物的维度	学校数（所）
		学校占地面积（平方米）
		教学、科研仪器设备（万元）
		体育运动场面积（平方米）
		一般图书（万册）
		拥有教学用计算机（台）
		语音实验室和多媒体教室座位数（个）

同样，利用层次分析法计算出各层子指标对于财政性高等教育支出水平测度的指标组合权重，进而计算出财政教育支出水平综合测度值（见表 7 – 16）。

表 7-16　　　　财政性高等教育支出水平测度指标体系权重

目标层	准则层	权重	方案层	权重
财政性高等教育支出水平	人的维度	0.5499	教工人数（万人）	0.0236
			专任教师数（万人）	0.0265
			招生人数（万人）	0.1082
			在校生人数（万人）	0.0227
			毕业生人数（万人）	0.0638
			生师比（%）	0.2046
			每10万人口各级学校平均在校生数（人）	0.1005
	财的维度	0.2098	财政性教育经费（万元）	0.0061
			事业收入（万元）	0.0118
			学杂费（万元）	0.0056
			社会捐赠（万元）	0.0049
			公共财政教育支出（亿元）	0.0144
			生均公共财政预算教育学费（元）	0.0752
			生均公共财政预算公用经费（元）	0.0275
			公共财政教育支出占公共支出比例（%）	0.0275
			国家财政性教育经费占国内生产总值比例（%）	0.0132
	物的维度	0.2402	学校数（所）	0.0108
			学校占地面积（平方米）	0.0162
			教学、科研仪器设备（万元）	0.0249
			体育运动场面积（平方米）	0.0075
			一般图书（万册）	0.0576
			拥有教学用计算机（台）	0.0851
			语音实验室和多媒体教室座位数（个）	0.038

（2）实证测度结果。

对我国 31 省（区市）财政性高等教育支出水平测度的具体指标进行标准化，利用获取的指标权重，进行我国 31 省（区市）财政性高等财政教育支出水平综合测度（见表 7-17）。

表7-17　财政性高等教育支出水平测度结果

省份	2000	2001	2002	2003	2004	2005	2006	2007	2008	2009	2010	2011	2012	2013	2014	2015
北京	0.5193	0.5547	0.5454	0.4153	0.6085	0.6244	0.2862	0.2782	0.9529	0.9822	1.0669	1.1718	1.5209	1.5432	1.7098	1.7202
天津	0.3568	0.3665	0.4072	-0.0062	0.0304	-0.0914	-0.5465	-0.4858	-0.2195	-0.1853	-0.0996	0.0927	0.3119	0.3906	0.3652	0.3401
河北	0.3224	0.3278	0.4179	0.0930	0.3207	0.1950	0.3719	0.3318	0.3471	0.4016	0.5246	0.6211	0.6426	0.6342	0.6726	0.7472
山西	0.2624	0.2758	0.3485	-0.0840	-0.4083	-0.4528	-0.4322	-0.1494	-0.6027	-0.4527	-0.4235	-0.1983	0.0327	0.1065	0.1524	0.2164
内蒙古	0.2055	0.2074	0.2904	-0.1921	-0.2268	-0.5934	-0.7227	-0.4562	-0.7117	-0.5232	-0.3782	-0.1851	-0.3139	-0.2487	-0.2034	-0.1771
辽宁	0.2349	0.2403	0.3182	0.0499	-0.0479	0.1678	0.2981	-0.0255	0.2787	0.2914	0.3892	0.5387	0.6464	0.6655	0.7050	0.7352
吉林	0.1805	0.1800	0.2545	-0.1176	-0.1404	-0.2604	-0.2164	0.0625	-0.0607	0.0257	0.0714	0.1818	0.2318	0.2204	0.2479	0.3560
黑龙江	0.1362	0.1488	0.2228	-0.0692	-0.0007	-0.1209	0.1439	-0.0317	0.1045	0.0189	-0.0041	0.0441	0.3024	0.2872	0.3346	0.3708
上海	0.2243	0.2221	0.2115	-0.0083	0.1269	-0.0137	0.0337	-0.2740	0.1772	0.2264	0.3525	0.4102	0.4931	0.5212	0.4905	0.5251
江苏	0.1623	0.1678	0.2494	0.1814	0.5205	0.3934	0.5415	0.8279	1.0196	1.1594	1.4285	1.5333	1.6963	1.7038	1.7577	1.8619
浙江	0.0638	0.0986	0.1434	-0.0578	0.0146	0.1434	0.4075	0.7749	0.3929	0.3764	0.4547	0.5614	0.6049	0.6574	0.7442	0.8037
安徽	-0.0161	-0.0072	0.0731	-0.2109	0.1651	0.0117	0.0111	0.1992	-0.3939	0.2052	0.3893	0.4082	0.3167	0.3629	0.4264	0.5192
福建	-0.0467	-0.0412	0.0207	-0.2904	-0.2349	-0.2175	-0.1964	-0.1440	-0.1178	0.0611	-0.0642	-0.1284	0.1787	0.2142	0.2872	0.3494
江西	-0.1022	-0.0921	-0.0182	-0.2879	-0.2467	-0.2579	-0.2559	-0.1576	0.0459	0.1831	-0.0287	0.3555	0.3157	0.2987	0.3631	0.4203
山东	-0.0571	-0.0481	-0.0200	-0.0701	-0.0358	0.1745	0.2787	0.5098	1.0765	0.7969	1.1331	1.3783	1.2818	1.2695	1.3329	1.4408
河南	-0.1270	-0.1259	-0.0464	-0.2150	0.0994	0.1369	0.2785	0.4603	0.3958	0.6523	0.7458	0.9046	0.9257	1.0054	1.1138	1.2266
湖北	-0.1419	-0.1293	-0.0511	-0.1381	0.0904	0.2900	0.2767	0.3795	0.7322	0.6905	0.9557	1.0292	0.9681	0.9568	0.9845	1.0781

第7章 新型城镇化水平与财政教育支出水平实证测度

续表

省份	2000	2001	2002	2003	2004	2005	2006	2007	2008	2009	2010	2011	2012	2013	2014	2015
湖南	-0.2108	-0.1995	-0.1234	-0.2814	0.0617	0.0735	0.1433	0.1907	0.2060	0.3902	0.5705	0.6998	0.4692	0.5076	0.5470	0.5727
广东	-0.1626	-0.1385	-0.1040	-0.0926	0.4522	0.6535	0.7945	0.9096	0.8296	1.1586	1.2727	1.1566	1.1536	1.2948	1.4420	1.5776
广西	-0.3039	-0.2928	-0.2362	-0.4899	-0.3420	-0.5408	-0.5071	-0.4840	-0.4277	-0.4863	-0.2921	-0.4525	-0.1755	-0.0898	-0.0319	0.0991
海南	-0.3286	-0.3198	-0.3118	-0.6379	-0.1991	-0.5107	-0.4339	-0.2563	-0.9678	-0.4945	-0.3753	-0.3789	-0.6876	-0.6116	-0.6010	-0.5431
重庆	-0.3539	-0.3539	-0.3090	-0.5261	-0.2786	-0.3543	-0.3246	-0.2773	-0.1093	-0.0684	0.1977	0.1467	-0.0298	-0.0049	0.0726	0.1332
四川	-0.3798	-0.3680	-0.2919	-0.3904	0.0086	0.0886	0.1678	0.3733	0.3513	0.5332	0.9335	0.9093	0.5980	0.6478	0.7268	0.8711
贵州	-0.4526	-0.4579	-0.3778	-0.6334	-0.5645	-0.7572	-0.7693	-0.7882	-0.9297	-0.6573	-0.4488	-0.7295	-0.5193	-0.3801	-0.3338	-0.2270
云南	-0.4270	-0.4228	-0.4084	-0.6060	-0.2962	-0.4712	-0.5600	-0.6163	-0.6344	-0.2602	-0.1933	0.0560	-0.1942	-0.2139	-0.2101	-0.0994
西藏	-0.4184	-0.4093	-0.4641	-0.6464	-1.3101	-1.6221	-1.2397	-1.0169	-1.0335	-1.3310	-1.6158	-1.8817	-0.9123	-0.7721	-0.7734	-0.6119
陕西	-0.4971	-0.4894	-0.4404	-0.4829	-0.2294	-0.2396	-0.2051	-0.1262	0.1480	0.2142	0.4633	0.7101	0.6219	0.6352	0.6571	0.7092
甘肃	-0.5639	-0.5668	-0.5261	-0.7119	-0.1702	-0.2670	-0.3415	-0.4080	-0.3532	-0.3868	-0.0692	-0.6327	-0.4498	-0.4054	-0.3646	-0.2873
青海	-0.6294	-0.6233	-0.5892	-0.8227	-1.5745	-1.8691	-2.0091	-1.7649	-1.7968	-1.9084	-1.7890	-2.2841	-0.9638	-0.9956	-0.9886	-0.9212
宁夏	-0.6456	-0.6356	-0.6250	-0.8451	-0.7503	-1.1204	-1.0921	-1.0754	-1.1541	-1.0309	-1.5627	-1.0514	-0.7984	-0.7720	-0.7531	-0.6357
新疆	-0.7059	-0.6920	-0.6325	-0.8223	-0.9806	-1.0213	-1.0118	-0.9109	-0.7435	-0.7558	-0.7681	-0.9535	-0.6733	-0.5887	-0.5751	-0.4991

①在总体趋势上逐年提高。

我国绝大多数省（区市）财政性高等教育支出水平在逐年提高，如图7-10所示。随着知识社会的到来，高等学校表现出来的社会经济功能日益突出，我国高等学校开始从精英教育阶段进入大众普及化教育阶段。大学作为高等学校的载体，其建设正经历着一个飞速发展的过程，尤其是最近10年来，通过政策导向和财政支持，我国高等学校办学规模不断扩大，办学条件有了较大改善，办学层次得到不断提升。

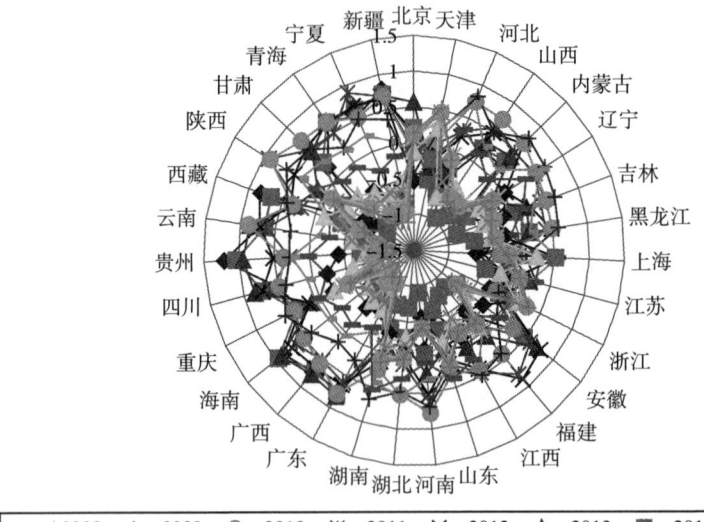

图7-10 财政性高等教育支出水平测度结果对比

②31省份之间存在较大差异。

我国31省（区市）财政性高等教育支出水平存在较大差异，且存在动态变化，如图7-6所示。2000年，财政性高等教育支出水平最高的3个省份分别是北京、天津和河北，最低的3个省份分别是新疆、宁夏和青海，如图7-7所示。2005年，财政性高等教育支出水平最高的3个省份分别是广东、北京和江苏，最低的3个省份分别是青海、西藏和宁夏，如

图 7-8 所示。2010 年，财政性高等教育支出水平最高的 3 个省份分别是江苏、广东和山东，最低的 3 个省份分别是青海、西藏和宁夏，如图 7-9 所示。2015 年，财政性高等教育支出水平最高的 3 个省份分别是江苏、北京和广东，最低的 3 个省份分别是青海、宁夏和西藏，如图 7-11 所示。

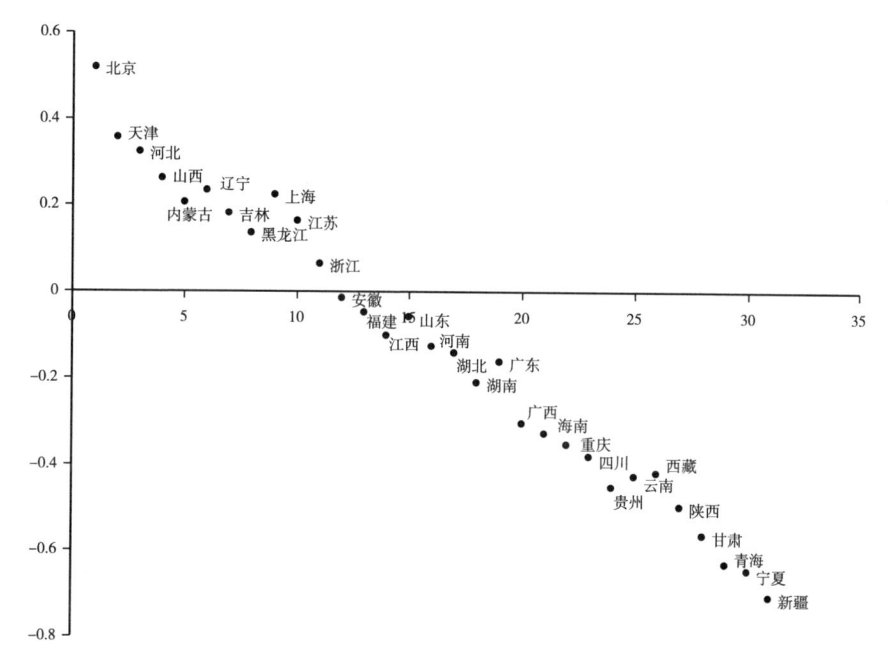

图 7-11　2000 年财政性高等教育支出水平测度结果

7.3　小结

本章为实证检验。通过构建包括人口发展质量、经济发展质量、社会发展质量、环境资源质量 4 个维度共计 22 个具体指标的新型城镇化水平综合指标体系，利用主成分分析法对我国 31 省际新型城镇化水平进行测度，认为：①我国 31 省（区市）的新型城镇化水平均得到一定程度的发展，基本呈现出逐渐上升的趋势；②存在明显的空间格局；③我国 31 省（区市）新型城镇化发展水平存在较大差异（见图 7-12 至图 7-14）。

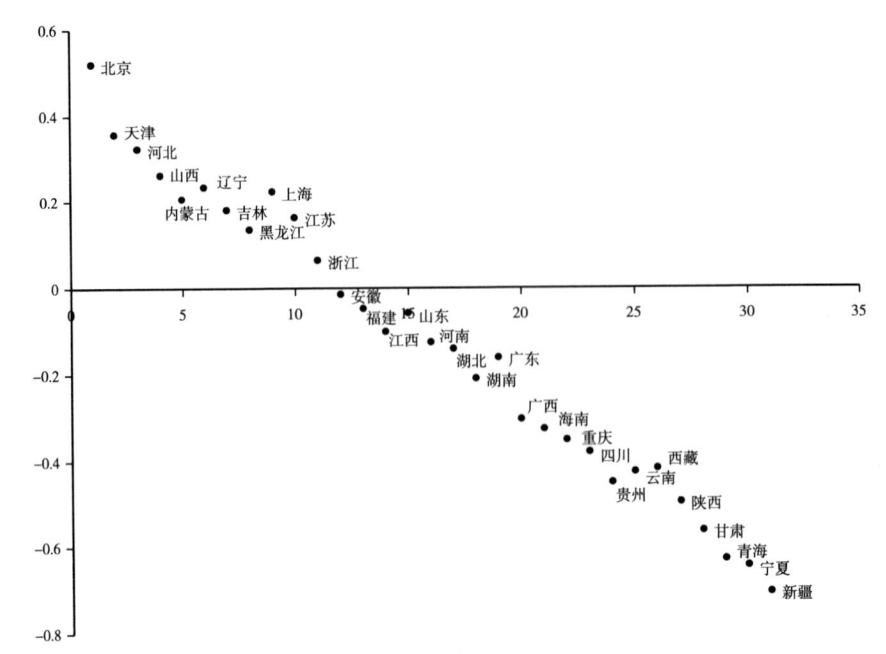

图 7-12 2005 年财政性高等教育支出水平测度结果

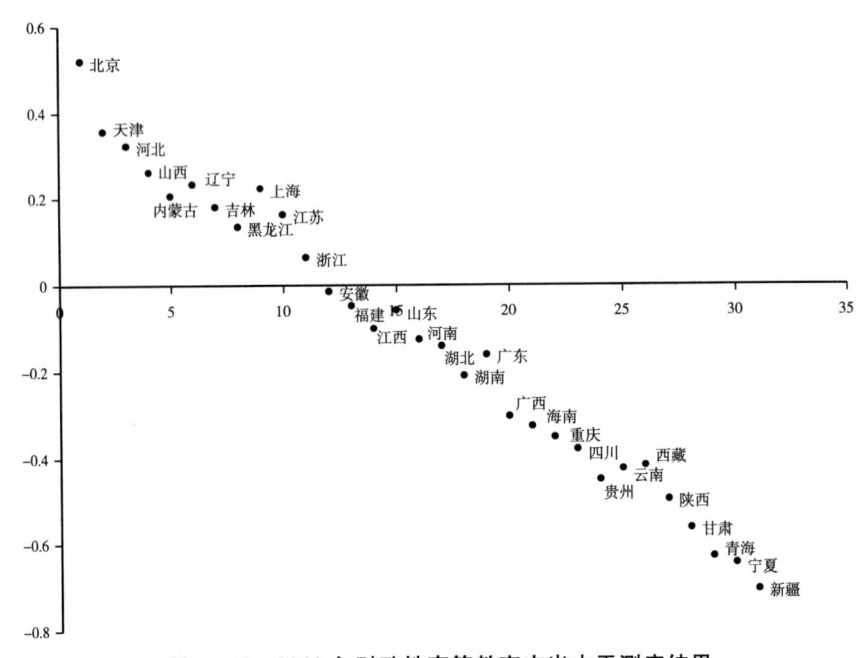

图 7-13 2010 年财政性高等教育支出水平测度结果

图 7-14　2015 年财政性高等教育支出水平测度结果

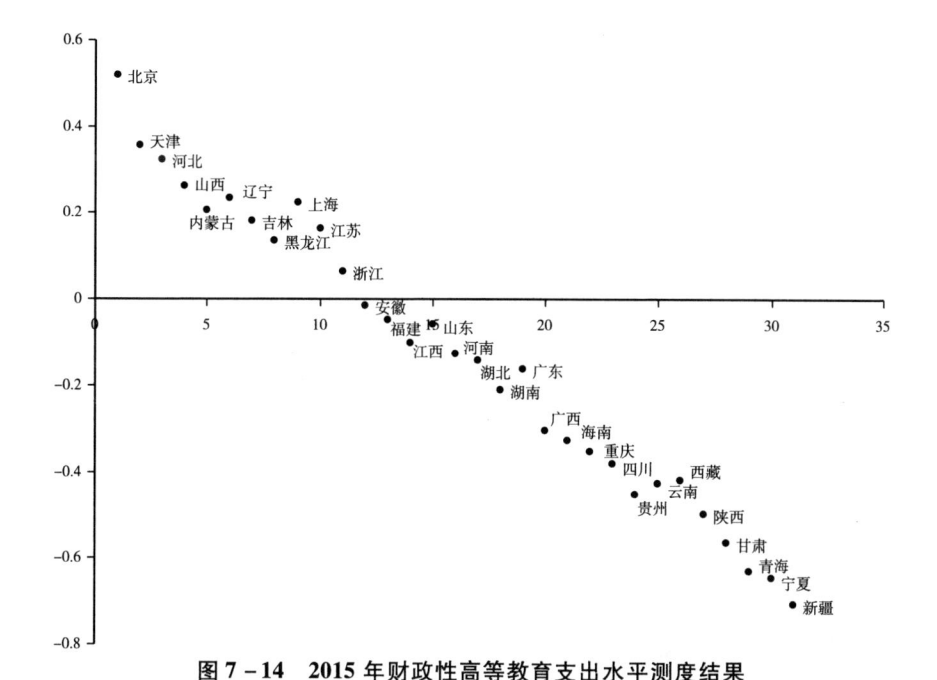

通过构建财政性农村职业教育支出水平和财政性高等教育支出水平测度的指标体系，并运用层次分析法确定指标权重，对我国 31 省（区市）之间财政教育支出水平进行综合测度。农村职业教育支出水平和财政性高等教育支出水平存在一定差异，呈现出各自特点，并且测度结果均得出：①我国财政教育支出水平在绝大多数省份逐年提高；②我国 31 省（区市）之间财政教育支出水平存在较大差异。

第8章

财政教育支出水平与新型城镇化水平耦合程度分析

8.1 耦合模型构建

前述及财政教育支出水平的测度，其实质就是财政教育支出绩效的评估，而这种绩效评估并没有考虑到新型城镇化的背景因素。本章将把新型城镇化水平融入财政教育支出的绩效评估，通过财政教育支出水平与新型城镇化水平的耦合程度（即耦合效应）来评估财政教育支出的水平，并进一步分析影响二者耦合效应的相关因素。

基于此，我们构建耦合度模型，对耦合效应进行测度。耦合协调度模型可以更好地反映每个区域的动态特征，特别是多区域同时对比研究，可以更好地评判财政教育支出水平和新型城镇化水平之间协调发展的程度。

耦合测度模型为

$$\begin{cases} C = \{f(X)g(Y)/(f(X)+g(Y))/2\}^k \\ T = a \times f(X) + b \times g(Y) \\ D = \sqrt{C+T} \end{cases}$$

其中，$C(0 \leqslant C \leqslant 1)$ 为耦合协调度；T 为财政教育支出水平和新型城镇化水平的耦合协调指数，反映二者的整体发展水平对协调度的贡献；$D(0 \leq D \leq 1)$为耦合发展度；$f(X)$为财政教育支出水平综合评价函数；$g(Y)$为新型城镇化水平综合评价函数；$k \geq 2$为调节系数；a、$b(a+b=1)$为指标权重。本耦合分析将财政教育支出水平与新型城镇化水平视为同等重要，故a和b均取值0.5。

根据耦合测度模型可知，耦合程度由协调度和发展度共同决定，不同的协调度和发展度组合体现出不同的耦合状态（王薇，2016）。只有综合考虑二者水平，才能科学判断耦合程度。协调度C分为高协调度和低协调度，发展度D分为高发展度和低发展度，不同的协调度和发展度组合状态衡量不同的耦合程度。其中，$0<D \leq 0.5$时，为低度协调；$0.5<D \leq 1$时，为高度协调。

进一步对C和D的关系进行讨论，$0<C \leq 0.5$，且$0<D \leq 0.5$时，为低水平耦合；$0<C \leq 0.5$，且$0.5<D \leq 1$时，系统相悖；$0.5<C \leq 1$，且$0<D \leq 0.5$时，虚假耦合；$0.5<C \leq 1$，且$0.5<D \leq 1$时，为协同耦合状态，如图8-1所示。

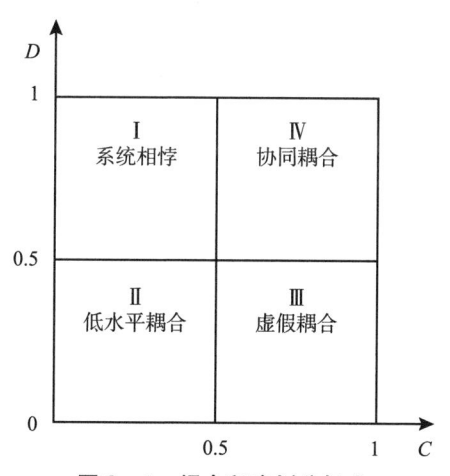

图8-1 耦合程度划分标准

8.2 财政性农村职业教育支出水平与新型城镇化水平耦合

8.2.1 耦合程度测算

(1) 耦合协调度测算。

根据前面获得的农村职业财政教育绩效和新型城镇化水平测量结果，利用耦合协调度公式测算农村职业财政教育绩效与新型城镇化水平耦合协调度，获得测算结果（见表8-1）。

(2) 耦合发展度测算。

根据第7章获得的财政性农村职业教育支出水平和新型城镇化水平测量结果，运用耦合发展度公式测算财政性农村职业教育支出水平与新型城镇化水平耦合发展度，获得测算结果（见表8-2）。

(3) 耦合程度测算。

根据前面计算获得的耦合协调度与耦合发展度测量结果，利用耦合程度公式测算财政性农村职业教育支出水平与新型城镇化水平耦合程度，获得测算结果（见表8-3）。其中，系统相悖状态的省份占23.98%，低水平耦合状态的省份占16.33%，虚假耦合状态的省份占23.47%，协同耦合状态的省份占36.22%。

从耦合关系的已有数据看，2000—2005年，我国绝大多数省份财政性农村职业教育支出水平与新型城镇化水平耦合关系为低水平耦合和协同耦合关系。江苏、辽宁、山东、上海、浙江等省份出现过系统相悖情形。甘肃、广西、贵州、湖南、吉林、内蒙古、宁夏、青海、陕西、新疆、云南等省份出现过虚假耦合情形，如图8-2所示。

第8章 财政教育支出水平与新型城镇化水平耦合程度分析

表8-1 财政性农村职业教育支出水平与新型城镇化水平耦合协调度

地区	2000	2001	2002	2003	2004	2005	2006	2007	2008	2009	2010	2011	2012	2013	2014	2015
北京	—	—	0.0248	0.0760	0.0227	0.1171	—	—	—	—	—	—	—	—	—	—
天津	0.0610	0.0150	0.7144	0.8397	0.8862	0.6406	0.4274	0.2587	0.0643	0.0049	0.2120	—	—	—	—	—
河北	0.2957	0.0469	—	—	—	—	0.1012	0.0688	0.1628	0.6344	0.7400	0.9258	0.9913	0.9179	0.9429	0.8850
山西	0.0503	0.0231	0.1216	0.2168	0.4086	0.9876	0.9746	0.7845	0.4747	0.0745	0.7093	0.7008	0.0006	0.2227	0.4766	0.2556
内蒙古	0.1363	0.0970	0.0078	0.4163	0.7033	0.9659	0.9205	0.8910	0.8241	0.7588	0.2173	—	—	—	—	—
辽宁	0.5665	0.3906	0.5699	0.4799	0.9999	0.0239	0.4196	—	—	—	—	—	—	—	—	—
吉林	0.1716	0.0715	0.0477	0.4108	0.7685	0.9206	0.9828	0.9564	0.9311	0.9008	0.3134	0.0359	—	—	—	—
黑龙江	0.2500	0.1209	0.0249	0.3383	0.9480	0.7989	0.9030	0.8831	0.7952	0.6092	—	—	—	—	—	—
上海	0.3040	0.3468	—	0.2208	—	0.0856	—	—	—	—	—	0.7989	—	—	—	—
江苏	0.2166	0.9925	0.1438	0.3362	0.9935	0.8605	0.8942	0.9527	0.9446	0.9944	0.9780	0.9464	0.7816	0.7345	0.6222	0.6384
浙江	0.9166	0.9188	—	0.4871	0.9981	0.9728	0.8749	1.0000	0.9998	0.9281	0.8192	0.8312	0.6231	0.5132	0.4601	0.4899
安徽	0.5838	0.3618	0.0106	0.0517	—	—	—	—	0.5839	0.0048	0.4353	0.6277	0.8532	0.9574	1.0000	0.9938
福建	0.4989	0.3575	0.0258	0.3178	0.8512	—	0.7270	0.9611	0.7891	0.6291	0.3890	0.5643	0.4428	0.0021	0.0080	0.0025
江西	0.2896	0.2262	0.0511	0.3087	0.3389	0.3326	—	—	—	—	0.2043	0.8652	0.7214	0.1256	0.0539	0.0470
山东	0.9175	0.5601	0.0233	—	0.1117	0.2924	0.7389	0.7364	0.7373	0.8890	0.9745	0.9907	0.9893	0.9349	0.8627	0.8244
河南	0.4233	0.2976	0.0499	—	—	—	0.4639	0.0015	0.0012	0.1349	0.3197	0.5012	0.7343	0.8880	0.9874	0.9941
湖北	0.7953	0.4447	0.0922	0.2583	0.3283	0.0129	—	0.3167	0.0025	0.2257	0.7650	0.9853	0.4440	0.0372	0.0020	0.0036

159

续表

地区	2000	2001	2002	2003	2004	2005	2006	2007	2008	2009	2010	2011	2012	2013	2014	2015
湖南	0.5072	0.3920	0.1268	—	—	—	—	—	—	0.0504	0.3623	0.8300	0.9771	0.9511	0.7795	0.7757
广东	—	—	0.0040	0.9438	0.8867	0.9019	0.9689	0.9988	1.0000	0.9929	0.9953	0.9994	0.9553	0.9427	0.8897	0.8940
广西	0.7738	0.5477	0.2451	0.0993	0.3797	0.9531	0.5328	0.0535	—	—	—	0.0179	0.4255	0.8555	0.9982	0.9916
海南	0.4256	0.3136	0.1970	0.6358	0.9920	0.8707	0.9232	0.9716	0.9372	0.9466	0.8846	0.7466	0.7243	0.3599	0.1402	0.0147
重庆	0.3761	0.2864	0.1659	0.4009	0.4438	0.9802	0.9074	0.8711	0.9779	0.9360	0.6123	—	—	—	—	—
四川	0.5884	0.3892	0.1773	0.0016	0.0054	—	—	0.1777	0.0000	0.1871	0.5167	0.6878	0.8925	0.9441	0.9751	0.9897
贵州	0.3636	0.2931	0.1719	0.4912	0.8458	0.9918	0.7948	0.5882	0.5381	0.4786	0.6426	0.8542	0.9835	0.0166	—	0.2215
云南	0.5097	0.4085	0.2698	0.3170	0.8124	0.9999	0.9510	0.9641	0.8310	0.2836	—	0.0008	0.9702	0.9580	0.1310	0.4288
西藏	0.3220	0.2431	0.1345	0.5431	0.5426	0.9841	0.9972	0.9788	0.9742	0.9610	0.9716	0.9829	0.9875	0.9877	0.9063	0.4173
陕西	0.5454	0.4420	0.2887	0.2853	0.3649	0.7059	0.4224	—	—	—	—	0.3765	0.9147	0.3776	0.0297	—
甘肃	0.3906	0.3147	0.2182	0.4426	0.8210	0.9973	0.9940	0.9432	0.8998	0.8857	0.8977	0.9932	0.9783	0.2708	0.2117	—
青海	0.4561	0.3945	0.3259	0.7376	0.9317	0.9804	0.9799	0.9695	0.9438	0.8028	0.0022	0.5872	0.6512	0.4365	0.1803	0.0121
宁夏	0.5127	0.3972	0.3000	0.7176	0.8245	0.9985	0.9648	0.9683	0.9437	0.8362	0.7370	0.5535	0.4284	0.0420	0.1080	—
新疆	0.6864	0.4709	0.4349	0.6991	0.9743	0.9653	0.8828	0.9021	0.8961	0.8956	0.8664	0.6976	0.2632	—	—	—

注：因原始数据缺失，使得部分耦合协调度未求得实证结果，在文中用"—"标注。

第8章 财政教育支出水平与新型城镇化水平耦合程度分析

表8-2 财政性农村职业教育支出水平与新型城镇化水平耦合发展度

地区	2000	2001	2002	2003	2004	2005	2006	2007	2008	2009	2010	2011	2012	2013	2014	2015
北京	—	—	0.3115	0.1692	—	—	—	—	—	—	—	—	—	—	—	—
天津	—	—	0.7404	0.7408	0.7146	—	—	—	—	—	—	—	—	—	—	—
河北	0.4784	—	—	—	—	—	0.6722	0.7837	0.9400	—	—	—	—	—	—	—
山西	—	—	—	—	—	0.6610	0.7544	0.7356	0.5742	0.0711	0.9058	0.9214	0.3872	0.6548	0.8381	0.7018
内蒙古	—	—	—	—	0.3758	0.4580	0.4877	0.5680	0.5521	0.6033	—	—	—	—	—	—
辽宁	0.6750	0.5148	0.6948	0.5924	0.9372	0.5295	—	—	—	—	—	—	—	—	—	—
吉林	—	—	—	—	0.5706	0.4935	0.6303	0.6621	0.6846	0.7377	0.1059	—	—	—	—	—
黑龙江	0.1640	—	—	0.1187	0.7602	0.5058	0.6204	0.6531	0.6456	0.5837	—	—	—	—	—	—
上海	0.4786	0.5390	0.4252	0.3652	—	—	—	—	—	—	—	—	—	—	—	—
江苏	0.4505	0.9933	—	0.6629	—	—	—	—	—	0.6162	—	—	—	—	—	—
浙江	0.9168	0.9338	—	0.7514	—	—	—	—	0.9863	0.8404	0.7417	0.9248	0.9007	0.6252	0.6727	0.7022
安徽	0.6139	0.3095	—	—	—	0.8257	0.7216	0.9182	0.8655	—	0.6155	—	0.9720	0.6195	0.5702	0.5952
福建	0.5335	0.3296	—	0.2858	0.2207	0.2961	0.9195	—	—	—	—	—	—	—	—	—
江西	—	—	—	—	0.4920	0.9184	—	—	—	—	—	—	—	—	—	—
山东	0.9006	0.6470	—	—	—	—	—	—	—	—	—	—	—	—	—	—
河南	0.3687	—	—	—	—	—	0.9831	0.8998	0.9959	—	—	—	0.9752	0.7663	0.7959	0.8047
湖北	0.7814	0.4114	—	—	0.2987	—	—	0.7925	0.6649	0.8523	—	—	—	—	—	—

续表

地区	2000	2001	2002	2003	2004	2005	2006	2007	2008	2009	2010	2011	2012	2013	2014	2015
湖南	0.4600	0.2358	—	—	—	—	—	—	—	—	0.8985	—	—	—	—	—
广东	—	—	0.3120	—	—	—	—	—	—	0.6743	—	—	—	—	—	—
广西	0.7253	0.4892	—	—	0.0935	0.7490	0.4449	—	—	—	—	0.5071	0.8460	—	—	—
海南	0.0333	—	—	—	0.5449	—	—	0.3362	0.2587	0.4399	0.4119	0.3175	0.3795	—	—	—
重庆	—	—	—	—	—	0.6396	0.6363	0.7165	0.8158	0.8669	0.6874	—	—	—	—	—
四川	0.5116	—	—	—	—	—	—	0.7399	0.7543	0.9835	—	—	—	—	—	—
贵州	—	—	—	—	0.3608	0.4108	0.3610	0.1911	0.2443	0.2126	0.5243	0.7423	0.8516	—	—	0.6232
云南	0.3483	—	—	—	0.5848	0.6563	0.6134	0.7453	0.7176	0.3233	—	0.2668	—	—	0.5743	0.8226
西藏	—	—	—	—	—	—	—	0.1749	—	0.1035	0.0897	0.2041	0.2350	0.4042	0.5553	0.1958
陕西	0.3259	—	—	—	0.2735	0.5434	0.2853	0.5182	0.5886	0.6231	0.6952	0.7842	—	0.8029	0.5543	—
甘肃	—	—	—	—	0.3058	0.2967	0.4558	0.3589	0.6362	—	—	0.7343	0.8145	0.2643	0.2158	—
青海	—	—	0.1921	—	—	—	0.2899	0.4285	0.4915	0.4262	0.3510	—	0.1180	—	—	—
宁夏	—	—	—	0.1117	—	0.1772	0.1978	0.4217	0.4966	0.6271	0.6730	—	—	—	—	0.9097
新疆	0.5286	—	—	0.3770	0.4846	—	0.1239	—	—	—	—	0.6507	—	—	—	—

注：因原始数据缺失，使得部分耦合发展度未获得实证结果，在文中用"—"标注。

第8章 财政教育支出水平与新型城镇化水平耦合程度分析

表8-3 财政性农村职业教育支出水平与新型城镇化水平耦合程度

地区	2000	2001	2002	2003	2004	2005	2006	2007	2008	2009	2010	2011	2012	2013	2014	2015
北京	1	1	2	2	1	1	1	1	1	1	1	1	1	1	1	1
天津	1	1	4	4	4	1	1	1	1	1	1	1	1	1	1	1
河北	2	1	1	1	1	1	1	1	1	1	1	1	1	1	1	1
山西	1	1	1	1	1	4	4	4	1	2	4	4	2	1	1	1
内蒙古	1	1	1	1	3	3	3	4	4	4	1	1	1	1	1	1
辽宁	4	1	4	1	4	1	1	1	1	1	1	1	1	1	1	1
吉林	1	1	1	2	4	3	4	4	4	4	2	1	1	1	1	1
黑龙江	2	1	1	2	4	4	4	4	4	4	1	1	1	1	1	1
上海	2	1	1	1	1	1	1	1	1	1	1	1	1	1	1	1
江苏	2	4	2	1	1	1	1	1	4	1	1	1	1	1	1	1
浙江	4	4	1	1	1	1	1	1	1	1	1	1	1	1	1	1
安徽	4	2	1	2	2	4	4	4	4	4	1	4	1	1	1	1
福建	1	2	1	1	2	2	1	1	1	1	1	1	4	1	1	1
江西	1	1	1	1	1	1	1	1	1	1	1	1	1	1	1	1
山东	4	4	1	1	2	1	1	1	1	1	1	1	1	1	1	1
河南	2	1	1	1	1	1	1	1	1	1	1	1	1	1	1	1
湖北	4	2	1	1	2	1	1	1	1	1	1	1	1	1	1	1

163

续表

地区	年份																
	2000	2001	2002	2003	2004	2005	2006	2007	2008	2009	2010	2011	2012	2013	2014	2015
湖南	3	2	—	—	—	—	—	—	—	1	1	—	—	—	—	—
广东	—	—	2	—	—	—	—	—	—	—	—	—	—	—	—	—
广西	4	3	—	—	2	4	3	3	3	3	3	1	1	—	—	—
海南	2	—	—	—	4	—	—	4	4	4	4	3	3	—	—	—
重庆	4	—	—	—	—	4	4	1	3	1	—	—	—	—	—	—
四川	—	—	—	—	3	3	3	3	3	2	4	4	4	—	—	1
贵州	3	—	—	—	4	4	4	4	4	2	—	2	—	—	—	1
云南	—	—	—	—	—	—	—	—	—	—	—	—	—	—	—	—
西藏	3	—	—	—	3	—	2	3	4	3	3	3	3	3	4	2
陕西	—	—	—	—	3	3	3	4	4	4	4	4	4	1	1	—
甘肃	—	—	—	3	3	—	3	3	4	3	3	2	3	2	2	—
青海	—	—	—	—	3	—	3	3	3	3	3	—	—	—	—	—
宁夏	—	—	—	—	—	3	3	3	3	3	3	—	—	—	—	—
新疆	4	—	—	3	3	3	3	3	3	4	4	4	—	—	—	—

注：因原始数据缺失，使得部分耦合程度未表得实证结果，在文中用"—"标注。

第8章 财政教育支出水平与新型城镇化水平耦合程度分析

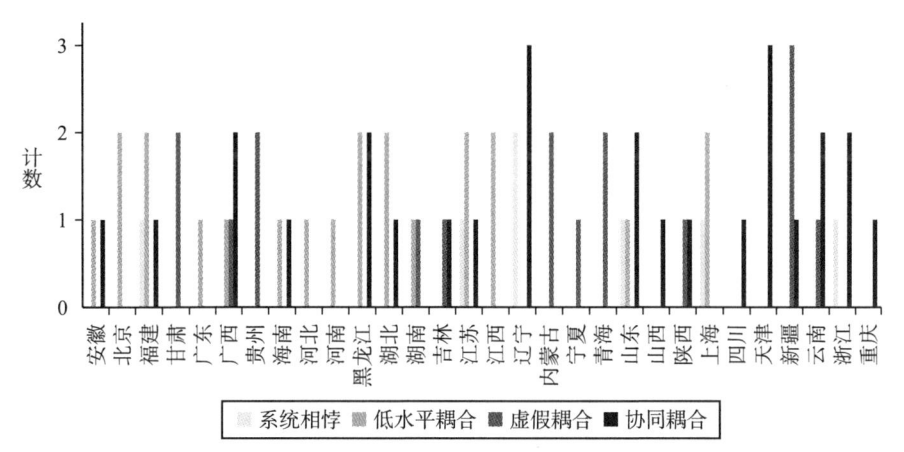

图 8-2 2000—2005 年我国各省份财政性农村职业教育
支出水平与新型城镇化水平耦合程度

2006—2010 年，我国绝大多数省份财政性农村职业教育支出水平与新型城镇化水平耦合关系为协同耦合。低水平耦合关系较上一阶段（2000—2005）明显较少，但虚假耦合关系有所增加，系统相悖关系的省份也有所增加，如图 8-3 所示。

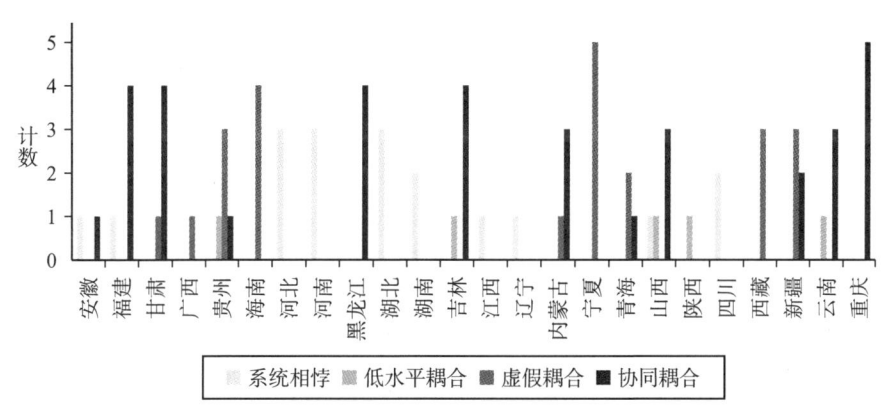

图 8-3 2006—2010 年我国各省份财政性农村职业教育
支出水平与新型城镇化水平耦合程度

2011—2015 年，我国绝大多数省份财政性农村职业教育支出水平与新型城镇化水平耦合关系为低协调度、高发展度，呈现系统相悖关系。低水平耦合关系较上一阶段（2000—2005）明显较少，但虚假耦合关系有所增加，系统相悖关系的省份也有所增加，如图8-4所示。

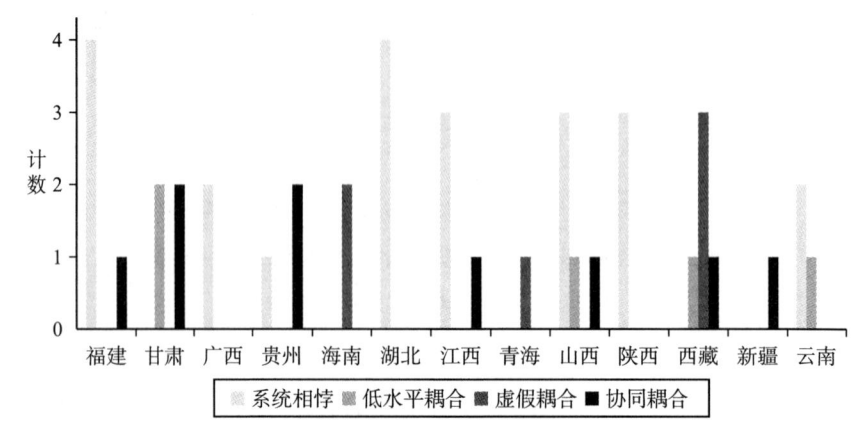

图8-4 2011—2015年我国各省份财政性农村职业教育
支出水平与新型城镇化水平耦合程度

8.2.2 不同耦合程度的影响因素分析

因数据获取原因，导致部分年份、不同省份未获得耦合结果。针对前面获得的耦合程度数据，利用卡方检验方法进行检验，发现人的维度水平、财的维度水平、物的维度水平、人口发展水平、经济发展水平、社会发展水平、资源环境水平对耦合程度均具有显著影响。

（1）人的维度水平显著影响耦合程度。

从人的维度水平与耦合程度关系可以看出：①无论人的维度水平处于何种程度，均有可能出现系统相悖情形、低水平耦合、虚假耦合和协同耦合4种情形；②人的维度水平越高，协同耦合关系越多，如图8-5所示。

第8章 财政教育支出水平与新型城镇化水平耦合程度分析

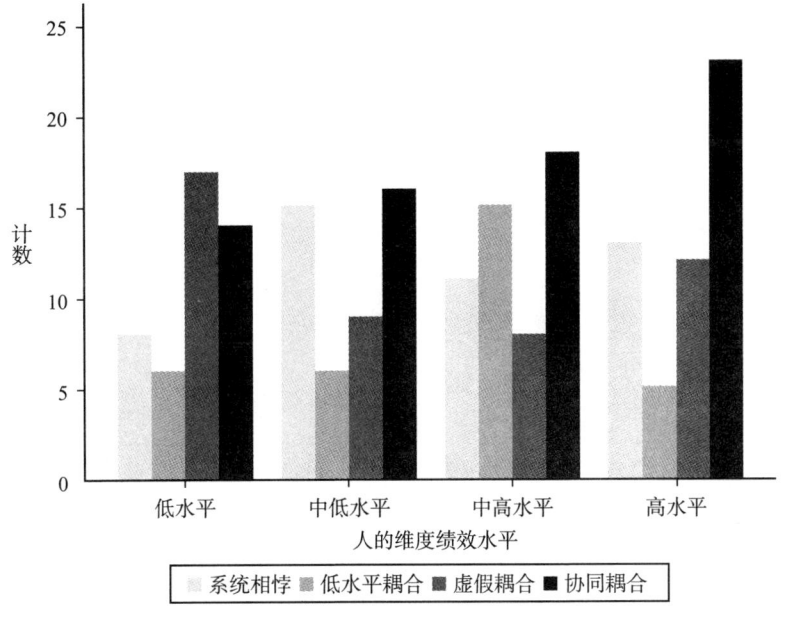

图 8-5 人的维度水平与耦合程度

(2) 财的维度水平显著影响耦合程度。

从财的维度水平与耦合程度关系可以看出：①无论财的维度处于何种水平，均有可能出现系统相悖情形、低水平耦合、虚假耦合和协同耦合4种情形；②财的维度处于中低水平时，虚假耦合情形和协同耦合情形越多；③财的维度水平越高，低水平耦合情形和虚假耦合情形相对减少，如图 8-6 所示。

(3) 物的维度水平显著影响耦合程度。

从物的维度水平与耦合程度关系可以看出：①无论物的维度处于何种水平，均有可能出现系统相悖情形、低水平耦合、虚假耦合和协同耦合4种情形；②物的维度水平处于中低水平时，虚假耦合情形越多；③物的维度水平越高，低水平耦合情形和虚假耦合情形相对减少，如图 8-7 所示。

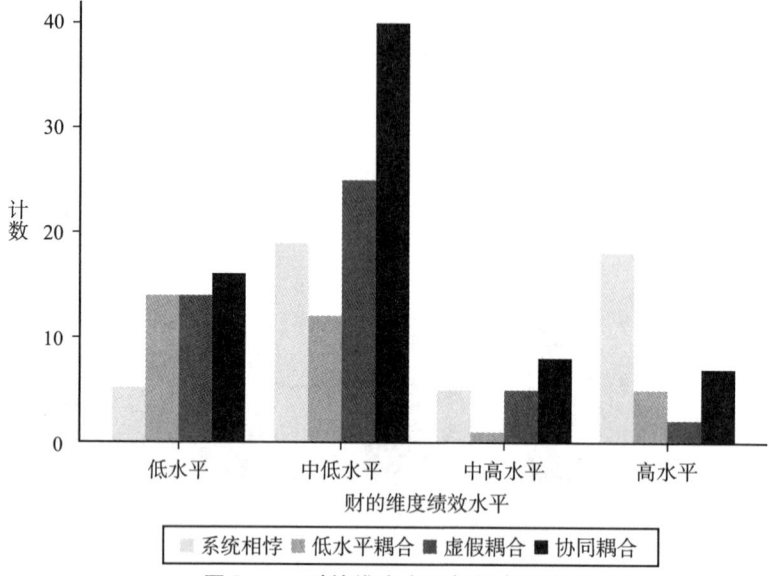

图 8-6 财的维度水平与耦合程度

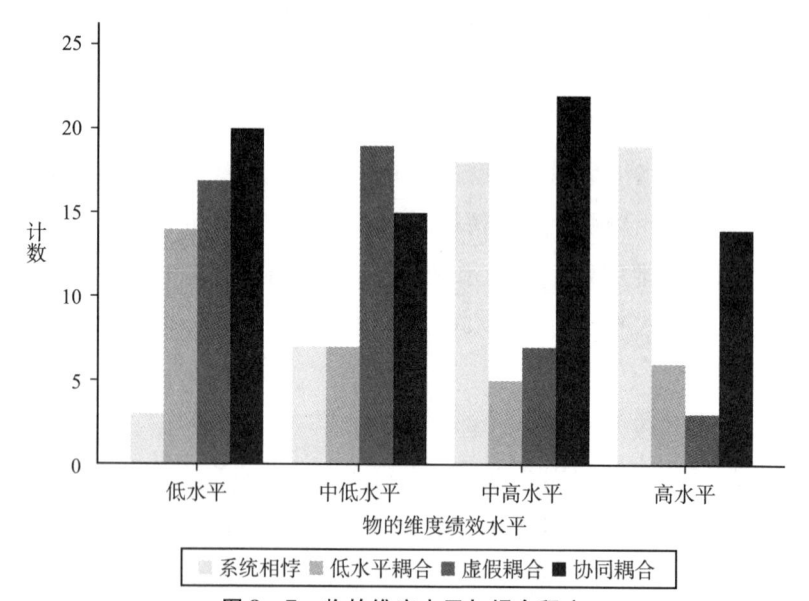

图 8-7 物的维度水平与耦合程度

（4）人口发展水平显著影响耦合程度。

从人口发展水平与耦合程度关系可以看出：①人口发展水平处于中低水平之上，且随着人口发展水平提高，均有可能出现系统相悖情形；②随着人口发展水平的提高,虚假耦合情形减少,甚至消失;③人口发展水平处于中高水平时,低水平耦合情形和虚假耦合情形减少,甚至消失,如图8-8所示。

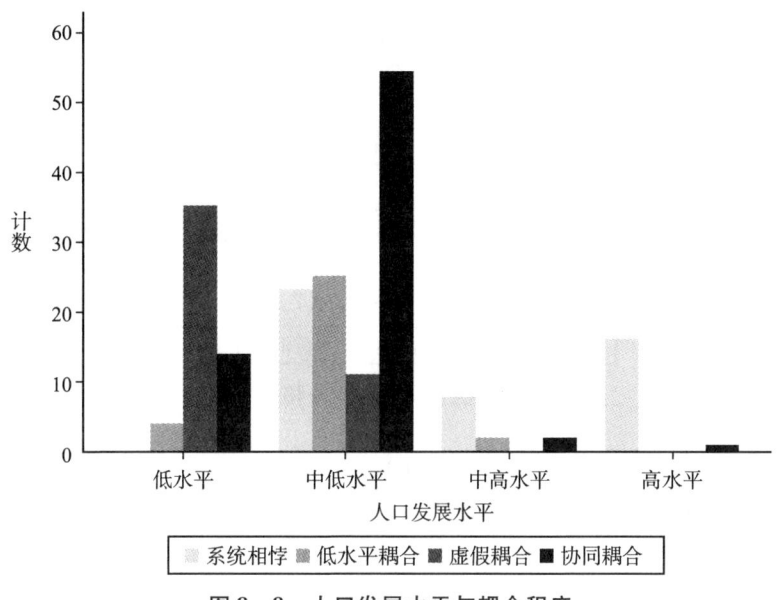

图8-8 人口发展水平与耦合程度

(5) 经济发展水平显著影响耦合程度。

从经济发展水平与耦合程度关系可以看出:①经济发展水平处于中低水平之上,且随着经济发展水平提高,均有可能出现系统相悖情形;②随着经济发展水平的提高,虚假耦合情形减少;③经济发展水平处于中高水平时,虚假耦合情形减少,甚至消失;④经济发展水平处于高水平时,低水平耦合情形和虚假耦合情形甚至消失,如图8-9所示。

(6) 社会发展水平显著影响耦合程度。

从社会发展水平与耦合程度关系可以看出:①社会发展水平处于中低水平之上,且随着社会发展水平提高,均有可能出现系统相悖情形;②随着社会发展水平的提高,虚假耦合情形减少;③当社会发展水平处于中高水平时,虚假耦合情形减少,甚至消失;④社会发展水平处于高水平时,

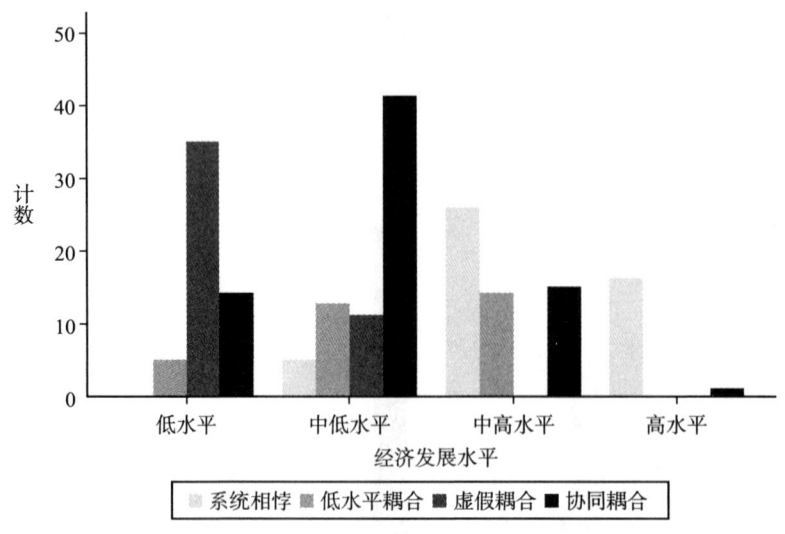

图 8-9　经济发展水平与耦合程度

低水平耦合情形和虚假耦合情形甚至消失，如图 8-10 所示。

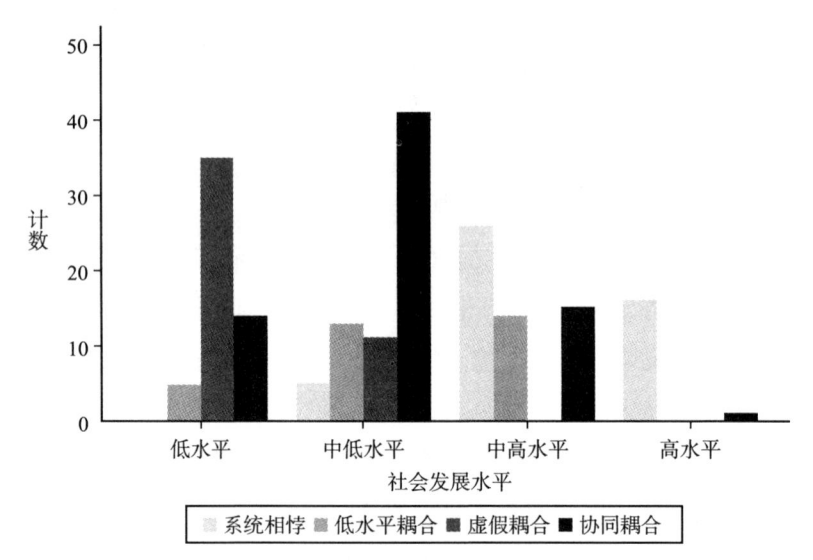

图 8-10　社会发展水平与耦合程度

(7) 资源环境水平显著影响耦合程度。

从资源环境水平与耦合程度关系可以看出：①资源环境水平处于中低水平之上，且随着资源环境水平提高，均有可能出现系统相悖情形；②随着资源环境水平的提高,虚假耦合情形减少;③当资源环境水平处于中高水平时,虚假耦合情形减少,甚至消失;④当资源环境水平处于高水平时,低水平耦合情形和虚假耦合情形甚至消失,如图8-11所示。

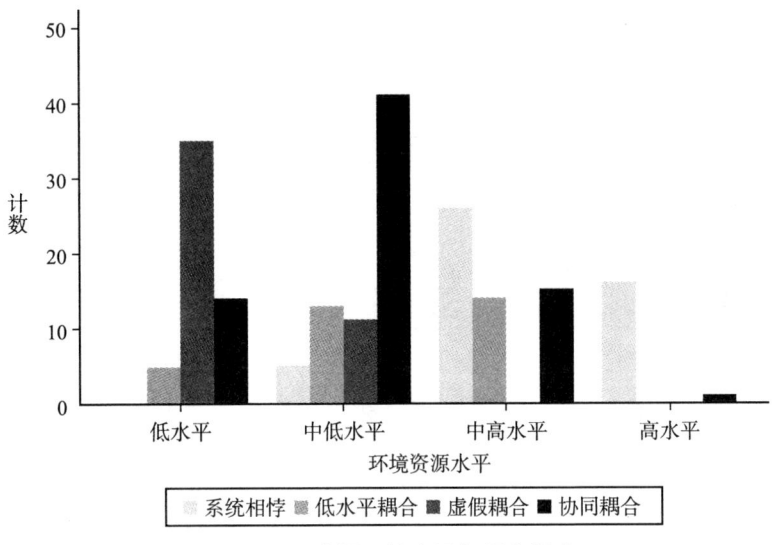

图 8-11 资源环境水平与耦合程度

8.3 普通高等学校财政与新型城镇化水平耦合

8.3.1 耦合程度测算

(1) 耦合协调度测算。

根据前面取得的财政性高等教育支出水平和新型城镇化水平测量结果,运用耦合协调度公式测算财政性高等教育支出水平与新型城镇化水平耦合协调度,获得测算结果(见表8-4)。

表8-4　财政性高等教育支出水平与新型城镇化水平耦合协调度

地区	2000	2001	2002	2003	2004	2005	2006	2007	2008	2009	2010	2011	2012	2013	2014	2015
北京	0.1445	0.1106	0.0017	0.0033	0.0027	0.0803	0.9999	0.9791	0.4907	0.8195	0.8893	0.9206	0.8221	0.9591	0.9761	0.9908
天津	0.6371	0.6369	0.6366	0.0041	0.0887	0.4152	0.7204	0.5644	0.5378	0.1017	0.6346	0.7248	0.9929	0.9739	0.9256	0.8233
河北	0.6412	0.6410	0.6407	0.6405	0.6402	0.6399	0.5694	0.3737	0.7602	0.9725	0.9892	0.9723	0.9449	0.8384	0.8392	0.8981
山西	0.6453	0.6451	0.6448	0.1347	0.8725	0.9639	0.9991	0.7436	0.6290	0.5509	0.7971	0.6425	0.1279	0.3767	0.4921	0.6806
内蒙古	0.6494	0.6492	0.6489	0.3599	0.4820	0.9948	0.9611	0.9987	0.7985	0.7724	0.2932	0.6466	0.6464	0.6461	0.6458	0.6456
辽宁	0.6535	0.6533	0.6530	0.6528	0.6619	0.2030	0.1707	0.6517	0.9194	0.9900	0.9232	0.9563	0.9569	0.8900	0.8661	0.8937
吉林	0.6576	0.6574	0.6571	0.2495	0.3791	0.7701	0.6769	0.5919	0.2295	0.2053	0.6551	0.1490	0.7869	0.9582	0.9009	0.9552
黑龙江	0.6618	0.6615	0.6612	0.1651	0.6607	0.5573	0.6602	0.0952	0.6597	0.4975	0.0364	0.3562	0.9970	0.9266	0.9442	0.9738
上海	0.6659	0.6656	0.6653	0.5881	0.6648	0.6646	0.1730	0.6641	0.8372	0.7355	0.7729	0.7787	0.8665	0.7360	0.6588	0.6520
江苏	0.0089	0.0254	0.0119	0.3091	0.4688	0.9982	0.9999	0.9956	0.9776	0.9974	0.9989	0.9930	0.9918	0.9604	0.9459	0.9721
浙江	0.6741	0.6738	0.6736	0.6733	0.0422	0.6404	0.9314	0.9280	0.9237	0.7815	0.6675	0.6965	0.6776	0.6253	0.6353	0.6873
安徽	0.0356	0.0041	0.7112	0.7761	0.6771	0.0133	0.0224	0.6764	0.5467	0.0513	0.9058	0.9986	0.8899	0.8052	0.7696	0.8301
福建	0.1886	0.1117	0.0477	0.9562	0.9421	0.8487	0.9329	0.9977	0.3619	0.8333	0.6797	0.6795	0.5174	0.4648	0.5328	0.5930
江西	0.2127	0.1590	0.0087	0.6912	0.8068	0.9047	0.8258	0.7028	0.6843	0.6841	0.6838	0.8703	0.9998	0.9068	0.9024	0.9123
山东	0.7265	0.3623	0.1845	0.8704	0.6895	0.9998	0.8422	0.9786	0.9122	0.9862	0.9893	0.9965	0.9610	0.9038	0.8840	0.9035
河南	0.4630	0.3531	0.0748	0.7099	0.6936	0.6933	0.6931	0.0205	0.0267	0.6624	0.9185	0.9697	0.9995	0.9987	0.9908	0.9994
湖北	0.8621	0.4997	0.1089	0.4596	0.6977	0.6974	0.6972	0.6969	0.0038	0.3081	0.6854	0.8785	0.9820	0.9962	0.9669	0.9817

第8章 财政教育支出水平与新型城镇化水平耦合程度分析

续表

地区	2000	2001	2002	2003	2004	2005	2006	2007	2008	2009	2010	2011	2012	2013	2014	2015
湖南	0.7499	0.6188	0.3273	0.7824	0.9142	0.7015	0.7013	0.7010	0.7007	0.3111	0.4819	0.8064	0.9989	0.9425	0.8867	0.8876
广东	0.7069	0.7066	0.7064	0.7061	0.9842	0.9386	0.9840	0.9778	0.9038	0.9553	0.8727	0.7766	0.7314	0.7260	0.7237	0.8000
广西	0.9956	0.8989	0.7080	0.8670	0.8550	0.9842	0.9999	0.9825	0.9824	0.7522	0.6813	0.0250	0.7079	0.7077	0.1310	0.2900
海南	0.7761	0.6562	0.5892	0.9107	0.4472	0.9422	0.8358	0.5722	0.9553	0.9715	0.9359	0.9973	0.8088	0.4752	0.2002	0.0243
重庆	0.7369	0.6412	0.5635	0.8692	0.5853	0.8506	0.8206	0.8903	0.5339	0.5294	0.7167	0.9939	0.2348	0.0018	0.1600	0.2925
四川	0.9709	0.8558	0.6931	0.9790	0.0138	0.7220	0.7218	0.7215	0.0002	0.6076	0.7791	0.9349	0.9473	0.8893	0.8854	0.9555
贵州	0.8132	0.7526	0.6471	0.9045	0.8893	0.9895	0.9905	0.9993	0.9697	0.9997	0.9858	0.8203	0.7355	0.0004	0.7238	0.7236
云南	0.9461	0.8867	0.8572	0.9789	0.7674	0.9809	0.9853	0.9604	0.9098	0.9892	0.9730	0.0048	0.7285	0.7282	0.7279	0.7277
西藏	0.8181	0.7017	0.5969	0.8055	0.9994	0.9549	0.9696	0.9841	0.9896	0.8887	0.8154	0.7376	0.9981	0.9999	0.8816	0.4113
陕西	0.9592	0.9187	0.8410	0.9010	0.5985	0.6900	0.6338	0.5386	0.7377	0.7374	0.7372	0.1601	0.6499	0.9294	0.9918	0.9954
甘肃	0.8903	0.8347	0.7674	0.9513	0.2562	0.4734	0.6830	0.8075	0.8108	0.8968	0.1773	0.9265	0.8975	0.2106	0.2117	0.7400
青海	0.9409	0.9206	0.8954	0.9875	0.9006	0.8044	0.6679	0.6906	0.5911	0.5382	0.5273	0.2705	0.6228	0.4025	0.1550	0.0111
宁夏	0.9732	0.9121	0.8749	0.9856	0.9428	0.9943	0.9538	0.9044	0.7959	0.7320	0.3998	0.4781	0.5027	0.0514	0.1497	0.7482
新疆	0.9794	0.9950	0.9849	0.9988	0.9849	0.9736	0.9100	0.8910	0.9244	0.8013	0.6616	0.2486	0.1504	0.7528	0.7526	0.7523

173

从耦合协调度看，2000年以来，绝大多数省份处于高协调度水平，少数省份处于低协调度水平。近年来，高协调度省份逐年增加，低协调度省份逐年减少，如图8-12所示。

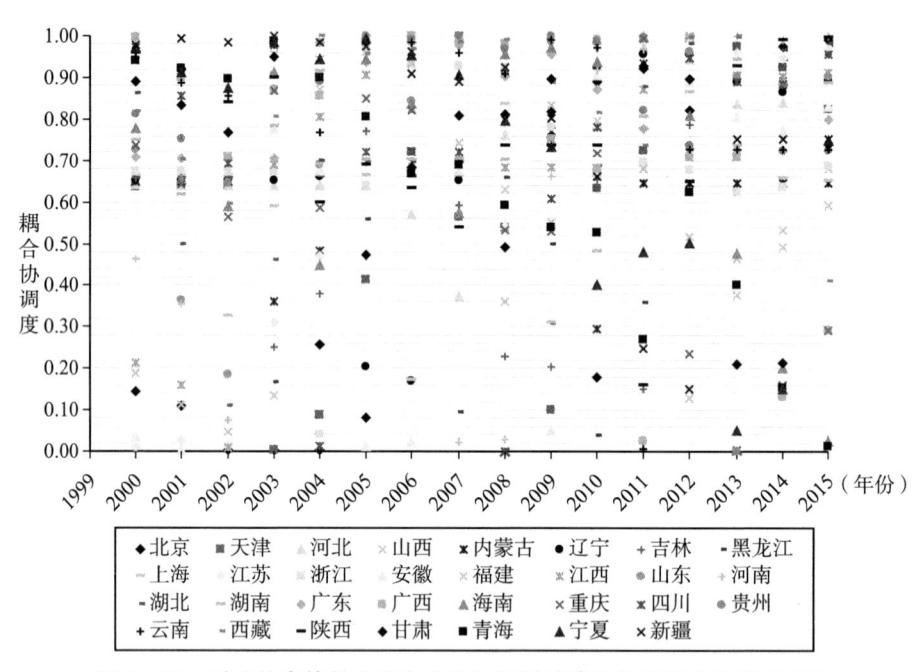

图8-12　财政性高等教育支出水平与新型城镇化水平耦合协调度对比

（2）耦合发展度测算

根据前面获得的农村职业财政教育绩效和新型城镇化水平测量结果，利用耦合发展度公式测算农村职业财政教育绩效与新型城镇化水平耦合发展度，获得测算结果（见表8-5）。

从耦合发展度看，分界点比较明显。2008年以前，绝大多数省份处于低发展度水平，少数省份处于高发展度水平；2008年以后，高发展度省份逐年增加，低发展度省份逐年减少，如图8-13所示。

第8章 财政教育支出水平与新型城镇化水平耦合程度分析

表8-5 财政性高等教育支出水平与新型城镇化水平耦合发展度

地区	2000	2001	2002	2003	2004	2005	2006	2007	2008	2009	2010	2011	2012	2013	2014	2015
北京	0.3495	0.3425	0.2943	0.2612	0.3108	0.3652	0.6397	0.6265	0.5939	0.7075	0.7470	0.7774	0.7959	0.8578	0.8957	0.9107
天津	0.4712	0.4712	0.4712	0.4712	0.4712	0.2452	0.3228	0.2768	0.3539	0.0074	0.4712	0.5283	0.6406	0.6716	0.6630	0.6467
河北	0.4712	0.4712	0.4712	0.4712	0.4712	0.4712	0.4822	0.4293	0.5690	0.6746	0.7042	0.7311	0.7397	0.7431	0.7545	0.7714
山西	0.4712	0.4712	0.4712	0.4712	0.3209	0.3747	0.4215	0.4016	0.2616	0.2827	0.4441	0.4712	0.3054	0.4580	0.5138	0.5793
内蒙古	0.4712	0.4712	0.4712	0.4712	0.4712	0.3433	0.3230	0.4201	0.2889	0.3500	0.1469	0.4712	0.4712	0.4712	0.4712	0.4712
辽宁	0.4712	0.4712	0.4712	0.4712	0.4291	0.2983	0.3290	0.4712	0.6057	0.6446	0.6700	0.7117	0.7394	0.7497	0.7623	0.7686
吉林	0.4712	0.4712	0.4712	0.4712	0.0556	0.3432	0.3109	0.3582	0.0596	0.1598	0.4712	0.2828	0.5533	0.6226	0.6238	0.6619
黑龙江	0.4712	0.4712	0.4712	0.4712	0.4712	0.3163	0.4712	0.4712	0.4712	0.3726	0.1611	0.3899	0.6408	0.6394	0.6551	0.6663
上海	0.4712	0.4712	0.4712	0.4270	0.4712	0.4712	0.3173	0.4712	0.5887	0.5919	0.6470	0.6687	0.6996	0.7080	0.6973	0.7114
江苏	0.1677	0.1840	0.2062	0.3650	0.5057	0.6633	0.7008	0.7546	0.7781	0.8214	0.8860	0.9144	0.9455	0.9689	0.9864	0.9915
浙江	0.4712	0.4712	0.4712	0.4712	0.2371	0.5355	0.6374	0.7093	0.6712	0.6565	0.6827	0.7237	0.7408	0.7652	0.7964	0.8099
安徽	0.4712	0.4712	0.4019	0.3805	0.4712	0.4712	0.4712	0.4712	0.3019	0.2262	0.6249	0.6671	0.6451	0.6533	0.6742	0.7074
福建	0.0052	0.4712	0.4712	0.4427	0.4862	0.4652	0.4697	0.5231	0.3039	0.5415	0.4712	0.4712	0.5349	0.5521	0.6004	0.6349
江西	0.4712	0.4712	0.4712	0.2542	0.3764	0.4276	0.3826	0.3742	0.4712	0.4712	0.4712	0.6062	0.6469	0.6410	0.6609	0.6788
山东	0.4495	0.2720	0.1617	0.4973	0.4712	0.6122	0.6269	0.7023	0.7576	0.7691	0.8397	0.8811	0.8841	0.8991	0.9188	0.9374
河南	0.2334	0.0447	0.4712	0.3357	0.4712	0.4712	0.4712	0.2783	0.2728	0.5970	0.7002	0.7521	0.7806	0.8045	0.8347	0.8466
湖北	0.4616	0.2635	0.4712	0.2115	0.4712	0.4712	0.4712	0.4712	0.3408	0.4799	0.6586	0.7365	0.7713	0.7978	0.8177	0.8325

175

续表

地区	2000	2001	2002	2003	2004	2005	2006	2007	2008	2009	2010	2011	2012	2013	2014	2015
湖南	0.3648	0.2811	0.4712	0.3369	0.4920	0.4712	0.4712	0.4712	0.4712	0.3931	0.5203	0.6528	0.6867	0.7040	0.7159	0.7234
广东	0.4712	0.4712	0.4712	0.4712	0.6870	0.7431	0.7693	0.7974	0.7925	0.8598	0.9077	0.9000	0.9092	0.9498	0.9898	1.0000
广西	0.4645	0.4070	0.3171	0.2542	0.3497	0.3942	0.3960	0.4149	0.4342	0.3552	0.3892	0.4712	0.4712	0.4712	0.3204	0.4369
海南	0.2958	0.1689	0.4712	0.1781	0.4712	0.3223	0.2661	0.1451	0.1906	0.3614	0.3903	0.4388	0.3024	0.1622	0.4712	0.4712
重庆	0.2325	0.0245	0.4712	0.2245	0.1193	0.3385	0.3351	0.4097	0.3126	0.3509	0.4712	0.6009	0.3441	0.2767	0.3920	0.4743
四川	0.4145	0.3336	0.2519	0.4164	0.4712	0.4712	0.4712	0.4712	0.2371	0.5562	0.6856	0.7371	0.7279	0.7448	0.7670	0.7945
贵州	0.2215	0.1020	0.0000	0.1706	0.2171	0.2349	0.2288	0.2501	0.2129	0.3263	0.3975	0.2891	0.3380	0.4712	0.4712	0.4712
云南	0.3722	0.3240	0.3071	0.3110	0.3144	0.3823	0.3447	0.3661	0.3515	0.4752	0.5049	0.1031	0.4712	0.4712	0.4712	0.4712
西藏	0.2604	0.0718	0.4712	0.4712	0.4712	0.4712	0.4712	0.1269	0.0904	0.4712	0.4712	0.4712	0.1897	0.2731	0.2887	0.0955
陕西	0.3475	0.3113	0.2663	0.2975	0.2264	0.3003	0.2878	0.2977	0.4712	0.4712	0.4712	0.4226	0.5872	0.6830	0.7162	0.7301
甘肃	0.2192	0.1011	0.4712	0.1845	0.4712	0.4712	0.1764	0.2581	0.3065	0.3546	0.4712	0.3555	0.4116	0.4712	0.1218	0.4712
青海	0.2393	0.2113	0.2023	0.1733	0.4712	0.4712	0.4712	0.4712	0.4712	0.4712	0.4712	0.4712	0.4712	0.4712	0.4712	0.4712
宁夏	0.2782	0.1834	0.1082	0.1407	0.1108	0.4712	0.0456	0.0873	0.4712	0.4712	0.4712	0.4712	0.4712	0.4712	0.4712	0.4712
新疆	0.3286	0.2914	0.3051	0.2502	0.1625	0.1358	0.1566	0.2219	0.3107	0.2710	0.1998	0.4712	0.4712	0.6668	0.4712	0.4712

第8章 财政教育支出水平与新型城镇化水平耦合程度分析

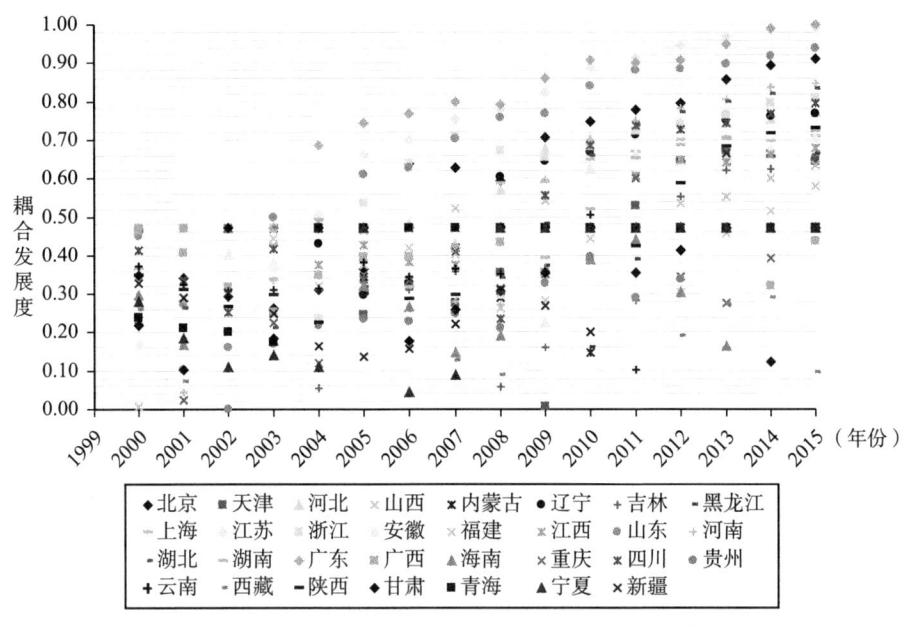

图8-13 财政性高等教育支出水平与新型城镇化水平耦合发展度对比

(3) 耦合程度测算

根据前面计算获得的耦合协调度与耦合发展度测量结果，利用耦合程度公式测算财政性高等教育支出与新型城镇化水平耦合度，获得测算结果（见表8-6）。其中，系统相悖状态的省份占1.01%，低水平耦合状态的省份占18.95%，虚假耦合状态的省份占52.02%，协同耦合状态的省份占28.02%。

从耦合关系看，我国财政性高等教育支出水平与新型城镇化水平耦合关系地区发展不平衡：①2005年以来，北京、江苏、浙江、山东、广东各省份二者耦合关系出现协同耦合发展态势；②2000年以来，山西（除2015年），内蒙古、广西、海南、重庆（除2011年）、贵州、云南（除2010年）、西藏、甘肃、宁夏、新疆（除2013年），二者耦合关系持续出现低水平耦合和虚假耦合现象；③2015年，绝大多数省份二者耦合关系为协同耦合，广西、海南、重庆、西藏、青海出现低水平耦合，内蒙古、贵州、云南、甘肃、宁夏、新疆出现虚假耦合（见表8-6）。

表 8-6　我国 31 省（区市）财政性高等教育支出与新型城镇化水平耦合程度

地区	年份															
	2000	2001	2002	2003	2004	2005	2006	2007	2008	2009	2010	2011	2012	2013	2014	2015
北京	2	2	2	2	2	2	4	4	4	4	4	4	4	4	4	4
天津	3	3	3	2	2	2	3	3	3	2	3	4	4	4	4	4
河北	3	3	3	3	3	3	3	2	4	4	4	4	4	4	4	4
山西	3	3	3	2	3	3	3	3	3	3	3	3	2	2	1	4
内蒙古	3	3	3	2	3	3	3	3	3	3	2	3	3	3	3	3
辽宁	3	3	3	2	2	2	2	3	4	4	4	4	4	4	4	4
吉林	3	3	3	2	3	3	3	3	2	2	3	2	3	4	4	4
黑龙江	3	3	3	2	3	3	2	2	3	3	2	2	2	4	4	4
上海	3	3	3	3	3	3	4	3	4	4	4	4	4	4	4	4
江苏	2	2	2	2	1	4	4	4	4	4	4	4	4	4	4	4
浙江	3	3	3	3	2	4	2	3	3	2	4	4	4	4	4	4
安徽	2	2	3	3	3	2	3	4	2	4	3	4	4	1	4	4
福建	2	2	2	3	3	3	3	3	3	3	3	3	4	4	4	4
江西	2	2	2	3	3	3	4	4	4	4	4	4	4	4	4	4
山东	3	2	2	4	3	3	3	3	2	4	3	4	4	4	4	4
河南	2	2	2	3	3	3	3	2	2	2	2	4	4	4	4	4
湖北	3	3	2	2	3	3	3	3	2	2	4	4	4	4	4	4

178

第8章 财政教育支出水平与新型城镇化水平耦合程度分析

续表

地区	年份															
	2000	2001	2002	2003	2004	2005	2006	2007	2008	2009	2010	2011	2012	2013	2014	2015
湖南	3	3	2	3	3	3	3	3	3	2	1	4	4	4	4	4
广东	3	3	3	3	4	4	4	4	4	4	4	4	4	4	4	4
广西	3	3	3	3	3	3	3	3	3	3	3	2	3	3	2	2
海南	3	3	3	3	2	3	3	3	3	3	3	3	3	2	2	2
重庆	3	3	3	3	3	3	3	3	2	3	3	4	4	2	2	2
四川	3	3	3	3	2	3	3	3	3	4	4	4	3	4	4	4
贵州	3	3	3	3	3	3	3	3	3	3	3	3	3	2	3	3
云南	3	3	3	3	3	3	3	3	3	3	4	3	3	3	3	3
西藏	3	3	3	3	3	3	3	3	3	3	3	2	4	4	4	2
陕西	3	3	3	3	2	2	3	3	3	3	2	3	3	3	4	4
甘肃	3	3	3	3	3	3	3	3	3	3	3	2	3	2	2	3
青海	3	3	3	3	3	3	3	3	3	3	2	2	3	2	2	2
宁夏	3	3	3	3	3	3	3	3	3	3	3	2	2	4	3	3
新疆	3	3	3	3	3	3	3	3	3	3	3	2	3	3	3	3

从耦合协调度与耦合发展度协调情况看，二者呈现出不同的耦合趋势状态。从 2000 年、2005 年、2010 年、2015 年各省耦合协调度与耦合发展度的时空对比来看，绝大多数省份二者协同发展，部分省份二者没有协同发展。

8.3.2 耦合表征与影响因素

1. 财政本科教育支出与新型城镇化耦合的主要特征

（1）区域性。

从耦合关系看，我国财政性本科教育支出水平与新型城镇化水平耦合关系地区发展不平衡，一是北京、江苏、浙江、山东、广东各省份 2005 年以来，二者耦合关系出现协同耦合发展态势；二是山西（除 2015 年）、内蒙古、广西、海南、重庆（除 2011 年）、贵州、云南（除 2010 年）、西藏、甘肃、宁夏、新疆（除 2013 年）2000 年以来，二者耦合关系持续出现低水平耦合和虚假耦合现象；三是 2015 年，绝大多数省份二者耦合关系为协同耦合，广西、海南、重庆、西藏、青海出现低水平耦合，内蒙古、贵州、云南、甘肃、宁夏、新疆出现虚假耦合。我国仍有很多区域存在的现实情况只完成了人口城镇化，而经济城镇化、社会城镇化发展并不协调，忽略了城镇化的社会经济属性，与此同时，教育资源在不同区域分布很不均衡，优质教育资源往往集中在发达地区，教育资源分布不均衡所发挥的对于人口流动的引导作用，也导致城镇规模结构更加不合理，也就表现出了我国财政性本科教育支出与新型城镇化二者之间不同的耦合程度，并呈现出明显的区域性。

（2）复杂性。

从耦合协调度看，2000 年以来，绝大多数省份处于高协调度水平，少数省份处于低协调度水平，高协调度省份逐年增加，低协调度省份逐年减少。从耦合发展度看，分界点比较明显，2008 年以前，绝大多数省份处于低发展度水平，少数省份处于高发展度水平，2008 年以后，高发展度省份逐年增加，低发展度省份逐年减少。从耦合协调度与耦合发展度协同情况看，二者呈现出不同的耦合趋势状态。财政性本科教育支出与新型城镇化分别是由层次较多复杂因素一并组织而成的两个相对独立的体系。其体系构成内容的多元化、影响因素的多维化、作用形式的多样化导致了财政教育支出与新型城镇化耦合的复杂性。主要体现在教育支出与新型城镇化内部要素之间、两个系统耦合与外部环境之间存在正向与逆向、直线与曲线、动态与静态等作用关系；此外，外界的随机、模糊及非线性扰动也时时刻刻强化财政性本科教育支出与新型城镇化耦合的复杂性。

（3）协同性。

财政性本科教育支出与新型城镇化两个系统之间构成要素相互匹配、协调、共振的性质视为协同性。世界各国的实践表明，本科教育规模与城市化水平有强正相关性，城市化水平越高、越需要本科教育也扩大与之匹配的规模。我国城镇化与本科教育发展的历史，同样符合二者联动的普遍规模（胡若痴，2014）。从2000年、2005年、2010年、2015年各省份耦合协调度与耦合发展度的时空对比来看，绝大多数省份二者协同发展，部分省份二者没有协同发展。协同的效果会使子系统间属性增强、同步发展产生较好的耦合效应。当然，财政性本科教育支出与新型城镇化系统内部要素受到外部环境因素影响也可能存在不理想的协同效果，甚至相互逆冲致使系统的整体性功能受损。因而，要严格控制外部环境因素的影响，促进财政性本科教育支出与新型城镇化内部要素之间在时间上、空间上及功能结构上由无序到有序，形成协同性的拉动效应。

（4）持续性。

财政教育支出与新型城镇化之间的耦合随着时间的推移，在空间和结构上是个不断演进的持续发展过程。人力资本是城镇化过程中必不可少的因素，而教育影响一个地区劳动力的素质，有利于人力资本的形成（穆哈拜提·帕热提，2015）。财政性本科教育支出促进人力资本的流动与动态资源配置到不同的产业结构中，不同的产业布局不断推进区域经济的进步。城镇化进程中不同产业之间的相互联系与制约，并处理好相互之间的协调关系，助推新型城镇化的发展（赵瀚，2016）。城镇化水平的提高又反作用于人力资本的流动及财政教育资源的倾向，人力资本的流动基本遵循市场规律，从效益低的地区流向效益高的地区，而财政教育资源遵循公共经济学的基本原理，按照公平与效率的原则进行配置与流动。因此，财政性本科教育支出与新型城镇化之间的耦合在周而复始持续进行，曲折性前进、螺旋式上升不断发挥着一定的耦合效应。

2. 不同耦合程度的影响因素分析

（1）财政教育支出方面的因素。

①财政性本科教育支出的基础条件。

财政教育支出水平受到财政性本科教育支出存量等基础条件的影响（刘晓凤，2017），就一般情况而言，经济发展较快的地区，财政性本科教育支出往往也发展较快，而经济较落后的地区，财政性本科教育支出则相对缓慢。除了经济因素外，政策因素、文化传统因素、自然地理因素等条件，很大程度地影响了政府对高等财政教育支出差异性。部分地区在财政性本科教育支出上明显不足，使得普遍面临"硬件""软件"建设不足的问题，而地方高校主要以地方教育为主，且定位中普遍存在角色定位不当、层次较为单一、专业过分功利等问题，都较大程度地限制了本科教育的发展空间，在某种程度上又限制了财政教育支出的增长。

②财政教育支出的效率。

财政性本科教育支出会受到高等学校所在地区财政支出效率影响，支出效率取决于区域的特定因素，涵盖高等教育集群环境、经济收入的关联关系、对区外高等财政教育支出溢出的吸纳力度等（刘晓凤，2017）。

③财政性本科教育支出的新要求。

城镇化进程中的人口集聚、产业集聚，使人口与产业的空间布局发生重大变化，这必然导致教育空间布局的变化（李政，韩远，2017），要求财政性本科教育支出规模和结构更加考虑教育公平、公正和外溢效应等因素，使得教育资源在城镇空间中总量提升和布局得当，以改变现实中很多地区存在的"总量不足"和"布局不当"的现实局面。

④财政性本科教育支出的溢出效应。

高等教育进入大众化发展阶段后，本科教育发展规模的扩大，可以带动相关产业的发展，提供更多的就业岗位和就业机会，其服务社会、技术创新的责任和功能日益加强，为所在区域的产业发展服务，为新型工业化、农业现代化、信息化与城镇化协调发展服务。本科教育的发展理念、改革政策、创新举措、管理体制机制、文化精神等很多方面不能量化，但其溢出效应越来越明显。比如，本科教育在传承创新文化、突出体现区域城镇化特色中的承担作用，不同区域存在较大差异。本科教育与文化有着密切关系，文化是高等教育教学内容的直接来源，高等教育具有文化传播和传承、文化批判和创新的功能（胡若痴，2014）。

⑤财政性本科教育支出体系的完善。

教育要促进人的城镇化，而本科教育对人力资本积累、经济发展、社会进步的巨大作用是逐步释放的，需要一个过程。只有完善教育体系，才会有利于促进经济发展与高等教育之间的良性循环。当前，完善教育体系，必须坚守"四个回归"，做好改革教育制度以及相关的行政管理制度、户籍制度、财税制度等配套制度建设（褚宏启，2015）

（2）新型城镇化因素。

①城镇化的原有基础。

我国以往城镇化曾出现重"量"轻"质"、重"物"轻"人"、重"建"轻"享"、重"城"轻"农"等现象（褚宏启，2015），随着新型城镇化的推进，很多现象得以很大程度上改观，但一些城市产业结构和城市功能发展趋于同化、千城一面的弊端仍然成为限制新型城镇化质量提升的重要因素。

②新型城镇化水平存在差异。

新型城镇化进程通常由政府顶层设计和市场自发调节共同推动，使得人口集聚、产业集聚、人口与产业的空间布局发生重大变化。新型城镇化通常要求围绕人的城镇化，优化经济、社会等多方面发展空间的综合性发展进程，而多重维度在发展水平上存在较大差异，进而使得新型城镇化综合水平存在较大差异。

③新型城镇化的路径选择。

各地因自身拥有的发展要素和资源禀赋不同，新型城镇化发展的路径存在差异，城镇化发展不能一概而论，更不能采用统一的模式，应坚持从实际出发，结合区域优势，因地制宜。城镇化发展为高等教育提供发展的基础支撑。例如，新型城镇化的不同路径模式不仅影响高等教育的定位，在一定程度上也制约了高校区域布局，进而影响其财政教育支出。

（3）财政性本科教育支出与新型城镇化协同关系因素。

①对二者关系的新要求。

新型城镇化建设必须要有本科教育发展作为强有力的支撑，而财政性本科教育支出水平也理应顺应新型城镇化建设的新趋势和新要求。本科教育发展与城镇化之间的关系纽带是人，二者的核心都是紧密围绕人的发展，呈现出相互影响、相互促进的互动关系（张臻汉，2013）。二者之间的理想状态为相互促动、相互影响、螺旋式演进发展。

②协调二者关系的路径选择。

现实中，我国仍有部分区域城镇化存在基础设施建设相对落后、基本公共服务供给不足等现实问题，诸多实践表明：合理的路径是通过新型经济发展的知识溢价与高等教育普及的个人增值相结合，需要协调二者关系的理念创新、路径创新等。例如，以"鱼渔兼授"的方式，在财政教育支出水平中解决城镇化进程的成果共享问题（李政，韩远，2017）。

8.4 小结

通过构建耦合度模型，基于我国 31 个省份（不含港澳台地区）2000—2015 年相关数据，分别探讨农村职业教育和高等教育的财政支出水平与新型城镇化水平的耦合效应。得出以下主要结论：

（1）财政性本科教育支出与新型城镇化的耦合关系呈现出区域性、复杂性、协同性、持续性特征。通过测度，二者关系中呈现系统相悖状态的省份占1.01%，低水平耦合状态的省份占18.95%，虚假耦合状态的省份占52.02%，协同耦合状态的省份占28.02%。协同耦合虽为理想状态，但从我国总体情况来看并不乐观，可以看出，财政性本科教育支出与新型城镇化的协同耦合发展需要一个阶段、甚至长期的过程。

（2）财政性农村职业教育支出水平与新型城镇化水平的耦合效应实证测度得出的结果为，系统相悖状态的省份占23.98%，低水平耦合状态的省份占16.33%，虚假耦合状态的省份占23.47%，协同耦合状态的省份占36.22%。人的维度支出水平、财的维度支出水平、物的维度支出水平、人口发展水平、经济发展水平、社会发展水平、资源环境水平对耦合程度均具有显著影响。

（3）财政性高等教育支出水平与新型城镇化水平的耦合效应实证测度得出的结果为，系统相悖状态的省份占1.01%，低水平耦合状态的省份占18.95%，虚假耦合状态的省份占52.02%，协同耦合状态的省份占28.02%。影响财政性本科教育支出与新型城镇化耦合关系因素存在差异，主要影响因素探究结果表明：财政性本科教育支出因素包括基础条件、支出效率、新型城镇化背景下的新要求、溢出效应、体系完善等；新型城镇化因素包括城镇化的原有基础条件、新型城镇化发展水平、新型城镇化的路径选择；二者关系因素主要是对二者关系的新要求、协调二者关系的路径选择。其启示主要在于城镇化过程中要注重现有资源的挖掘与完善、财政性本科教育支出效率的提高、二者关系耦合协同发展的配套措施的制定与落实等。

第9章

城镇化进程中国外典型国家财政教育支出的经验与启示

教育是城镇化发展的基础和先导,在城镇化持续推进的背景下,如何更好地发挥财政教育的支持作用,有必要主动吸收和充分借鉴国外典型国家城镇化进程中财政教育体系运行的成功经验。财政教育在西方发达国家取得了长足发展,积极主动吸收借鉴与中国实际相结合,有利于加快与新型城镇化相适应的财政教育体制建设。

9.1 国外典型国家财政教育支出的基本经验

9.1.1 美国财政教育支出的基本经验

联邦政府财政教育在不同的时期支出的重点和方式存在差异,联邦财政教育存在几方面特点:

(1) 财政教育的目标重点始终围绕教育公平开展,只是联邦政府在全国教育中所扮演的角色存在差异。20世纪60—80年代中期,重心在于提高社会弱势群体受教育的机会和促进教育机会公平。20世纪80年代中期以后，政策重点转向强调促进教育公平的有效性和强化学生学业成就的测评。

（2）联邦政府对州和地方政府有比较全面的财政转移支付制度，有利于既保证了公共基础教育均衡发展，又保证了教育经费支出不断增加。美国财政性公共基础教育经费的公平分配，又通常分为水平公平、垂直公平和财政中性[①]（肖昊，周丹，2013）。

（3）没有强制推行全国教育干预的政策，财政诱导是实施教育管理的主要方式（冯国有，栗玉香，2014），美国各州对教育的贡献在持续增长（程晋宽，2007）。

（4）财政教育体制呈现多样化，当代美国基础财政教育体制应该属于相对集中的模式，并形成了比较规范的各级政府间的财政关系（安玉英，2009）。

（5）财政教育经费来源广泛、多渠道筹措（洪柳，2005）。美国联邦以个人、企业和社团的"所得税"作为教育经费的主要来源，美国联邦政府承担的是"有限"政府的经济责任（程晋宽，2007）。

其中，美国的高等教育方面，经费来源比较广泛，主要包括三级政府的财政投入（联邦、州、地方）、学生缴纳的学杂费、大学通过社会化市场服务获得的收益、捐赠收入及其他收入（程晋宽，2007；黄凤羽，彭媛，2010）。政府拨款是美国高校经费的主要来源，学费收入、彩票收入、捐款收入、校办企业收入、围绕竞技体育运动的比赛收入等是美国高校的重要收入（安玉英，2009）。

美国在农村职业教育方面，形式主要为"社区学院"。"社区学院"多采用多元化筹措渠道，主要以联邦政府、州政府、学院所在地政府的政府拨款形式为主，主要提供者还是以联邦、州、地方组成的三级政府，以

[①] 水平公平原则追求教育资源分配数量的均等。垂直公平要求针对不同特性的学生调整教育支出。财政中性要求公共基础教育支出不可与学区的富裕程度直接挂钩，要求注重克服学区间贫富差异对公共基础教育支出的影响。

学生缴纳的学费、社区税、社区债券、公共性服务收费等为辅，美国"社区学院"经费来源还包括部分其他收入、税收、金融等手段以及为社区提供有偿服务取得部分办学经费（薛文，2004）。在美国农村职业教育的发展过程中注重政府通过立法来大力支持农村职业教育发展，联邦政府的职责多侧重于通过相关的农村职业教育政策的制定进行积极地引导（邓志军，2006）。

9.1.2 澳大利亚财政教育支出的基本经验

当代澳大利亚教育是依靠强大的财政支持才得到蓬勃发展的，财政教育存在几方面特点：

（1）澳大利亚比较重视对教育的投入，而且把教育经费主要用于发展中小学教育（程晋宽，2007）。

（2）教育经费来源主要来自各级政府的财政收入（程晋宽，2007），并以提供年度经费、项目贷款、研究和培训项目投资三种形式进行教育拨款。

其中，在高等教育方面，经费的投资和运作主要由高等教育委员会、澳洲研究委员会及高等教育司来实行。澳大利亚高等教育机构获得教育经费的形式有两种：①经常性经费拨款；②各项研究方案的经费资助（程晋宽，2007）。

在职业教育方面，澳大利亚非常重视农村职业教育，①80%的经费由财政支出，当面临一些经费不足的问题时，职业院校也会吸收企业和个人对高等职业院校进行投资，扩大了农村职业教育的经费来源（黄日强，邓志军，2005），保障农村职业教育足够的资金投入；②通过多种方式对培养的学生减免学费以减轻其经济压力；③采取了目前多数发达国家都采用的一种职业教育经费的拨付标准：即将学校的实际报到人数与财政需要拨付的职业教育经费挂钩的方式；④澳大利亚政府采取公开招标的市场化运作方式，提高资源使用效率（王宇波，2006）；⑤澳大利亚农村职业教育的市场化离不开法律的支持与保障。

9.1.3 英国财政教育支出的基本经验

英国形成了中央集权和地方分权相结合的基本格局,财政教育存在几方面特点:

(1) 英国的中央和地方按照侧重点不同共同承担财政教育分担的责任,其教育行政系统由中央行政部门和地方教育行政部门组成(洪柳,2005;安玉英,2009)。

(2) 英国教育经费由中央和地方政府共同负担,但大部分教育经费由地方政府负责,中央对地方教育经费提供补助(洪柳,2005;安玉英,2009)。公立学校教育经费主要来自中央和地方政府,而私立学校教育经费主要来自学费、私人捐款和其他资助(安玉英,2009)。

(3) 加强立法的同时,不断完善教育改革。一方面强调加强中央控制;另一方面积极推行"市场化"。英国教育改革在保持加强中央控制的同时,把教育逐步推向市场,减少财政投资,在基础教育领域,促使各校之间展开竞争,提高办学质量。受其影响,英国财政教育支出主要有两个特点:①增加面向市场的性质;②扩大社会参与,增加经费来源渠道(洪柳,2005)。

其中,在高等教育方面,英国政府通过独立的专门性机构(即高等教育基金委员会)向各高校拨款,高等教育基金会必须定期向教育与技能部汇报工作,教育与技能部对高等教育基金会的决策,则给予相当程度的尊重与信任(黄凤羽,彭媛,2010)。

在职业教育方面,核心技能正成为英国职业教育中的一大热点,政府、企业和个体是促使在英国职业教育中核心技能形成与发展的主要因素(黄日强,黄勇明,2004)。近年来,从授课方式和就业制度上对职业教育进行大刀阔斧的改革,形成以国家职业资格证书制度。

9.1.4 德国财政教育支出的基本经验

德国的财政教育有着深厚的历史积淀,财政教育存在几方面特点:

(1) 德国的基础教育的管辖权分属于各州。由此产生了德国各州之间教育管理体制和经费管理方面的部分差异。

(2) 政府教育拨款与政府直接管理学校具有不同的政策组合。政府可控制拨款,同时直接或间接地管理学校。

其中,在高等教育方面,德国高等教育体制呈现复合型特征。社会文化和教育事业等由州政府负责;扩建和新建高校由联邦和州共同承担;科学文化和教育事业中的"成人教育、学校管理"由地方政府负责(刘金龙,2009)。德国联邦政府的拨款包括高等学校的基建补贴及对学生和科研项目的资助。联邦政府的科研资助一般是通过社会中介组织间接地进行分配(刘金龙,2009)。近年来,德国联邦政府和各州政府积极改善高等教育治理结构,促进各高等院校相互竞争(赵凌,2014)。

在职业教育方面,德国的经济奇迹得益于政府对职业教育的大力支持。职业教育合同是实施双元制的重要制度保障。保证了培训有章可循,突出了企业在培训中的主体地位。双元制充分结合了企业和学校各自的优势,既继承了学徒培训传统,又融合了现代职教的发展特点(辛斐斐,2010)。

9.1.5 日本财政教育支出的基本经验

日本的财政体制经过了多年的实践和改革,已经形成了比较成熟的税收制度和规范的各级政府间的财政关系。财政教育存在几方面特点:

(1) 日本政府的财政制度采取了由中央政府向地方政府大量转移财力的办法,以保证地方政府能够获得必要的财力提供教育等公共产品和服务(安玉英,2009)。

第 9 章 城镇化进程中国外典型国家财政教育支出的经验与启示

（2）教育经费来源多元化。日本的教育经费在其所有行政费支出中占据了 20% 的比例（张子荣，2008）。经费来源中，除了政府拨款、学费外，校产收入和捐赠收入也是经费的重要来源（黄凤羽，彭媛，2010）。

其中，在高等教育方面，日本高等教育属于政府主导型模式，实行中央和地方两级管理，推动了高等教育数十年的迅猛发展（安玉英，2009；黄凤羽，彭媛，2010）。

在职业教育方面，办学模式由国家、社会企业和私人团体共同承担，日本政府特别鼓励私人办学和国家补助的政策，对其给予积极的政策支持。此外，推行农村职业教育的最低质量标准，以确保政府财政对农村职业教育的支出规模。

9.1.6 韩国财政教育支出的基本经验

韩国被认为有亚洲国家和地区最高质量的教育制度和劳动力，教育的贡献和成就与给予保障是分不开的。财政教育存在几方面特点：

（1）政府不断增加教育投资力度（洪柳，2005）。优先考虑普通教育，重点支持改革项目，增加对教育器材的开发和普及的投入，增加对教员研修的投入等。

（2）韩国的教育经费来源多元化。主要包括中央和地方政府、学生及学校法人三个方面，教育经费由中央统一筹集，政府拨款占学校预算的绝大部分，韩国政府的教育经费主要来源于国内税收、教育税、资本收入和学杂费（宋懿琛，2006；安玉英，2009）。

（3）依法保障政府增加财政教育投入力度，所占比重大，其教育投资一般占政府整个预算的 1/5 以上。韩国的教育经费还表现出超前发展的特点，始终保持教育投资随经济的发展成比例增长，教育经费的增长率远远高于经济增长率。

其中，在高等教育方面，韩国政府高等教育主要依靠社会力量（洪柳，2005）。伴随着韩国经济的逐步发展，政府适时推出的有利于高等教育发展的政策法规及切实有效的实施措施，促使韩国高等教育得以快速发展。

在职业教育方面，韩国建立了与其经济和科技发展相匹配的较为完善的职业技术教育体系，立法是促进职业技术教育发展的有力手段。各地方政府也结合地方的实际，制定了与国家职业技术教育法律相对应的地方职业技术教育政策、法规和制度。

9.2 城镇化与财政教育融合的基本经验

9.2.1 美国"完善的劳动力就业培训体系"

美国城镇化建设始于19世纪70年代，美国在城镇化过程中强调市场的决定性作用，政府的宏观调控只起着辅助性作用（贾建锋，闫佳祺，孙新波，2016）。美国作为世界上的头号经济强国，在长期实践过程中构建了较为完善的劳动力就业培训体系，主要表现在四个方面：①重点与优先相结合的技能培训策略。不仅能取得较好的职业技能培训效果，而且也符合市场经济的基本价值观。②职业技能培训机构的多元化。主要包括高等院校、社区学院、专业培训机构、企业公司、社会团体等。高等职业教育主要职责是为经济社会服务，培养经济社会各行业需求的人才（阚大学，吕连菊，2015）。③随需而变的动态课程设置。通过多种途径，使培训课程的种类和内容随社会发展和时代变迁处于动态调整中。④灵活的教学方式。根据学员不同采取个性化、因材施教的灵活教学方法，达到最佳的培训效果（曾书琴，陈绍华，2013）。

9.2.2 澳大利亚"职业教育与培训"

高等职业教育的产业化和市场化为澳大利亚各行业提供了许多高技能的劳动力，促进了其城镇化快速地发展（阚大学，吕连菊，2015）。澳大利亚既是世界上第一个系统打造职业教育与培训体系的国家，其职业教育与培训（Vocational Education and Training，VET）在世界上一直处于领先位置，主要表现在三个方面：①澳大利亚职业技能培训的课程质量拥有一整套完善的保障体系。②实行职教与高教资格一体化。构建"职普"沟通的"立交桥"，实现一体化。③澳大利亚将"培训包"作为实施职业教育服务的重要载体，将工作所需的通识知识、职业技能及态度跟学习内容紧密结合起来（曾书琴，陈绍华，2013）。

9.2.3 英国"健全的职业教育培训法律法规"

英国城镇化建设始于18世纪，整个城镇化进程被深深地打上了"工业革命"的烙印。英国的职业教育主要表现在两方面：①随着工业革命，现代化农业和新型乡村工业对于技术工人的需求与日俱增，农村剩余劳动人口接受职业教育培训的现象开始产生。②英国非常重视与农民工职业教育培训相关的法律法规体系建设，英国的立法演进过程实际上是一个思想解放、追求民主化道路的过程，教育培训逐渐成为全体英国人民的权利，农民工接受职业教育培训呈现常态化趋势（贾建锋，闫佳祺，孙新波，2016）。

9.2.4 德国"双元制模式"

德国作为世界上经济及工业最发达的国家之一，采取"双元制"为特点的职业技能教育，以培养高素质的一线技术工人或技术农民为目标，为各行各业源源不断地提供优秀人才。主要表现在四个方面：①企校结合，以学校为主的"二元"培训模式。②理论与实际相结合的双向教育。让学员理论联系实际，充分理解、消化和掌握技能知识。③技能考试和资格考试相结合的考核方式（曾书琴，陈绍华，2013）。目前，德国又进一步调整了双元制职业学院的教育培训内容，推进高等职业教育的国际化。④健全的法律法规为职业教育的发展提供了法律保障（阚大学，吕连菊，2015）。

9.2.5 日本"职业训练基本计划+公平与质量兼具的教育体系"

日本城镇化建设始于明治维新时期，快速发展始于20世纪40年代，日本政府十分注重宏观调控的作用，鼓励农村剩余人口接受职业教育，提升竞争力，日本职业教育工作就此起步（贾建锋，闫佳祺，孙新波，2016）。主要表现在三方面：①日本政府制订的"职业训练基本计划"在充实和加强公共职业训练机构的同时，注重促进民间企业自主地举办职业教育，有针对性地提高不同对象的职业技能（曾书琴，陈绍华，2013）。②日本中等职业教育包括学校内和学校外中等职业教育，学校外中等职业教育主要是具有教育功能的各种机构学校，为日本城镇化快速发展提供了大量专业技术人才（阚大学，吕连菊，2015）。③日本教育发展中十分重视教育公平。第一，大力推进教育的全民普及。最大限度地保证了人民的受教育权，维护教育公平，教育的高度发达为日本城镇化发展积累了雄厚的人力资本（董凌波，2017）。第二，推进教育普及促进教育公平，包括入学机会、教育过程及教育结果的三方面公平，为教育发展构建宽松的氛围（易洪艳，2017）。

9.2.6 韩国"推进城乡教育优质均衡发展"

韩国历届政府都十分重视职业教育，依据城镇化进程适时调整政府角色，主要表现在四个方面：①普通教育和职业教育相互沟通，学生可以自由流动。②健全的教育模式是职业技术教育发展的基础，设置专业、设置课程、选择教学形式等都需要科学操作。③新村教育是韩国新村运动的核心，积极引导各种资源承办新村教育（陈建录，曹学玲，2016）。④加大政策扶持力度，将发展农渔村教育视为韩国教育事业发展的主要任务之一，力促韩国城乡教育的均衡发展，提高了韩国农渔村学生的学习兴趣和学习能力，培养了他们的个性特长（金香花，2012）。

9.3 财政教育支出绩效评估的基本体系

9.3.1 巴西财政教育支出绩效评估基本体系

从20世纪80年代开始，为了保障高等教育资源质量和规模的发展，巴西政府在吸收西方国家的实践经验的基础上不断改进其高等教育支出绩效评估制度的建设，形成了独具特色的高等教育支出绩效评价制度。

（1）绩效评估原则。

目前，巴西在财政性高等教育支出评估中，坚持公平与效率兼顾的指导原则，力求在实际绩效评估中避免人为因素干扰，并争取各个利益相关部门的支持，实现和谐共赢，同时，在保障教育公平寻求效率，以效率促进教育公平的发展。而在具体的实践上，由政府主持，由教育研究所和相关专业协会共同参与。

（2）财政性高等教育支出评估指标体系。

根据2004年巴西联邦法律创建的高等教育经费支出评估制度，巴西高等教育支出绩效评估指标体系由全国高校学生能力水平测试、高校资源评估和高校质量调查三部分组成。

全国高校学生能力水平测试由笔试和调查问卷两部分组成。其中笔试部分包括通识教育和专业知识组成，通识教育重点考察参加测试的学生对巴西和世界现状及其他领域的认识、道德伦理等内容；专业知识则重点关注学生对相关专业的知识掌握及应用。调查问卷则由参加测试的学生的个人情况（主要包括学生的社会经济背景的变量，例如家庭经济状况、父母情况、学生个人情况）和学生对测试题目的看法（主要包括学生对测试方式的看法、测试题目的难易程度以及这种测试是否有用等）。

高校资源评估的指标体系主要包括课程体系和高校评估体系。课程体系属于内部评估，主要包括教学资源、师资水平、教学设施建设和教学组织手段等，重点关注高校的人均可用资源能否满足教学活动的需求。高校评估体系则属于外部评估，主要关注高校的社会功效，体现了高校对社会的贡献情况和培养的学生、开展的科研活动是否符合经济社会发展要求等。

高校质量调查从1980年开始，每年进行一次，调查范围涵盖全国所有高校，调查对象为高校教师和在校学生。主要指标包括高校财政状况、各专业就读学生数量、招生人数和实际入学人数的比例、颁发的学位数量、入学学生的个人情况、教师的职称和学历状况、选修课的开设和学习状况等。

（3）具体评估方法。

全国高校学生能力水平测试由教育部组织，各专业协会、教育协会和其他相关组织共同参与组成考试委员会。在水平测试之前，考试委员会参考过去的水平测试评估报告，确定本次水平测试的内容和评估标准，然后组织考试。参加水平测试的学生名单由高校提供，并在同一时间在全国各地统一开始笔试。考试委员会向所有考场派出观察员进行巡考。学生在考试前会得到教育部下发的考试大纲。主要测试方式为笔试，题型为开放式问题和多项选择题，主要考察考生通识知识和相关专业知识水平，学生的成绩是由他在所有参与测试的考生成绩的相对位置决定，根据成绩的平均值分为A到E五个等级。问卷调查中，用学生的不同年份、不同专业分入学等级,再把等级标准化,用学生等级除以学生总数表示各类学生的相对等级。

高校资源评估由高等教育部门每三年组织一次。评估开始前,抽选专家评估各高等院校的课程、教学、科研和硬件设施。高等教育部门搜集到专家评估数据资料后,根据预设标准对数据进行加工分析,将结果递交国家教育委员会,由国家教育委员会对结果展开分析并得出最终评估。

高校质量调查采用互联网问卷的方式搜集信息。调查前,国家教育研究所召集各专业专家针对前一年的问卷进行分析并编制当年的调查问卷。调查完成后,再有专家对获得的数据进行综合性评估。教育部把分析结果上交联邦政府。政府据此制定相关高等教育支出政策,同时在互联网上公开结果。

(4) 评估结果的使用。

巴西实行高等教育绩效评估以来,为高校评估和专业评估提供了标准,对快速发展的高等教育产生了重要影响,也为学者研究巴西高等教育产出问题提供了详细的数据。同时,绩效评估结果也为国家分配财政资助提供了依据,提高了国家教育资金的使用效率。

高校也把高等教育绩效评估结果作为营运依据,特别是私立大学,根据评估结果调整学科设置和专业建设,并试图通过利用评估结果与排名吸引生源。

绩效结果公布之后,学生可以根据结果选择排名靠前的学科和高校。

9.3.2 印度财政教育支出绩效评估基本体系

印度为了确保高等教育支出绩效的提高,从1994年起就成立了国家高等教育绩效评估协会(NACC),并由其担任全国所有高校的绩效评估工作。经过20多年的发展和完善,NACC的评估体系在原则、指标体系、方法和结果应用等方面形成了一套较为科学的完善体系。

(1) 评估原则。

为了保证绩效结果既能有相当的可操作性,同时也能够有广泛的可接受性,NACC明确规范了绩效评估的原则,包括客观性、可靠性、可信性、适应性、目的性和团队合作。

(2) 绩效评估指标。

NACC根据以往评估经验,并借鉴国际高等教育支出绩效评估的先进经验,于2007年4月起颁布实施《高等院校绩效评价体系与评判新方法》,规定了高等教育支出绩效评价工作的7项基准,并在《高等院校绩效评价体系与评判新方法》中阐述了各个基准内不同绩效评估关键点的权重明细,细化了数据资料(见表9-1),加强了绩效评估的可操作性。

表9-1 《高等院校绩效评价体系与评判新方法》的绩效评价基准、关键点与关键点的切实权重

绩效评价基准	绩效评价关键点	关键点的权重明细		
			大学	自治学院	附属学院
1. 课程设置与发展	1.1 课程设置情况	90	50	10
	1.3 课程的市场回应	10	10	10
	1.4 课程革新情况	10	10	5
	1.5 课程理论知识的践行与运用	10	10	10
	权重加总	150	100	50
2. 教学工作与绩效评判	2.1 招生方式与学生资质	20	30	30
	2.2 教学需求的适应性	20	35	45
	2.3 教学活动的开展情况	90	170	270
	2.4 教师学历与资质水准	60	65	65
	2.5 教学评价活动与创新	50	40	30
	2.6 教学评价的践行与应用	10	10	10
	权重加总	250	350	450

第9章　城镇化进程中国外典型国家财政教育支出的经验与启示

续表

绩效评价基准	绩效评价关键点	关键点的权重明细		
		大学	自治学院	附属学院
3. 科研、咨询与普及	3.1 科学研究发展情况	40	30	15
	3.2 科学研究成果水准	90	50	25
	3.3 咨询活动情况	20	10	5
	3.4 科研普及活动	30	40	40
	3.5 科学研究协作境况	10	10	5
	3.6 科研发展、科研咨询与科研推广的践行与运作	10	10	10
	权重加总	200	150	100
4. 硬件设备设施与软件设备设施	4.1 硬件设备设施情况	20	20	20
	4.2 硬件设备设施的维护境况	10	10	10
	4.3 图书馆馆藏情况	35	35	35
	4.4 信息通信技术的应用情况	15	15	15
	4.5 其他设备设施	10	10	10
	4.6 硬件设备设施与软件设备设施的实践应用境况	10	10	10
	权重加总	100	100	100
5. 受教育者发展与支持	5.1 受教育者发展境遇	30	30	30
	5.2 受教育者赞成与否	30	30	30
	5.3 受教育者活动境遇	30	30	30
	5.4 受教育者支持与发展的践行与运作	10	10	10
	权重加总	100	100	100
6. 高校的治理与引导	6.1 高校发展远景	15	15	15
	6.2 高校组织管理情况	20	20	20
	6.3 高校发展战略与发展构思	30	30	30
	6.4 高校人事治理情况	40	40	40
	6.5 高校财务与资源治理境况	35	35	35
	6.6 高校治理与引导的践行与运作	10	10	10
	权重加总	150	150	150

续表

绩效评价基准	绩效评价关键点	关键点的权重明细		
		大学	自治学院	附属学院
7. 革新手段	7.1 高校内部绩效评价体系	20	20	20
	7.2 革新的详细方式	15	15	15
	7.3 与各利益关联方的互动、沟通、协作	15	15	15
	权重加总	50	50	50
	总权重	1000	1000	1000

（3）绩效评估方法。

在绩效评估的具体实施上，针对本国大学和附属院校并存的现状，NACC 实行了两种评估方法。各附属院校施行评估资质和 NAAC 综合绩效评估两步绩效评估方法，大学、自治学院与重点学院则直接进入 NACC 综合绩效评估的一步绩效评估方法。

在评估资质阶段，各附属院校需要申请获取附属学院绩效评估资质（IEQA）。只有在附属院校获取绩效评估资质之后才可申请进入 NAAC 综合绩效评估。

在 NACC 综合绩效评估阶段，NACC 采取一系列措施完善绩效评估体系，合理设置绩效评估关键点的标杆；确定各绩效评估关键点的适当权重；将评估体系从原有的 9 级评判调整为由高到低的 A~D 的四级评判；将原有的百分比转换为累加平均得分（CGPA）。得到累加平均得分之后，各参评高校会获得一个相应的等级、成绩表示与评判地位，以表示该高等院校的绩效评估景况。

最后由同行绩效评估专家小组在经过详细的实地调查与探讨分析，方可就各高等院校的特色、缺陷并提出提升高等院校绩效评估的合理化建议之后形成书面报告。考察完成之后，同行绩效评估专家将高校的累加平均分与书面报告上交 NACC，NACC 根据书面报告给予各高校评判证明书，有效期 5 年，有效期过了以后进行新一轮绩效评估与身份评判。

(4) 绩效评估结果的使用。

NACC 的绩效评估结果与印度大学拨款委员会分配政府财政投入资金款项挂钩，只有在高等院校接受绩效评估与身份评判的前提下，才能够获得政府的财政教育支持。在这种条件下，高等院校为了获得政府的高等财政教育支持，会不断自我完善，保证基本教学活动顺利运行。社会公众也会根据高校获得的 NACC 绩效评估结果和身份评判做出有关高等教育的抉择。雇主也会根据高校毕业生毕业院校的 NACC 绩效评估结果和身份评判选拔优秀人才。NACC 也会根据本国高等教育发展水平每隔 5 年调整一次绩效评估基准，从而确保本国高等教育水准的整体提高。

9.3.3 俄罗斯财政教育支出绩效评估基本体系

21 世纪后，俄罗斯针对高等教育支出绩效评估存在的问题，出台了一系列文件，实施了一系列的革新措施，用法律形式确保了国家对高等教育支出绩效评估的投入，推动了财政性高等教育支出绩效的提升。

(1) 评估原则。

俄罗斯高等教育绩效评估体系的革新，突出表现在组织机制、运行机制及保障机制三个方面。

在组织机制上，由多个部门一道协同运作，各部门在高等教育绩效评估中职能各异又相互协作。

在运行机制上，从 2000 年 1 月起逐步推行高等院校综合评估机制，综合评估集中开展，评估结果的有效期为 3 年，3 年后再次展开批准、认证和鉴定。

在保障机制上，俄罗斯制定了规划保障、管理保障、资源保障和提升保障四个方面的保障制度，确保高等教育支出绩效活动的顺利进行。

(2) 评估指标。

和传统高等教育支出绩效评估相比，现有的综合评估鉴定有如下变动：①提高科学—方法活动在高等教育支出绩效评估体系中的地位，注重创新手段在高等教育活动中的应用；②提高综合性大学在教育大纲范围、研究生教育、研究生比重上的要求；③更为注重受教育者的素质培养，尤其是研究生教育方面；④科研活动依然作为高等院校的重要评估内容，高等院校的科研经费、专著类科研成果的要求更高。

（3）评估方法。

俄罗斯现行的财政高等教育支出绩效评估程序包括两部分：批准和鉴定。其中，批准是对从事高等教育活动的准许，鉴定是对国家教育标准实施状况的外部评估。

（4）评估结果的使用。

通过财政性高等教育支出绩效评估的改革，俄罗斯国内高校的学位证书得到了欧洲国家的认可，俄罗斯学生可以到欧洲其他国家工作或学习，推动了俄罗斯教育体系融入欧洲高等教育体系之中。俄罗斯依据财政性高等教育支出绩效评估结果来拨付财政教育预算，更具竞争性，激励高校不断提升科研教学水平，提高资金使用效率。对高等教育支出绩效进行广泛监管，并不断调整高等教育专业结构，修订专业目录以适应经济社会发展的需求。

9.4 财政教育支出水平国际比较

只有将一国财政教育支出状况同其他国家进行横向比较，即放在世界参照系中进行考察，才能全面认识该国教育支出的真实水平和科学衡量该国政府重视教育事业的程度。下面将从财政教育支出占国民生产总值的比例、财政教育支出占财政总支出的比例、人均财政教育支出水平、生均财政教育支出水平等几个维度就我国财政教育支出状况同其他主要国家进行横向比较分析。

一般而言，财政教育公共支出同一国经济发展水平存在较强的相关性。人均GDP接近300美元的国家的财政教育公共支出占GDP比重通常在 3%～3.7%；人均 GDP 在 300～500 美元的国家财政教育公共支出占 GDP 比重通常在 3.7%～4.2%；人均 GDP 在 500～1000 美元的国家财政教育公共支出占 GDP 比重通常在 4.2%～4.8%，人均 GDP 在 5000 美元的国家财政教育公共支出占 GDP 比重通常在 4.8% 以上。表 9-2 是将中国财政教育公共支出占 GDP 比重与不同地区或收入水平的国家进行了比较，观察表 9-2 发现，1985 年，我国人均 GDP 为 294 美元，相应的财政教育公共支出占 GDP 比重仅为 2.52%，同时期低收入国家财政教育公共支出占 GDP 比重为 3.29%；1995 年，我国人均 GDP 为 610 美元，财政教育公共支出仅占 GDP 的 1.97%，远低于同时期低收入国家财政教育公共支出占 GDP 比重为 3.156% 的水平；2005 年，我国人均 GDP 为 1753 美元，相应的财政教育公共支出占 GDP 比重仅为 2.45%，依然远低于同时期中等收入国家财政教育公共支出占 GDP 比重 3.636% 的水平；2012 年，我国人均 GDP 为 6337 美元，相应的财政教育公共支出占 GDP 比重仅为 4.28%，已经接近同时期上中等收入国家财政教育公共支出占 GDP 比重 4.417%。这表明，我国财政教育公共投入提速是 21 世纪的事，只是到了 2012 年才真正实现了缩小与同类经济发展水平国家之间的差距。这一结论同样可以通过国别比较获得支持。2012 年之前，我国财政教育公共投入水平远落后于奥地利、美国、德国、韩国、新西兰等发达国家，也落后于白俄罗斯、墨西哥、越南、印度等发展中国家，甚至落后于埃塞俄比亚和肯尼亚，仅高于巴基斯坦。2012 年后，中国财政教育公共支出已接近或超过发展中国家水平。这表明近年来政府在推动我国财政教育事业发展上已取得巨大成效。

表 9-2　　中国财政教育公共支出占 GDP 比重的国际比较　　单位：%

国家（地区）	年份								
	1980	1990	1995	2000	2005	2010	2011	2012	2013
世界	4.017	4.514	4.626	3.946	4.160	4.582	4.487	4.566	4.709
中国	2.516	2.477	1.968	2.197	2.450	3.628	3.711	4.279	4.164
高收入国家	4.922	4.529	4.841	4.832	5.016	5.414	5.122	4.944	5.176

续表

国家（地区）	年份							
	1980	1990	1995	2000	2005	2010	2011	2012	2013
上中等收入国家	4.324	4.256	4.128	3.988	4.056	4.545	4.49	4.41	4.748
中等收入国家	4.358	—	4.012	3.822	3.892	4.485	4.130	4.018	4.129
下中等收入国家	3.582	3.496	—	3.503	3.636	3.937	3.899	4.036	4.095
低收入国家	3.321	3.318	3.256	3.375	3.527	3.664	3.804	4.054	3.545
最不发达国家（联合国分类）	—	3.102	3.011	2.987	3.378	3.614	3.439	3.481	3.469
撒哈拉以南非洲地区	2.986	—	—	3.175	3.636	3.837	3.899	4.090	4.501
阿根廷	2.6	1.1	—	4.6	3.8	5.0	5.3	5.3	5.4
奥地利	5.0	5.0	—	5.6	5.3	5.7	5.6	5.5	5.6
白俄罗斯	—	—	—	6.2	5.9	5.4	4.8	5.1	5.2
捷克	—	—	—	3.7	3.9	4.1	4.3	4.3	4.1
德国	—	—	—	—	—	4.9	4.8	4.9	4.9
埃塞俄比亚	—	—	4.0	—	4.5	5.5	5.6	4.5
印度	—	—	—	4.3	3.1	3.4	3.8	3.9	3.8
肯尼亚	5.4	—	—	5.2	7.4	5.5	5.3	5.5	5.4
韩国	3.3	3.0	—	—	3.9	—	—	4.6	—
墨西哥	—	2.3	—	4.1	4.9	5.2	5.1	5.2	4.7
新西兰	4.2	—	—	—	6.3	7.0	7.0	7.2	6.7
巴基斯坦	2.1	2.5	—	1.8	2.3	2.3	2.2	2.1	2.5
美国	—	4.8	—	—	5.1	5.4	5.2	5.2	4.9
越南	—	—	—	—	—	5.1	4.8	5.5	5.7

资料来源：世界银行网站数据库。

表9-3是世界主要国家2013年教育公共财政生均支出的绝对数指标和相对数指标。从绝对数来看，我国各层次教育的公共财政支出的生均绝对数同日本、美国、德国、韩国、加拿大等主要发达国家相比，初等教育

第9章 城镇化进程中国外典型国家财政教育支出的经验与启示

公共投入基本上都只是发达国家的1/10左右,中等教育公共投入只是发达国家的1/8左右,而高等教育投入的差距相对小一些,约为发达国家的1/6,这表明我国教育公共投入同发达国家相比还有相当大的差距。因此,随着我国经济的持续增长,人均国内生产总值的不断增加,提升财政教育支出的空间还非常大。另外,再从相对数来看,目前,我国各层次教育的公共财政支出的生均相对数同主要发达国家相比,中等教育支出是初等教育支出的1.4倍,高等教育支出是初等教育支出的2.5倍,这表明3个层次公共财政支出比例已与西方发达国家的水平比较接近。

表9-3　　　2013年主要国家各层次教育生均公共财政支出比较　　　单位：美元

层次	日本	美国	丹麦	德国	法国	韩国	新西兰	加拿大	中国
小学	8748	10959	11355	8103	7201	7957	7354	9130	988
中学	10459	12740	10933	11106	13643	8592	10198	12086	1424
大学	17883	27924	16460	16895	16194	10491	15419	21458	2515
小学	1	1	1	1	1	1	1	1	1
中学	1.2	1.2	1.0	1.4	1.9	1.1	1.4	1.3	1.4
大学	2.0	2.5	1.4	2.1	2.2	1.3	2.1	2.4	2.5

注：第2、第3、第4行为主要国家各层次生均公共财政支出绝对数,其中中国以2013年汇率1美元=6.2元人民币计算所得；第5、第6、第7行为主要国家各层次生均公共财政支出相对数,即以小学生生均数为1计算所得。

资料来源：OECD. Education at a glance 2016：OECD indicators [R]. Paris：OECD, 2016.

表9-4就1990—2013年中国教育公共财政支出占财政总支出比重同主要国家和地区进行了比较。在20世纪90年代初,我国还没有实现财政教育公共支出占GDP比重"4%"的目标时,财政教育支出占财政总支出的比重就已经达到了15.75%,这一指标已经接近或超过许多发达国家或地区的水平；2012年我国已经实现了教育公共财政支出占GDP比重"4%"的目标,而财政教育公共支出占财政总支出的比重仍然在"15%"左右,依然靠近发达国家的水平。这表明,随着我国经济社会的进一步发

展，国内生产总值的进一步增大，提高财政教育公共支出占 GDP 的比重显然是可行的，根本原因在于：①随着 GDP 和财政教育公共支出的增加，财政总收入和总支出也在增加；②目前我国计算这一指标时，财政支出口径一般只是计算了预算内财政支出，没有计入预算外财政支出，如果将其计算在内，我国教育公共财政支出占财政总支出的比重要小得多。因此，尽管从表面上看，我国目前教育公共财政支出占财政总支出的比重已经接近或超过许多发达国家的水平，但实际上还有很大的空间可以提升。

表 9-4　　1990—2013 年中国财政教育公共支出占财政总支出比重同主要国家和地区的比较　　单位：%

国家或地区	1990 年	1995 年	2000 年	2005 年	2010 年	2013 年
高收入国家	—	11.94	12.08	12.70	12.21	12.76
最不发达国家	—	—	15.05	15.89	16.03	16.17
撒哈拉以南非洲地区	—	—	15.26	18.03	17.31	16.62
世界	—	—	13.39	13.86	14.33	14.13
阿根廷	—	—	16.23	15.81	15.82	15.26
加拿大	13.19	12.86	12.98	12.18	12.34	—
瑞士	17.50	15.65	15.49	15.89	15.40	15.40
中国	15.75	19.17	16.43	14.32	17.53	18.32
法国	9.69	11.01	10.79	10.40	10.07	9.66
英国	11.17	11.97	12.05	13.17	12.95	12.93
中国香港（地区）	18.54	—	—	22.48	20.15	20.30
印度	—	—	17.50	11.53	11.74	14.09
北美	13.19	12.86	12.98	13.64	12.70	13.29
挪威	13.77	16.58	15.49	16.75	15.31	17.03
新西兰	—	15.52	—	18.03	16.93	18.36
巴基斯坦	—	10.31	8.49	13.78	11.86	11.51
罗马尼亚	—	—	8.19	10.84	9.13	—
新加坡	—	—	18.28	19.82	17.17	19.96

续表

国家或地区	1990 年	1995 年	2000 年	2005 年	2010 年	2013 年
泰国	—	18.90	28.39	20.55	16.22	18.86
美国	—	—	—	15.11	13.06	13.29
南非	—	—	—	19.92	18.04	19.17

资料来源：世界银行网站数据库。

9.5 国际经验对我国的启示

9.5.1 国外典型国家财政教育支出的启示

（1）加大财政教育支出规模。

大部分发达国家财政教育支出水平较高，生均经费比较高，且呈递增趋势。例如，在农村职业教育方面，澳大利亚政府财政支出占80%左右，英国为75%左右，美国为55%以上，政府是职业教育经费的主要提供者。职业教育生均教育经费是体现国家对农村职业教育重视和努力程度的国际标准。同时，发达国家具有多元化职业教育经费筹措途径。以德国的"双元制"最具有代表性，企业在职业教育中投入比例最大，主要也是政府采用了较好的政策调节，使职业教育更接近企业实际，有利于经济的发展。另外，各国也都在不同程度上收取一定学费，作为职业教育经费的必要补充，同时也存在社会各界不同程度的捐赠等。此外，发达国家职业教育经费投入的方式也是多种多样，主要的目的是保证职业教育投入的有效性。

（2）优化财政教育支出结构。

就教育发展来看，三级教育是一个相互衔接的整体，当前教育投资要解决教育支出层级过度偏斜带来的内部与外部的不经济现象，政府有必要将教育发展与经济发展联动结合，确保教育投资的重点与我国经济发展速度和社会发展水平相适应。例如，美国模式反映了美国各州政府着力于满足学生基本需求、实现财政公平；英国模式反映了英国政府从实现教育水平公平向实现教育垂直公平的努力；澳大利亚模式反映了满足不同学生的个性发展需要。

（3）引导教育资源均衡发展。

国外追求公平、平等的社会理念是推动城乡、地区、群体教育均衡发展的社会基础。引导教育资源均衡发展，可以提高城镇的人口聚集效应。美国把城市化和发展高等教育紧密结合起来，注重于高等教育资源在不同区域的相对均衡分布（曾阳，黄崴，2014）。

（4）健全法律制度保障体系。

以职业教育为例，主要发达国家财政性职业教育支出的历史就是一部立法的历史，通过立法保证职业教育的支出。依据社会经济发展对职业教育的不同需求，各个发达国家在不同的历史时期，适时制定了相应的法律、法规。通过各种立法的手段保证职业教育的有效支出。这是各发达国家职业教育迅速发展最为重要的根本原因，也是我国发展职业教育值得借鉴的最为宝贵经验。到目前为止，我国仅有一部1996年9月颁布实施的《中华人民共和国职业教育法》。

（5）创新教育经营管理体制。

推动高等教育发展，可以为新城镇的发展提供智力支持。美国社区学院中，学制、教学和课程较为灵活，社会职能的重心更倾向于普通民众需要的办学形式。推动高等教育资源开放化发展，为低学历人群获取资源提供便利。可帮助人们丰富业余生活，还可培养工作技能，为适应未来的工作和生活做准备（曾阳，黄崴，2014）。

9.5.2 城镇化与财政教育结合的启示

（1）注重教育结构与城镇化发展之间的良性互动。

要走新型城镇化发展道路，就必须充分发挥教育的支持作用。新型城镇化对教育提出了新的发展要求，即教育推动人的城镇化，教育推动人的发展、推动社会发展。面对教育与城镇化发展联系日益紧密、相互影响日益显著的现实，要注重教育结构与城镇化发展之间的良性互动。按照城镇化发展和产业分工的要求，为工业化和城镇化培养了大量的高级专门人才，为经济发展提供大量的人才储备（易洪艳，2017）。

（2）注重教育与城镇化进程中产业人才需求紧密结合。

教育与产业严重脱节是我国发展新型城镇化的一个制约性因素。例如，服务业是创造和扩大劳动就业机会的主要发展途径，劳动者的基础素质和岗位培训对良性转移具有重要意义。例如，美国推动高等职业教育社区化、德国高等职业教育的双元制模式、澳大利亚实施的TAFE均为城镇化各行业发展提供了技能型人才，提高了城镇各行业的劳动生产率与综合竞争力，促进了城镇化发展（曾书琴，陈绍华，2013）。为适应我国城镇化进程中服务业的发展，应从三方面下功夫：①教育要为深度转变传统城镇化发展观念，深化服务业体制改革服务；②针对新型城镇化背景下，对医疗、健康、养老等服务性消费需求的增加，定期组织社区工作人员培训、在校学生顶岗实习等相关活动，依靠科技进步和教育培训为新兴产业提供高素质的劳动者（李少元，2005）；③通过强化高校开发研究力度，培育现代服务业企业、建设服务产业园区等途径，提升地区城镇化水平（孙小娇，张杜鹃，2015）。

（3）增强服务意识。

教育对城镇化的影响主要体现在三方面：①教育要促进人的城镇化和人的全面发展；②教育促进农村转移人口与城镇人口的社会融合；③教育提高农村转移人口的科学化、民主化水平。高度城市化的发达国家农村劳动力的转移与国家的工业化、城市化是同步的，通过提升农村人口基础教育水平、加强职业道德规范教育等措施，提高农村移民和从业人员的文化素质和文明素养（范安平，2013），使其逐步成为城市市民，促进了整个国家的现代化发展。

（4）健全优化法律体系。

我国与发达国家相比，教育立法工作十分薄弱。在城镇化发展的关键阶段，只有通过法令管理与政令管理相互配合，在转变理念、依法管理的同时，要注重不断完善立法工作，健全与优化法律体系（贾建锋，闫佳祺，孙新波，2016）。英国、日本和美国的政府对于各类职业培训工作均十分重视，出台一系列相关法律法规，形成了国家统筹规划、相关部门协调配合并提供指导的培训模式，确保了教育工作顺利进行。注重实地调研，了解城镇化进程中亟待解决的教育问题，形成主次分明、结构合理的法制体系，要注意循序渐进，切勿急于求成。

9.5.3 财政教育支出绩效评价的启示

（1）科学构建绩效评价标准。

巴西、印度和俄罗斯三国都是以政府部门牵头，成立专门的绩效评价机构，并且出台专门的法律文件保障绩效评价活动顺利进行。三国的财政教育资金的分配上都以高等教育支出绩效评价结果为指导，提高本国高等教育的竞争性，提高财政教育资金使用效率。但是由于三国的高等教育起步水平和发展现状不同，三国在高等教育支出绩效评价侧重点上各有不同：巴西的高等教育支出绩效评价更加注重高等教育的公平性，侧重学生获得高等教育机会的公平性；印度的高等教育支出绩效评价根据高校种类不同，设定不同的评价标准，注重对本国高等教育水平整体的提升；俄罗斯的高等教育水平起点较高，高等教育支出绩效评价更加注重高等学校的科研能力和研究生教育，以及推动本国高等教育进一步融入欧洲高等教育体系。我国的高等教育支出绩效评价应根据相关的法律文件加以保障，并且由政府成立专门的机构牵头推动，结合高等教育现状制定绩效评价指标，在提高绩效评价的标准化水平的同时还要注意保持高等教育的多样性发展，并合理制定评价周期，保证绩效评价指标体系适应国家高等教育发展要求的变化，防止出现指标固定而导致高等教育发展模式僵化的现象。

（2）财政教育支出体现竞争导向。

根据不同教育服务的公共性强度确定政府的参与度，鼓励市场及非营利组织对教育服务的相应参与。我国应该积极借鉴发达国家的相关经验，在教育服务的提供中，关注多元主体积极性的发挥，有利于增加教育供给，通过竞争提高教育质量。提高政府教育投入与管理效率，让公共教育服务的生产者（学校）通过竞争，提供更多质优价廉的教育服务产品。

（3）财政教育支出体现考核导向。

目前，我国高等教育主要依据"生均"这个指标进行拨款，可考虑采用多重目标和多参数的公式拨款方式，以发挥政府的拨款导向职能。对实施项目评议制度，依据政府部门和社会中介机构对项目的评估结果，督促高校达到预定的项目建设目标（赵凌，2014）。高等教育支出绩效评价的结果应向社会公众公示，指导生源流动，并接受社会各界的监督和意见。政府的财政教育支出的分配应以高校的教育支出绩效评价结果作为指导，提高高校之间的竞争性，促进高校不断自我完善，提高高等教育水平。

9.6 小结

通过梳理、分析，总结美国、澳大利亚、英国、德国、日本、韩国、巴西、印度、俄罗斯等国外典型国家在财政教育支出、城镇化与财政教育相结合、财政教育绩效评价的基本做法，我们认为尽管近年来中国政府的教育投入呈上升趋势，但教育支出规模和教育发展水平与发达国家相比还存在较大差距。其他国家的经验做法值得我们深入借鉴。

财政教育支出方面的基本经验：①加大财政教育支出规模；②优化财政教育支出结构；③引导教育资源均衡发展；④健全法律制度保障体系；⑤创新教育经营管理体制。

城镇化与财政教育融合方面的基本经验：①注重教育结构与城镇化发展之间的良性互动；②注重教育与城镇化进程中产业人才需求紧密结合；③增强服务意识；④健全优化法律体系。

财政教育绩效评价方面的基本经验：①科学构建绩效评价标准；②财政教育支出体现竞争导向；③财政教育支出体现考核导向。

第10章

财政教育支出绩效评估模式设计

CIPP 评估模式是在美国20世纪60年代的教育改革运动中诞生的,它极其注重教育评估的改进作用。在教育教学革故鼎新时,CIPP 这种评估模式对不同类别的教育活动适用性较强。当今,我国财政教育支出正面临深入改革时期,要求教育评估能对教育实践活动的有效开展产生促进作用,能更好地发挥教育评估的各项功能(谭利净,2011)。因此,借鉴 CIPP 评估模式具有重要的价值和积极的意义。

10.1 CIPP 评估模式的基本情况

10.1.1 CIPP 评估模式的产生背景

CIPP 评估模式产生于20世纪50年代末美国在全国范围推进的课程改革运动。在这次课程改革运动中,美国国会通过了《1965年初等和中等教育法案》,该法案以数十亿美元为支撑,助力美国各个学区的课程改革运动。由于资助数额巨大,因而联邦政府规定,必须评估所有接受该法案资助的项目,以提高改革的效率,扩大改革的效应。美国著名的学者、教育评估专家斯塔弗尔比姆及其负责的俄亥俄州立大学评估中心承担了这一项目的评估任务。面对这项评估任务，斯塔弗尔比姆于1965年通过对教育改革的客观状况进行详细调查分析，进一步丰富了评估的内涵。斯塔弗尔比姆认为，评估就是为决策者提供真实有用的信息的过程，其主要目的就是通过真实有效的评估为教育改革方案的策划者、学校管理人员及教师提供客观、全面、准确的评估信息，及时对教育改革方案进行补充与修订。

与此同时，在反思泰勒行为目标模式的基础上美国的斯塔弗尔比姆创立了CIPP评估模式理论。在这一理论引领下构建了CIPP评估模型，并将一项任务本身作为对象进行分析，最终达到为管理者决策提供丰富的参阅信息的目的。CIPP评估模式的理论比较充分，步骤比较完整，得到大多数学者的接受和推广。当然，学者们也根据自己的研究视角或领域不同进一步梳理其中的理论精髓，在教育评估中进行了不同的解读和重构，充实了CIPP评估的理论内涵，在教育管理学、教育政策学、教育经济学中产生了广泛而深远的影响。

10.1.2 CIPP评估模式的基本内涵

决策是CIPP评估模式的中心。CIPP评估模式主要涵盖两个基本观点：①CIPP评估既重视目标的本身，也重视目标是怎样确定的，还重视目标本身是否合理。②CIPP评估既重视目标的达成度，也重视目标是怎样达成的。换句话说，在整个评估活动中，评估的结果与评估过程的同等重要。在CIPP评价模式中，把评估过程分为背景评估、输入评估、过程评估和成果评估4个主要阶段。CIPP评估模式就是背景（Context‑Evaluation）→输入（Input‑Evaluation）→过程（Process‑Evaluation）→成果（Product‑Evaluation）评估模式的英文缩写简称。

(1) 背景评估。

CIPP评估模式的第一阶段就是背景评估。该阶段主要是针对教育改革方案目标的合理性进行的评估和判断。这一阶段的基本取向就是了解研究对象的基本状况，发现研究对象存在的不足，及时提出修正方向（谭利净，2011；蒋国勇，2007；张笑宁，赵丹，陈遇春，2018）。

（2）输入评估。

CIPP评估模式的第二个阶段就是输入评估。该阶段是在背景评估的基础上，对各种备选方案的具体优点和不足进行有效识别和评定。第二阶段的基本取向就是评估者从理论上或逻辑上对每个备择方案进行推测和判断，明确实现教育目标的最佳方案，为组织决策提供相应的服务（谭利净，2011；蒋国勇，2007；张笑宁，赵丹，陈遇春，2018）。

（3）过程评估。

CIPP评估模式的第三个阶段就是过程评估。该阶段是针对教育方案实施情况进行监督和检查，其主要目的就是针对教育方案的实施过程开展形成性评估，以其不断调整和改进实施过程，为实施决策提供服务。在第三阶段评估中，教育方案的制订者和执行者可以根据获取的评估信息，及时对教育方案的实施进行不间断的调整（谭利净，2011；蒋国勇，2007；张笑宁，赵丹，陈遇春，2018）。

（4）成果评估。

CIPP评估模式的第四个阶段就是成果评估。该阶段是针对教育方案实施成果进行评价，也就是测量、解释和判断教育方案实施取得的系列相关成果。教育方案的制订者和实施者可以根据该方案执行中取得的成效，为下一步的再循环决策奠定基础（谭利净，2011；蒋国勇，2007；张笑宁，赵丹，陈遇春，2018）。

10.1.3　CIPP评估模式的应用状况

（1）在课程评估方面的应用。

在课程评估方面的应用主要表现在三个方面：①课堂教学方法评估的应用，比如研究性学习课程、项目化课程等。改良了的CIPP评估模式应用到研究性学习课程评估，成为研究性学习课程评估的基本模式（张其志，2004）；CIPP 在项目化课程评估中的改进和实施，有利于课程质量的提高（高玉萍，2012）。②不同高校层次的课程评估的应用，有本科院校也有高职专科学校。结合我国文化素质课的需要，设计了高校文化素质教育课程的 CIPP 评估流程（王盈，李平，2009）；在高校课程 CIPP 评估模式中采用图表形式，针对性强，适用于多样化高教系统的课程评估模式，是今后我国高校教育活动中课程评估应该关注和采纳的模式（吴飞，2007）；针对当前高职课程评估中存在的评估标准不科学、评估方式不合理等问题，构建基于 CIPP 模式的高职计算机类专业课程评估体系，并制订具体的实施方案应用到教育教学中（杨鹏，余明辉，2015）；通过分析目前高校机电类师资培养课程设置的不足，以 CIPP 模式为基础，分别从背景评估、输入评估、过程评估和结果评估 4 个方面对高校机电类师资培养课程评估体系进行构建（牛静，2016），为高校机电类师资培养课程的评估提供了经验借鉴；在 CIPP 模式下的高职院校创业教育课程评估，有助于高职院校厘清在建设创业教育课程中应注意的问题，从而优化课程方案，推进创业教育改革（王颖颖，2017）。③在思想政治与文化素质课程评估中的应用。结合我国文化素质课的需要，设计了高校文化素质教育课程的 CIPP 评估流程（王盈，李平，2009）；构建一个全方位立体共控、多主体参与的 CIPP 爱国主义教育课程评估体系，既可提高课程质量，也可为相关教育的改革和决策提供参考依据（徐晓霞，2018）。

（2）课堂教学评估应用。

CIPP 评估模式在课堂教学评估中的应用，集中体现在不同层次学校的课堂、不同发展理念的课堂等方面。将 CIPP 模式应用到发展性课堂教学评估中，应该遴选合适的评估者、确定多元的价值评估标准、强化整个评估过程的修正、激励作用（史晓燕，2003）；以 CIPP 模式开展体育课堂教学评估，可以有效地提高体育课堂教学质量，同时帮助教师改进课堂教学。运用 CIPP 模式，应注意转变体育课堂教学评估观，慎重选择评估者以发挥评估的改进及发展功能，在发展性的评估理念下组织评估过程（赵华，2010）；将 CIPP 模式应用于课堂教学评估，在提高课堂教学评估的目的性和针对性等方面具有重要价值和意义（谭利净，2010）；在 CIPP 评估模式的基础上，依据初中地理课堂教学的特点，分别评估教学目标是怎样制订的、教学方案是如何设计的、教学活动的过程怎么进行的、教学成果又是什么样态等，其目的就是为提高地理课堂教学质量、更新教学评估理念提供思路与服务（刘建平，温绣娟，2015）；在高职院校课堂教学质量评估过程中，应科学组织评估过程，处理好 CIPP 4 个评估阶段之间的关系，提高教育评估的专业化水平，包括制定和完善评估标准，探索和创新评估手段和方法（张殿尉等，2018）。

（3）专业建设评估应用。

专业建设方面的应用主要体现在特色专业建设评估、人才培养质量评估以及不同办学层次专业的评估等方面。在分析高校工商管理类专业实践教学评估原则的基础上，引入 CIPP 评估模式，提出工商管理类专业实验教学、实习教学与毕业论文教学等实践环节的评估体系（杨芳等，2011）；基于 CIPP 模型，构建电力市场营销专业人才培养质量评估指标体系，以南京工程学院为例，对其电力市场营销专业人才质量进行评估（陈洁，刘秋华，2015）。基于 CIPP 评估要素与职业院校专业建设评估要素的契合性与 CIPP 评估主旨与专业建设评估的一致性，以效率和效益为价值取向，建构了基于 CIPP 评估思想的职业院校专业建设"两效四核"评估模型：背景评估主要指向核心目标，输入评估主要指向核心资源，过程评估主要指向核心课程，成果评估主要指向核心发展（沈军等，2016）。通过引入 CIPP 模式，从背景评估（C）、输入评估（I）、过程评估（P）和成果评估（P）4 个部分构建评估指标体系，结合优势特色专业建设生命周期中的立项申报期、成长建设期及成熟验收期选择不同指标进行评估，为地方高校的优势特色专业建设项目的遴选决策、过程控制及结果评估提供了一种方案（李秋莹，梁微，2017）；基于 CIPP 模式，构建全日制护理专业硕士教育质量评估体系，进行 SWOT 分析，分辨其优势与不足，认清机会与威胁，以期为构建科学、客观、有效的全日制护理专业硕士评估体系奠定基础（王东梅等，2018）；在深入分析 CIPP 评估模式选用与高职内部专业评估内容性质融合程度的基础上，建立基于"背景—输入—过程—成果"范式的内在逻辑思路导图，尝试从专业建设的目标背景评估、资源输入评估、过程任务评估和成果发展评估4个逻辑连贯和结构序化的系统或环节来构建高职院校内部专业评估指标体系（高月勤等，2018）。

（4）其他教育相关评估的应用

其他教育相关的评估主要表现在针对教师教育或公务员等培训，在不同国度的学校应用、不同区域教育的评估等。培训后评估，即柯式模型4个层次的评估（罗哲，易艳玲，2007）。以CIPP为概念的范式，在比较分析国外、国内教育指标体系的前提下，在理论层面上构建了区域教育指标体系（孙继红，2010）。借鉴相关模式，在分析和研究模式的选择与我国高等教育公平评估契合性的基础上，建立"背景—投入—过程—成果"的系统分析框架，并构建我国高等教育公平指标体系（骆徽，2012）。提升高等学校联合地方政府及不同类型的中小学校（UGSS）教育实习模式的层次和水平，可探索CIPP方式，进而提升高等学校联合地方政府及不同类型的中小学校（UGSS）教育实习模式的层次，推动其教育实习模式的发展（薛猛、高丰，2017）。我国公务员培训评估体系包括三个阶段：①培训前评估也就是CIPP评估模式的背景评估和投入评估；②培训过程评估也就是CIPP评估模式的过程评估；③培训后的评估也就是CIPP评估模式的成果评估（罗哲，易艳玲，2007）。国外在此方面也有一定研究，（Aboulfazl Safieepoor, Reza Shafizadeha & Behzad Shoghib, 2013）评估2003—2012年伊斯兰阿扎德大学（Buin Zahra分校）员工接受在职培训的质量，得出：在伊斯兰阿扎德大学员工在职培训中，背景、投入、过程和产品的维度都处于理想水平。

综上所述，CIPP评估模式应用主要集中在教育教学、人才培养、教师教育等方面，而在教育投入产出的绩效评估方面则很少应用。在美国管理学家斯塔弗尔比姆提出的CIPP模式对财政支出绩效进行的评估基础上，将教育环境因素修正为新型城镇化，将财政教育支出成果进一步拓展为人力资本和对经济增长质量和数量的贡献，在第4章、第5章、第6章实证基础上，构建新型城镇化的财政教育支出绩效评估的多元指标体系，并形成相应的绩效评估模式。

10.2 主要意义与基本特征

将 CIPP 评估的基本思想和模式引入财政教育支的绩效评估中，拓宽了财政教育支出与产出的评估视野，通过凝练自身特征，遵循基本原则，进一步丰富了 CIPP 模式的内涵。在评估过程中对提高财政教育支出的绩效水平，具有重要的意义和价值。

10.2.1 CIPP 绩效评估的主要意义

从 CIPP 评估模式应用情况来看，前人主要集中在教育教学、人才培养、教师教育等方面，而在教育投入产出的绩效评估方面则很少应用。本书首次将新型城镇化与财政教育支出绩效耦合在一起进行分析论证，提出了财政教育支出绩效评估的新模式；财政教育支出是人力资本的积累、经济质量和数量增长，这恰好是人的城镇化和经济城镇化的核心。

（1）提供决策信息的系统性和科学性。

CIPP 评估模式能够系统、全面地对教育对象进行评估，将 CIPP 模式相应的具体方法融入财政教育支出绩效评估的背景评估、投入评估、过程评估和结果评估中，通过一定的程序和步骤来完成指标的构建及具体评估模式设计。在对全过程进行动态评估的同时，推动评估信息的有效反馈与评估方案的及时修正，与之前的决策评估模式相比：弥补了片面性，打破了封闭性，使整个评估过程构建为一个循环往复的评估框架体系，具有较强的科学性与系统性。

（2）提供决策信息的现实性和有效性。

美国管理学家斯塔弗尔比姆提出的 CIPP 模式在继承目标评估优点

的基础上，更加出色地发挥了评估的诊断性和发展性功能。在针对财政支出绩效进行评估的基础上，将教育环境因素修正为新型城镇化，将财政教育支出成果进一步拓展为人力资本和对经济增长质量和数量的贡献，并构建新型城镇化的财政教育支出绩效评估的多元指标体系，进而形成相应的绩效评估模式，为科学地制定财政教育支出决策奠定了基础。

10.2.2 CIPP 绩效评估的基本原则

（1）效率与效益相结合原则。

效率是指单位时间里实际完成的工作量。效率评估是基于时间维度来评测项目投入成本与产出收益之间的比较关系。在成本—收益分析中，必须考虑各项开支，才能测度出成本和收益。成本效益研究主要不是以货币指标来考察，更多的是以一些定性指标来评估。在绩效评估时，需要将效率与效益结合起来，发挥教育资源最大效用。

（2）静态与动态相结合原则。

教育政策是一个动态的积累过程。在借助遴选的指标对其评估时，既要考虑到教育政策运行过程的动态指标（过程指标），也要考虑教育政策结果的静态指标（现实指标），这样才能全面体现教育政策执行的状况、主要成效以及未来发展趋势。这要求评估实施者要考察专业历史背景与现实情况，通过静态和动态相结合方式进行科学评估。

（3）定性与定量相结合原则。

新型城镇化与财政教育支出相关指标的构建，既要考虑指标本身具有广泛的代表性和公认典型性，也要包含较多的信息量；同时，应该综合研判时间成本、人力成本、技术成本等，分析确认指标构建的可行性。这就要求评估实施者既要采集分析基础数据，反映实际情况，又要采用质性评估方法，评判发展的潜力，通过定性指标定量化和价值协商等相结合方式进行科学评估。

(4) 过程与诊断相结合原则。

过程通常包括形成过程和累计过程。形成过程是知识与方法的形成过程；累计过程是在形成的基础上完成积累的过程。形成性评估是知识与方法如何在人脑中进行建构的，这属于认知建构理论。过程性评估与形成性评估一致，是在形成性评估的基础上形成累积性评估。诊断性评估是对研究问题、问题形成的原因与机制等做出判断。参与评估的主体在分析评估目标发展过程中存在的主要问题，找出这些问题的主要原因，为确定发展目标与定位提供指导。这要求评估实施者既要做好过程评估，又要做好诊断性评估，二者要有机结合。

10.2.3 CIPP 评估模式的基本特征

(1) 全程性评估。

CIPP 评估主要包括背景评估、输入评估、过程评估和成果评估 4 个部分，而且每个评估阶段都有相对应的目的、内容和功能。根据质量评估设立一级指标，同时在每个一级指标下可设多个二级指标，将评估贯穿于整个财政教育支出绩效评估过程。该种评估方式促使城镇化进程中财政教育支出绩效进行客观而全面的评估，对城镇化进程中财政教育支出绩效提供评估依据，进而促进财政教育支出绩效水平的提升。

(2) 反馈性评估。

反馈性评估要求在评估过程中及时地获得反馈信息，形成"1+N"周期循环评估，即完成第一轮 CIPP 评估工作以后，关注目标达成情况，如达成，进入第二轮 CIPP 评估阶段，设定更高目标；如未达到预设目标，则继续新一轮 CIPP 评估工作，调整先前共同设定的目标，开展补救工作，直到达到预设目标进入第二轮建设阶段。通过及时地调节和控制相关活动，做好政策执行的实际效果评估和政策效果对预期政策目标的实现程度的评估，以提高整体效率。

(3) 发展性评估。

发展性标准是教育政策评估的重要标准。教育发展不仅仅是一个数量变化的过程，而且是教育整体上发生质变的过程。教育发展体现了一种进步，反映了一种积极的取向。教育系统与所处的社会系统二者之间时时刻刻都会发生复杂的物质、信息、能量的交换，甚至有时会发生冲突与矛盾。评估的主要目的：①改善和提升自身的评估体系；②服务决策，推动教育发展；③系统取得并运用反馈信息，适应组织或个人的信息需求。

(4) 决策性评估。

CIPP模式评估的根本目的是为决策提供信息和服务。这种评估模式各个阶段都与方案形成及执行中、执行后的不同决策有关联。在背景评估阶段，主要为问题凝练、目标确定、组织定位等提供决策帮助，基本取向决定为确定方案目标。输入评估阶段，为预期方法的决策提供相应的信息服务，基本取向决定为修改方案或比较方案。在过程评估阶段，为补救方法的决策提供相应的信息服务，基本取向决定—多次出现—并列关系。在结果评估阶段，为最终目标的决策提供相应的信息服务，基本取向决定为判断方案最终实施结果[①]。由于财政教育支出效果的广泛性和多样性，应尽可能严谨、客观地对其进行辨别，并对决策的差别做出客观的分析与判断。

10.3 指标体系构建

10.3.1 指标体系构建的原则

在新型城镇化进程中，财政教育支出绩效评估指标体系的构建需要一定的基本原则来规范。主要的基本原则涵盖以下4个方面：

---

① 李雁冰．课程评价论［M］．上海：上海教育出版社，2002．

(1) 简洁客观的原则。

从编制的角度来看,财政教育支出相关指标的选取要简单易行,表达的含义易于理解,不会产生歧义。指标对应的信息资料的来源渠道要客观真实,具有一定的权威性,能够真正反映新型城镇化和财政教育支出潜在问题与客观现状。简洁客观的原则是指标体系构建的基本原则。

(2) 有效可行的原则。

新型城镇化与财政教育支出相关指标的构建,应该考虑指标本身具有广泛的代表性和公认的典型性,还要包含较多的信息量;同时,应该综合研判时间成本、人力成本、技术成本等,分析确认指标构建的可行性。有效可行的原则是指标体系构建的根本原则。

(3) 规范可比的原则。

构建指标体系要考虑指标的统计口径的一致性,特别是在做比较分析时更为重要。其内涵要明确清晰,财政教育支出相关指标的变化必须能够解释与新型城镇化的相互关系。主要的宏观数据来源于正规出版社出版的《中国统计年鉴》《中国教育统计年鉴》《中国教育经费统计年鉴》以及各省(区市)统计年鉴。规范可比的原则是指标体系构建的首要原则。

(4) 动态融合的原则。

在新型城镇化进程中,财政教育支出指标体系的构建既要考虑静态的指标也要考虑动态的指标。兼顾绝对指标与相对指标的选择和标准,只有这样才能在城镇化背景下对财政教育支出绩效做出客观的评估。同时,也要把教育支出(人、财、物等)、教育过程(参与度)、教育输出结果(毕业率、就业率等)等指标体系融合考量,为决策建议提供全面的、有价值的参考。动态融合的原则是指标体系构建的重要原则。

10.3.2 指标体系构建的方法

依据上述4个主要原则,对新型城镇化与财政教育支出的指标进行筛选、设计并形成相应的指标体系。这些指标有些是比较清晰,有些则相对模糊；有些可以通过客观数据来呈现，有些只能根据主观判断来反映。指标的构建需要通过一定的程序和步骤来完成：①根据研究对象确定初始指标。初始指标的范围相对较广，信息较为丰富。②结合新型城镇化的背景与财政教育支出的相互关系对初始指标进行修订与筛选。③根据经验和实际评估需要确定二级指标。④征求相关专家的意见，进一步筛选和修正指标。⑤确定最终的指标及其体系。

在现实研究工作中，应将相应的具体方法融进背景评估、投入评估、过程评估和结果评估中。

（1）背景评估。

本书绩效评估涉及的背景评估主要是新型城镇化，要在这样的背景下分析财政教育支出的绩效问题。在 CIPP 的模式下界定新型城镇化与财政教育之间的关系，财政教育支出对新型城镇化的促进作用以及新型城镇化的进程对财政教育支出水平的影响。这种相互影响的指标因素主要有哪些，具体采用哪些方法来筛选，于是就产生背景评估的一级指标体系（见表 10-1）。

表 10-1　　　　　　　　背景评估一级指标及方法

	一级指标	主要方法
CIPP 背景评估	人口发展	访谈法、观察法、德尔菲法、文献法等
	经济发展	
	社会发展	
	环境资源	

（2）投入评估。

投入评估主要是指教育资源的投入，并制订相应的投入计划及方案。需要通过对人才培养定位、人才培养规模以及人才培养方案等方面的分析，确定所需要的教育资源，同时，制订相应的实施计划。投入评估的指标选择主要考虑人力资源和财政资源。在基本预算基础上，分析对教育资源需求的先后顺序，设计不同的计划方案，通过合理分析选择最佳方案。

当然，也要考虑预算资金与成本效益。在对这些内容进行调查、评估时，主要运用文献法、重点团队分析法、任务分析法等，由此得出输入评估的一级指标，如表10－2所示。

表 10－2　　　　　　　　投入评估一级指标及方法

	一级指标	主要方法
CIPP 投入评估	人力资源	文献法、重点团队分析法、任务分析法
	财政资源	

（3）过程评估。

过程评估是CIPP评估中重要的环节，对教育教学的人才培养过程进行监控，并及时反馈以便调整教育资源的合理配置。分析在教育教学生产过程中的实际情况，分析与目标的差距，找到差距的主要原因，并在实施计划中不断修正和改进。过程评估主要目的在于调整和改进实施过程，其本质属于形成性评估。主要采用描述法、记录法、交流访谈法、观察法、问卷调查法等，来建构过程评估一级指标（见表10－3）。

表 10－3　　　　　　　　过程评估一级指标及方法

	一级指标	主要方法
CIPP 过程评估	办学效益	描述法、记录法、交流访谈法、观察法、问卷调查法
	教育参与	

（4）产出评估。

产出评估是对教育投入及过程进行评估，一般产生的一级指标为直接产出与间接产出。评估内容包括其目标的达成度和社会的满意度等，此外，也评估反馈意见在实施过程中的采纳情况以及间接产出对经济社会、新型城镇化的影响等。主要采用专家访谈法、分析法、年鉴查阅法等（见表10-4）。

表10-4　　　　　　　产出评估一级指标及方法

CIPP 产出评估	一级指标	主要方法
	直接产出	专家访谈法、分析法、年鉴查阅法
	间接产出	

10.3.3　指标含义的诠释

依据上述基本方法在一级指标的基础上构建二级指标（见表10-5）。

表10-5　　　　　　CIPP 评估二级指标的构建

CIPP 评估	一级指标	二级指标
背景评估	人口发展	城镇人口比重（%）
		非农从业人口比重（%）
		城镇人口规模（万人）
		个体就业人数（万人）
		城镇个体就业人数（万人）
		年末人口数（万人）
	经济发展	人均工业总产值（元/人）
		第二、第三产业产值比重（%）
		第二、第三产业 GDP 密度（元/平方千米）
		人均可支配收入（元）
		土地产出率（元/平方千米）
	社会发展	城镇在岗职工人数（万人）
		城镇居民人均消费支出（元）
		城乡居民消费比（%）
		人均城乡居民储蓄存款余额（元）
		万人人口医疗卫生机构床位数（张）
		万人普通中学在校生数（人）

第 10 章　财政教育支出绩效评估模式设计

续表

CIPP 评估	一级指标	二级指标
背景评估	环境资源	绿化覆盖率（%）
		人均绿地面积（平方米）
		燃气普及率（%）
		生活垃圾处理率（%）
		单位 GDP 电耗（千瓦时/元）
投入评估	人力资源	教工人数（万人）
		专任教师数（万人）
		生师比（%）
	财政资源	财政性教育经费（万元）
		事业收入（万元）
		学杂费（万元）
		社会捐赠（万元）
		公共财政教育支出（亿元）
		生均公共财政预算教育学费（元）
		生均公共财政预算公用经费（元）
		公共财政教育支出占公共支出比例（%）
		国家财政性教育经费占国内生产总值比例（%）
过程评估	教育参与	招生人数（万人）
		在校生人数（万人）
		每十万人口各级学校平均在校生数（万人）
	办学效益	学校数（所）
		生均学校占地面积（平方米/人）
		教学、科研仪器设备（元/人）
		体育运动场面积（平方米/人）
		生均一般图书（册/人）
		拥有教学用计算机（台/人）
		语音实验室和多媒体教室座位数（个/人）

续表

CIPP 评估	一级指标	二级指标
产出评估	直接产出	从业人员人均受教育年限（年）
		人均受教育年限（年）
		毕业生人数（万人）
		毕业生就业率（%）
	间接产出	教育对经济增长（GDP）的贡献（%）

具体的二级指标的诠释，详见表 10 - 6。

表 10 - 6　　　　　　　　CIPP 评估指标诠释

具体指标	指标诠释
城镇人口比重	城镇人口是指居住在城镇范围内的全部常住人口
非农从业人口比重	城镇就业人口比重是指城镇就业人口占地区就业总人口的比重
城镇人口规模	城镇人口规模是指居住在城镇范围内的全部常住人口
个体就业人数	个体就业人数是指在 16 周岁及以上，从事一定社会劳动并取得劳动报酬或经营收入的人员
城镇个体就业人数	城镇个体就业人员是指在工商管理部门注册登记，并持有城镇户口或在城镇长期居住，经批准从事个体工商经营的就业人员，包括个体经营者和在个体工商户劳动的家庭帮工和雇工
年末人口数	人口数是指一定时点、一定地区范围内有生命的个人总和。年度统计的年末人口数指每年 12 月 31 日 24 时的人口数。年度统计的全国人口总数未包括香港、澳门特别行政区和台湾地区以及海外华侨人数
人均工业总产值	人均工业总产值是指工业生产总值与人口数之比
第二、第三产业产值比重	第二、第三产业产值占 GDP 比重是指第二、第三产业实现的增加值之和在全部地区生产总值中的比重

第10章 财政教育支出绩效评估模式设计

续表

具体指标	指标诠释
第二、第三产业GDP密度	GDP密度或地均GDP是指每平方公里土地创造的GDP
居民人均可支配收入	居民可支配收入是指居民可用于最终消费支出和储蓄的总和，即居民可用于自由支配的收入
土地产出率	土地产出率是指区域国内生产总值与行政区划面积之比
在岗职工人数	在岗职工是指在本单位工作且与本单位签订劳动合同，并由单位支付各项工资和社会保险、住房公积金的人员，以及上述人员中由于学习、病伤、产假等原因暂未工作仍由单位支付工资的人员
城镇居民人均消费支出	居民人均消费支出是指居民用于满足家庭日常生活消费需要的全部支出，既包括现金消费支出，也包括实物消费支出
城乡居民消费比	城乡居民消费比是指城市居民人均消费支出与农村居民消费支出之比
人均城乡居民储蓄存款余额	人均城乡居民储蓄存款余额是指人均城乡居民存入银行及农村信用社储蓄金额的时点数
万人人口医疗卫生机构床位数	每万人口医疗卫生机构床位是指每千人口医疗卫生机构床位＝医疗卫生机构床位数/人口数×10000
万人普通中学在校生数	初中阶段包括普通中学和职业初中。万人普通中学在校生数是人口发展质量的重要参考指标
绿化覆盖率	绿化覆盖率是指在城市建成区的绿化覆盖面积占建成区的百分比
人均公共绿地面积	城镇人均公共绿地面积是指城镇公共绿地面积的人均占有量
燃气普及率	城市燃气普及率是指报告期末城区内使用燃气的人口与总人口的比率
生活垃圾无害化处理率	生活垃圾无害化处理率是指无害化处理的城市市区垃圾数量占市区生活垃圾产生总量的百分比
单位国内生产总值电耗	单位国内生产总值电耗是指一定时期内，一个国家或地区每生产一个单位的国内生产总值所消耗的电力

续表

具体指标	指标诠释
教工人数	教工人数是指在学校（机构）工作并由学校（机构）支付工资的教职工人数
专任教师数	专任教师是指具有教师资格，专门从事教学工作的人员
生师比	生师比是指学校专任教师数与在校学生数的比例
国家财政性教育经费	国家财政性教育经费包括公共财政预算教育经费，各级政府征收用于教育的税费，企业办学中的企业拨款，校办产业和社会服务收入用于教育的经费，其他属于国家财政性教育经费
事业收入	事业收入是指学校和单位开展教学、科研及其辅助活动依法取得的经费收入
学杂费	学杂费是指义务教育阶段学生缴纳的杂费，非义务教育阶段学生缴纳的学费
社会捐赠	社会捐赠经费是指境内外社会各界及个人对教育的资助和捐赠
公共财政教育支出	公共财政教育支出是指由政府财政支出的教育经费
生均国家财政预算内教育学费	生均国家财政预算内教育经费是指每名学生国家财政预算内教育经费
生均公共财政预算公用经费	生均公共财政预算公用经费是指每名学生公共财政预算公用经费
公共财政教育支出占公共支出比例	公共财政教育支出占公共支出比例是指公共财政教育支出与公共支出总额之比
国家财政性教育经费占国内生产总值比例	国家财政性教育经费占国内生产总值比例是指国家财政性教育经费与国内生产总值之比
招生人数	招生人数一般是指招生计划人数
在校生人数	在校生人数是指一定时期内在校注册学习的学生总数
每10万人口各级学校平均在校生数	各级学校包括高等教育、高中和初中。高等教育仅包含普通高校和成人高校；高中阶段包括普通高中、职业高中、普通中专、技工学校、成人中专和成人高中；初中阶段包括普通初中和职业初中
学校数	学校数是指按照国家规定的设置标准和审批程序批准举办的学校数量

续表

具体指标	指标诠释
生均学校占地面积	生均学校占地面积是指每名学生拥有的学校占地面积
生均教学、科研仪器设备	生均教学、科研仪器设备是指每名学生教学、科研仪器设备的固定资产值
生均体育运动场面积	生均体育运动场面积是指每名学生拥有的体育运动场面积
生均图书数量	生均图书数量是指每名学生拥有的图书数量
生均计算机数量	生均计算机数量是指每名学生拥有的计算机数量
语音实验室和多媒体教室座位数	生均语音实验室和多媒体教室座位数是指每名学生拥有的语音实验室和多媒体教室座位数
从业人员人均受教育年限	从业人员人均受教育年限是指从业人员按现行学制计算的平均受教育年限
人均受教育年限	人均受教育年限是对一定时期、一定区域某一人口群体接受学历教育（包括成人学历教育，不包括各种学历培训）的年数总和的平均数
毕业生人数	毕业生人数是指招生计划的毕业生人数
毕业生就业率	毕业生就业率是指毕业生就业人数占总毕业生人数的百分比
教育对经济增长（GDP）的贡献	教育对经济增长（GDP）的贡献是指一定时期内教育投入带来国民财富的实际增加量或实际增长速度。可以用教育经费投入对 GDP 增长贡献率来测量

10.4 具体评估模式设计

10.4.1 CIPP 评估模式的设计思路

CIPP 评估模式的基本设计思路就是任务导向、反向思考、正向实施。
（1）确定评估的主要任务。
在新型城镇化背景下，确定评估的主要任务就是明确财政教育支出的绩效程度，同时也就明确了评估的对象和目标。评估本身不是为了证明存在的不足，而是要在评估的基础上提出改进措施。

（2）区分评估的主要类型。

在遵守相应原则的基础上，分别开展背景评估、投入评估、过程评估以及产出评估。

（3）获取评估的主要信息。

通过调查、宏观数据的搜集等方式，获取每一类型的评估所对应的二级指标相应数据信息以及案例信息，并进行质量和数量方面的分析，确定相应的评判标准。

（4）反馈评估的主要成果。

采取跟踪监控等办法对评估的成果进行科学客观的解释，包括评估进度的描述、追踪活动的记录、工作人员和资源的配置程度，以及经费预算等。同时将评估的成果反馈给决策者，以便决策者能够根据新型城镇化的背景环境改进财政教育绩效评估的水平，改善帕累托资源的配置。

10.4.2 CIPP 评估模式的逻辑程序

CIPP 主张评估属于一项系统工具，能够获取更多有用信息，促使评估更为有效。依据上述设计思路，CIPP 评估主要包括 4 类相互关联评估，如图 10-1 所示，Y 代表肯定性决策，N 代表否定性决策。

（1）背景评估。

描述背景包含理论情景和现实情境，可设计出完成任务需求应该达到的目标，并分析影响需求实现的问题及原因。具体考虑的新型城镇化的背景涵盖人口发展、社会发展、经济发展以及环境资源。

（2）投入评估。

搜集、整理、确定相应的数据资源；在一定的方案规划配置下，实现未来将要达成的目标；在目标任务的指引下，评估者可依据投入资源的基本状况规划构建相应的方案。具体投入资源主要包括人力资

第 10 章 财政教育支出绩效评估模式设计

源和财政资源。

（3）过程评估。

过程评估主要是对一个执行中的方案做持续不断的监控与考核。其目的就是要以文字描述的方式展现无形方案的微观执行状况，同时，能够及时有效反馈规划方案的相关信息，并根据方案执行状况和反馈信息对相应方案做出适当调整。过程评估主要体现在教育参与和办学效益方面。

（4）产出评估。

产出评估主要用来测度研判规划方案的目标与成效，确定是否达到利益相关者需求程度，并判别方案成效与设定目标之间的距离。有时成果评估也可以扩展应用于长期成果的评估。因而，本书的产出结果包括直接产出与间接产出（教育对经济增长的贡献具有长期性）两个方面。

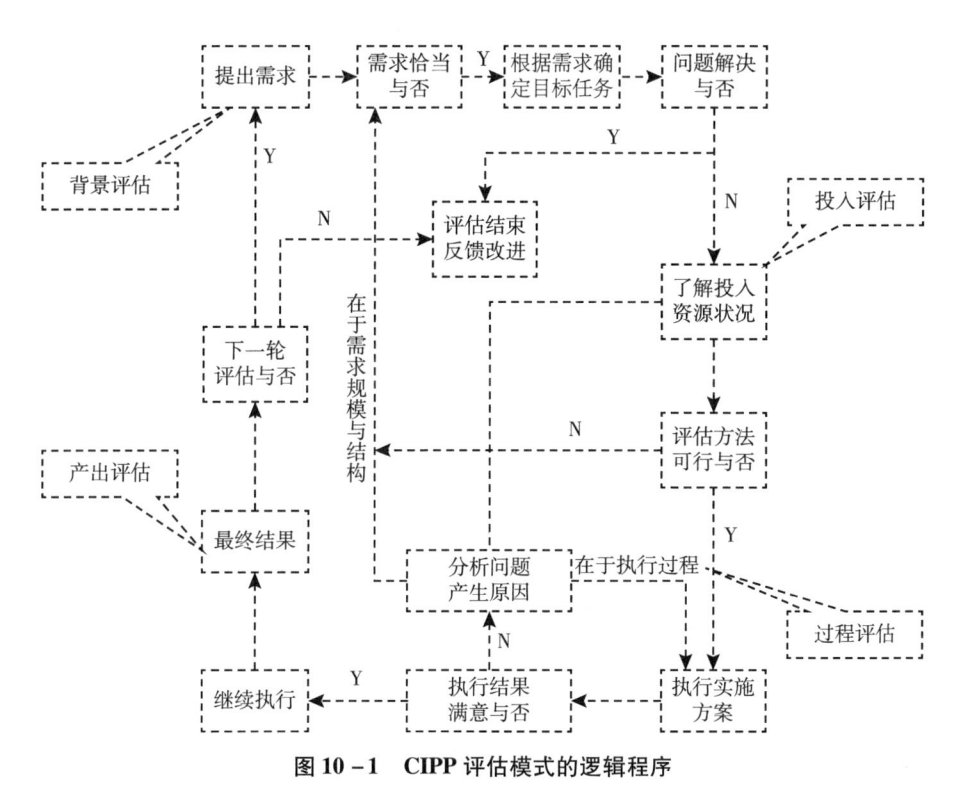

图 10-1　CIPP 评估模式的逻辑程序

资料来源：借鉴杨江水的博士论文，依据本研究客观实际修订而成。

10.4.3 CIPP评估模式的宏观设计

评估是一种描述、获取、报告，并根据受评对象的优点、价值、重要性等描述性与判断性信息，用于指导决策、支持绩效责任、增进对研究对象的了解（斯塔弗尔比姆，2003）。本书根据客观要素的构成，结合斯塔弗尔比姆的基本观点设计了CIPP评估的宏观模式。图10-2中，CIPP评估客观模式由3个同心圆组成，涵盖了CIPP评估的基本要素，同时也彰显出核心价值的重要地位。

（1）最里层同心圆代表核心价值。

最里层同心圆代表核心价值，也是评估的核心，通过各个基本要素的评估，运用耦合的评估方法，评估新型城镇化与财政教育的耦合程度。这部分内容已经在第5章做出了实证分析。

（2）中间层同心圆代表四类评估。

中层同心圆代表背景评估、投入评估、过程评估及产出评估这4类评估，其焦点分别对应着目标任务、计划方案、执行计划、结果描述。箭头

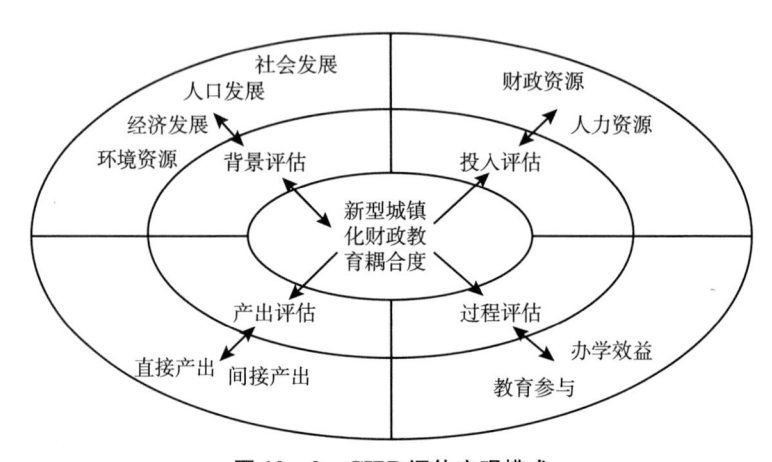

图10-2　CIPP评估宏观模式

方向有单向亦有双向。单项表示单项影响，双向表示互相影响。背景评估主要是代表新型城镇化背景下的相关要素与财政教育的投入、过程及产出的相互影响、相互促进、相辅相成的关系。

（3）最外层同心圆代表四类评估的一级指标要素。

背景评估涵盖4个基本要素，投入评估、过程评估及产出评估分别涵盖2个要素。4类评估与其包含的基本要素之间也是相互影响、相互依赖的关系。

10.4.4 CIPP 评估模式的微观设计

CIPP 绩效评估模式是结合评估的逻辑程序与宏观评估模式进一步的细化。遵循 CIPP 评估的基本原则，按照4类评估之间内在逻辑以及评估背景与其他3类评估之间的耦合关系，系统描述 CIPP 评估的微观模式的各个组成部分，如图 10-3 所示。

（1）背景评估阶段。

依据 CIPP 的评估的基本要求，系统梳理好评估前的各项准备工作以及数据来源渠道和途径，并就数据的统一口径做出基本规范。通过文献搜集、专家访谈以及年鉴查阅，摸清新型城镇化发展的基本状况。在人口发展一级指标下，继续分析城镇人口比重、非农从业人口比重、城镇人口规模、个体就业人数、城镇个体就业人数、年末人口数等二级指标；在经济发展的一级指标下，继续分析人均工业总产值、第二、第三产业产值比重、第二、第三产业 GDP 密度、人均可支配收入、土地产出率等二级指标；在社会发展一级指标下，继续分析城镇在岗职工人数、城镇居民人均消费支出、城乡居民消费比、人均城乡居民储蓄存款余额、万人人口医疗卫生机构床位数等二级指标；在环境资源一级指标下，继续分析绿化覆盖率、人均绿地面积、燃气普及率、生活垃圾处理率、单位 GDP 电耗等二级指标。

(2) 投入评估阶段。

投入评估阶段属于教育投入的起始阶段，也是财政教育与新型城镇化耦合关系测度的起始阶段。因此，要充分了解受评估要素的基本状况，结合耦合目标，设计评估标准，统一数据口径，并对各级指标赋权（在第5章实证分析中已对各级指标进行了赋权，这里就不再赘述），选择恰当的评估方法。在人力资源一级指标下，继续分析教工人数、专任教师数、生师比等二级指标；在财政资源一级指标下，继续分析事业收入、学杂费、社会捐赠、公共财政教育支出、生均公共财政预算教育学费、生均公共财政预算公用经费、公共财政教育支出占公共支出比例、国家财政性教育经费占国内生产总值比例等二级指标。

(3) 过程评估阶段。

充分运用过程评估中采集的数据，深入审核、分析，找出异常数据，为结果评估铺平道路。在教育参与一级指标下，深入分析招生人数、在校生人数、每10万人口各级学校平均在校生数等二级指标；在办学效益一级指标下，深入分析生均学校占地面积、教学和科研仪器设备、体育运动场面积、生均一般图书、拥有教学用计算机等二级指标。

(4) 产出评估阶段。

通过数据分析、专家咨询完成相应的评估工作，并根据评估的客观实际做出结果处理和原因分析，同时要反馈相关信息。如果耦合度小于0.5，还需进一步查找原因，改进措施，进行下一轮评估过程。通过不断的整改提高效率，促使耦合度达到0.5以上，实现新型城镇化与财政教育较为理想的耦合目标；在直接产出一级指标下，深入分析从业人员人均受教育年限、毕业生人数、毕业生就业率等二级指标，在间接产出一级指标下，二级指标就是教育对经济增长的贡献（见图10-3）。

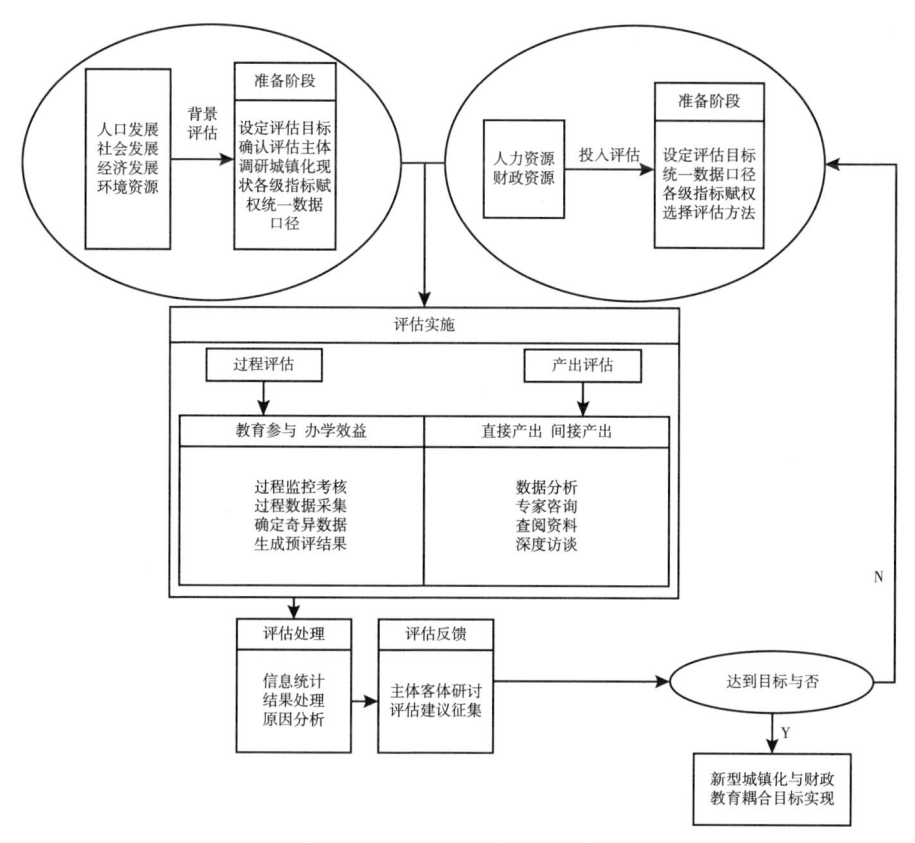

图 10－3　CIPP 评估微观模式

10.5　小结

本章详细介绍了 CIPP 评估模式产生的背景、基本内涵、应用情况等基本情况，并阐明本书应用 CIPP 评估模式进行绩效评估的意义、遵循的基本原则和展现的基本特征，并在此基础上，进行指标体系构建与具体评估模式的设计。从背景评估、投入评估、过程评估和产出评估 4 个方面，构建包括人口发展、经济发展、社会发展、环境资源、人力资源、财政资源、教育参与、办学效益、直接产出、间接产出 10 个一级指标 49 个二级指标的指标体系。在模式设计上，遵循确定评估的主要任务—区分评估的主要类型—获取评估的主要信息—反馈评估的主要成果的设计思路，按照背景评估—投入评估—过程评估—产出评估的逻辑程序，分别进行评估模式具体内容的宏观设计和微观设计。首次将新型城镇化与财政教育支出绩效耦合在一起进行分析论证，提出了财政教育支出绩效评估的新模式，即宏观模式和微观模式，具有一定理论创新。

第 11 章

主要结论与对策建议

11.1 主要结论

本书从理论到实证再到对策建议的教育经济学基本思路范式展开分析。

首先,针对新型城镇化和财政教育支出绩效两大方面的国内外相关文献和理论进行了详细的梳理、分析,为新型城镇化进程中财政教育支出绩效评估研究奠定理论基础并凝练逻辑起点。

其次,依据点、线、面的基本逻辑布局思路,从宏观、微观、中观 3 个层面对本书的主体部分进行了系统论证:第 3 章基于宏观视角对我国财政教育支出基本状况进行了描述性分析并挖掘出面临的困境;第 4 章、第 5 章基于微观视角以重庆农村职业教育为研究对象,实证阐析了财政教育支出的最优规模和最优结构及其影响因素;第 6 章、第 7 章、第 8 章基于中观视角,系统分析了财政教育支出水平与新型城镇化水平的耦合机理和耦合效应及其影响因素,其本质就是在新型城镇化的进程中,对财政教育支出绩效评估的耦合测度。

最后,根据以上理论与实证分析,借鉴国外新型城镇化与财政教育支出绩效评估的相关经验和做法，基于 CIPP 评价的基本思路，设计出新型城镇化进程中财政教育支出的宏观模式和微观模式。

基于上述系统阐析，本书得到以下主要研究结论。

11.1.1 我国财政教育支出相关制度的嬗变是一个不断完善与自我更新过程

通过对中华人民共和国成立以来我国财政教育支出相关制度嬗变所经历的计划经济时代、市场经济时代等阶段的梳理，认为：①每个阶段的财政教育支出制度都对当时的财政教育支出绩效的提升发挥了重要的作用，做出过历史性贡献，并且逐渐形成了具有中国特色的财政教育支出制度；②财政教育支出相关制度嬗变的主要动力和影响因素是经济的发展、社会环境的变化以及公平与效率普世价值的认同等；③随着信息时代的到来，财政教育支出相关制度制定注入了信息科技元素，以确保财政教育支出水平不断提升。因此，财政教育支出相关制度是一个不断完善与更新的动态过程。

财政教育支出规模主要存在财政教育支出规模不足、财政教育支出偏少、财政对教育的供给能力有限、我国教育事业在国际比较中未展现出明显优势等问题。财政教育支出经费结构主要存在城乡（或地区）教育投入不均衡、教育层级投入不平衡、教育支出结构转型面临一定困难等问题。财政教育支出主要存在认识上存在不足，评估指标的设计欠缺科学性与系统性，评估体系不能适应新形势、新背景的发展需求等问题。

11.1.2 微观测度财政教育支出最优规模，宏观描述财政教育支出规模困境

（1）基于微观实证视角以重庆市农村职业教育为例，测度财政教育支出最优规模的存在，并对未来财政性农村职业教育支出的最优规模做了

初步预测。在财政支出与效用最大化基础上，对内生经济增长模型进行拓展，构建财政性农村职业教育支出最优规模模型，并推导出财政性农村职业教育支出最优规模的人均消费增长率和最优支出规模。同时指出，在实践中，最优规模的影响因素更为复杂，在具体操作时，需要有针对性地进行修正与应用。在以重庆为例进行检验时，得出重庆市财政经费对经济增长存在显著正向影响，固定资产水平、教职工人数对经济增长不存在显著影响。

（2）基于宏观描述的角度我们认为财政教育支出规模还面临 4 个方面主要困境：①财政教育支出规模不足；②财政教育支出未能与经济发展速度同步；③财政教育支出面临很大的不确定性；④我国教育事业在国际比较中并未展现出明显优势。

11.1.3 微观测度财政教育支出最优结构，宏观描述财政教育支出结构困境

（1）基于微观实证视角以重庆市农村职业教育为例，测度财政教育支出最优结构。依据柯布－道格拉斯生产函数，通过基本条件假设、数理逻辑推演构建财政性农村职业教育支出最优结构模型，并推导出促进经济增长率最大化的最优结构值。实证表明：重庆市财政性农村职业教育支出的实际结构与最优结构存在一定的偏差；普通中专（中等职业学校）、技工学校的财政经费水平对产出存在显著正向影响，且技工学校财政投入弹性大于普通中专（中等职业学校）；职业高中（职教中心）的财政经费水平对产出则不存在显著影响。

（2）基于宏观描述的角度我们认为财政教育支出结构还面临 4 个方面主要困境：①教育支出结构从"基建型"向"事业型"的转型面临体制机制约束；②基础教育与高等教育资源配置不平衡；③各级各类教育的生均经费投入增长幅度不均衡；④财政教育支出城乡发展不均衡。

11.1.4 基于绩效评估视角，新型城镇化水平与财政教育支出水平耦合机理创新与耦合效应测度

（1）从理论渊源、耦合关系的核心、机理、支撑和演进5个方面对财政教育支出与新型城镇化耦合机理进行分析。主要观点：①从系统论、控制论、协调论等思想，把财政教育支出、新型城镇化二者视作一个复合系统；②财政教育支出与新型城镇化两大体系相互促进、彼此推动，形成良好的互动关系是二者耦合的核心；③耦合关系在宏观、中观和微观3个方面均有体现；④财政教育支出与新型城镇化耦合的支撑关系主要表现在政府推动、市场拉动两个方面；⑤财政教育支出与新型城镇化耦合是一个不断演进的过程，耦合的总体效应主要由耦合协调度与耦合发展度决定。

（2）通过构建耦合度模型，基于全国31个省份2000—2015年相关数据，分别测度出农村职业教育和普通高等财政教育支出水平与新型城镇化水平的耦合效应。①财政性农村职业教育支出水平与新型城镇化水平的耦合效应实证测度表明：系统相悖状态的省份占23.98%，低水平耦合状态的省份占16.33%，虚假耦合状态的省份占23.47%，协同耦合状态的省份占36.22%。人的维度支出水平、财的维度支出水平、物的维度支出水平、人口发展水平、经济发展水平、社会发展水平、资源环境水平对耦合程度均具有显著影响。②财政性普通高等教育支出水平与新型城镇化水平的耦合效应实证测度表明：系统相悖状态的省份占1.01%，低水平耦合状态的省份占18.95%，虚假耦合状态的省份占52.02%，协同耦合状态的省份占28.02%。财政性本科教育支出与新型城镇化耦合关系因素存在差异的主要影响因素探究表明：财政性本科教育支出因素包括基础条件、支出效率、新型城镇化背景下的新要求、溢出效应、体系完善等；新型城镇化因素包括城镇化的原有基础条件、新型城镇化发展水平、新型城镇化的路径选择；二者关系因素主要是对

二者关系的新要求、协调二者关系的路径选择。

11.1.5 在新型城镇化进程中，国外财政教育支出绩效评估经验借鉴富有价值

尽管近年来中国政府的教育投入呈上升趋势，但教育投入规模和教育发展水平与发达国家相比还存在较大差距。其他国家的经验做法值得我们深入借鉴：

（1）在财政教育支出方面的基本经验：①加大财政教育支出规模；②优化财政教育支出结构；③引导教育资源均衡发展；④健全法律制度保障体系；⑤创新教育经营管理体制。

（2）在城镇化与财政教育支出融合方面的基本经验：①注重教育结构与城镇化发展之间的良性互动；②注重教育与城镇化进程中产业人才需求紧密结合；③增强服务意识；④健全优化法律体系。

（3）在财政教育支出绩效评估方面的基本经验：①科学构建绩效评估标准；②财政教育支出体现竞争导向；③财政教育支出体现考核导向。

11.1.6 设计出财政教育支出绩效评估的宏观模式与微观模式

基于CIPP评估模式，对财政教育支出绩效评估模式进行具体设计：

（1）从背景评估、投入评估、过程评估、产出评估4个方面，构建包括人口发展、经济发展、社会发展、环境资源、人力资源、财政资源、教育参与、办学效益、直接产出、间接产出10个一级指标和49个二级指标的指标体系。

（2）在模式设计上，遵循确定评估的主要任务→区分评估的主要类型→获取评估的主要信息→反馈评估的主要成果的设计思路。

（3）在逻辑程序上，遵循背景评估→投入评估→过程评估→产出评估的逻辑程序。

（4）在宏观设计方面，最里层同心圆代表核心价值，中间层同心圆

代表4类评估,最外层同心圆代表4类评估的一级指标要素。

(5)在微观设计方面,按照4类评估之间的内在逻辑以及评估背景与其他3类评估之间的耦合关系,系统描述 CIPP 评估的微观模式的各个组成部分,包括具体的一级指标和二级指标。

11.2 对策建议

11.2.1 以财政教育支出绩效质量为引领,不断完善相关制度供给

制度制定是财政教育支出规范有效落实的顶层设计,也是财政教育支出规模、结构、评价等的主要上位依据。因此,财政教育支出相关制度的完善与创新主要应从4个方面考虑:①将财政教育支出绩效评估特别是第三方评估结果纳入财政教育支出规模决策的重要参考依据;②将财政教育支出预算作为各级政府财政预算体系重中之重来考量,并引入人大代表、预算审核咨询专家等对期初、期中、期末不同阶段审核把关,特别是要关注贫困地区财政教育预算资金的公平与效率;③将我国目前经济高质量发展、生态绿色发展、财政教育支出相关制度供给侧改革等环境要素融入财政教育支出相关制度的设计中;④将"互联网+"、信息技术等新科技元素融入财政教育支出的绩效评估中,构建云财政教育平台,提升绩效评估效率。

11.2.2 提升财政教育支出宏观规模,微观财政教育支出趋近最优规模

(1)在宏观层面加大财政教育支出的力度。

自20世纪80年代,教育经济学者提出公共教育支出应占国内生产总

值 4% 的政策建议，国家于 1993 年提出在 20 世纪末财政性教育经费占 GDP 的比例达到 4% 的政策目标，但由于各种原因未能如期实现。进入 21 世纪，国家重新确认了 1993 年提出的财政教育支出目标，积极动员各级财政向教育倾斜，中国财政教育支出实现了"超常规"的快速增长，在 2012 年将财政教育支出占比推向了 4.28% 的历史高度。这一政策目标的实现，不仅体现了国家财政支持教育发展的力度和决心，而且也标志着我国财政教育支出进入了"后 4% 时代"。但相对于我国经济社会发展水平、与其他国家横向比较，4% 的投入水平仍然较低，未来仍需要继续提高整体财政教育支出力度。

一是应强调政府在教育资源配置中的基础性作用，需要改变以经济发展水平或财政收入多寡确定教育投入水平的传统财政思路，容易造成支出固化和出现财政投入与事业发展"两张皮"等问题。充分发挥中央和省级政府的财政教育职能，以充足性为导向的"以需定支"的财政性教育经费划拨方式日益受到人们的关注。

二是尽快建立财政教育支出与经济社会发展需求相协调的动态调整机制。既要适应国家和区域经济发展的规模需求，也要适应相应的速度要求。财政教育支出对经济社会的促进作用具有滞后性，特别是基础教育和初等教育，但是对社会的稳定与发展作用较大。而经济社会的繁荣发展又要在一定程度上提升教育支出的比例，促进教育发展。因此，二者协调动态调整机制的构建至关重要。比如，财政教育支出随着经济增长按照一定比例增加；也可按照不同的教育类别和级别对经济增长的贡献程度，确定获得不同类别和级别教育支出规模的大小。

三是完善教育经费支持的长效机制。要推进我国财政教育的公平、效率和充足状况的改善，必须着力于推动财政教育支出体制的制度转型，特别是预算制度的修订与落实，更加关注零基预算。同时要对预算执行情况严格监督审查，确保预算有效执行，减少财政教育支出的不确定性。

（2）在微观层面针对不同类别和级别的财政教育支出考量最优规模。

从理论上财政教育支出存在最优规模。而在现实中，对财政教育支出最优规模的讨论需要放在一个更为复杂的系统中，需要根据不同地区、不同类别、不同级别教育的现实情况，有针对性地进行修正与应用。针对重庆市财政性农村职业教育支出最优规模分析，应该从以下3个方面努力：

一是财政性农村职业教育支出在实践中并未实现最优规模，与理论上的最优规模存在一定的偏差。相关部门应该正确认识偏差存在的现实性，以及可能造成偏差的原因，有必要通过一定的措施，使资源配置达到或趋近帕累托最优，提高财政教育支出的规模效应。

二是农村职业教育支出对重庆市经济增长产生重要贡献，从政策层面应该重视农村职业教育的财政支出。为提高效率，可以从最优规模视角科学地制定财政支出规模水平。为教育部门、财政部门等制定相应的政策。最优财政性农村职业教育支出模型可以推广到不同地区、不同类别、不同级别的教育，为决策者提供可资借鉴的方法和措施。

三是最优规模和财政投入最优取向要从动态视角考量，同时要注意到，造成这种复杂变化的经济发展水平、法律制度等现实刚性约束条件的存在。特别要结合十九大以来，新型城镇化发展的趋势特征、职业教育体系的定位、实施"乡村振兴战略"等现实背景和政策背景，将财政教育支出的规模与农村职业教育人才培养目标的新定位有机地整合起来。

11.2.3 平衡财政教育支出宏观结构，微观财政教育支出趋近最优结构

（1）在宏观层面注重平衡财政教育支出结构。

教育发展不平衡问题一直是阻碍整个社会经济发展的重要因素。由教育发展不平衡引起财政教育支出的不平衡，进而衍生的"公平"与"效率"问题历来是大家关注的重点。近年来，国家陆续做出了很多重大决策和战略部署，推动了我国各级教育事业的快速发展，但我国教育投入不平衡问题仍然比较严重。财政性教育支出结构的合理性是资源有效利用不可忽视的问题，正视并且着力解决不平衡问题是理顺财政性教育支出结构的

重要任务。

一是逐渐破除教育支出结构由"基建型"向"事业型"转型的体制机制约束。转移支付制度、部门预算管理体制、生均拨款制度、教师薪酬制度等相关制度更加关注偏远地区、民族地区、贫困地区的基础教育、职业教育，特别是在生均拨款、教师薪酬方面要坚决破除体制的壁垒，促进财政教育支出由"基建型"向"事业型"的转型，这也是深刻贯彻习近平以人民为中心发展思想的重要体现。

二是在层级结构上，有步骤地将公共财政保障的重点转向公共性更强的基础教育。加大对基础教育的投入，保证其正常运行。在此之上，合理控制三级教育的投入比例，以更好提高教育投资的整体收益率。

三是在城乡差距上，更多倾向农村教育。农村教育特别是农村职业教育既是农村发展的基础性条件，也是农村发展状况的重要表征。城乡教育发展不平衡、教育经费不足，较大程度上限制了农村基础教育发展。在新型城镇化的现实背景下，政府应加大对农村教育的政策扶持力度，更好地促进农村教育事业的发展。

四是各地区应根据经济发展水平不同，优化教育资源的配置，调整地区财政教育支出结构。已有研究表明：人力资本对经济增长具有重要贡献，既有经济效益的贡献，又有社会效益的贡献；既有直接贡献，又有间接贡献。因此，各地区应根据经济发展水平不同，优化教育资源的配置，调整地区财政教育支出结构。

（2）在微观层面上财政教育支出趋近最优规模。

研究分析表明，经济增长会受到财政教育支出结构的根本影响，优化财政教育支出结构能够有效促进经济增长。基于微观视角，通过对重庆财政性农村职业教育支出最优结构分析，从以下3个方面着力促使财政教育支出趋近最优结构。

一是针对财政教育支出最优结构及影响因素，有的放矢地进行结构调整。通过构建模型，求解得出存在一个促进经济增长率最大化的财政性农村职业教育支出结构。同时指出，理论上的最优结构和实践中的最优结构存在一定差异，实践中的最优结构影响因素更为复杂。以重庆为例的实证分析发现：财政教育投入结构对农村职业教育 GDP 的影响存在差异，而在最优结构的研究方面，很少有人从这一视角切入。提出以下具体措施：首先，农村职业教育学校要执行好"农村职业教育免费"等相关政策，更好地发挥政策效果；其次，正视普通中专、技工学校、职业高中的"师均收入""生均经费""生师比"等影响内在差异的关键指标比较，不易过大，特别是经济发展水平趋同的某一地区这些指标尽量一致，以便清除内在的差异；最后，加大实践教学基地等的针对性投入，提高农村职业教育内部办学的整体效果，以促进不同类型学校有效结合，进而实现最优结构。

二是不断调整财政教育支出现实结构，使之逐渐趋于最优结构。在现实中，技工学校的财政投入所占比例最小，虽然近几年有所增加，但增加幅度较小。2011 年以前，职业高中（职教中心）在三类学校中的投入比例基本都是最多的，近几年财政投入呈现下降趋势；从 2013 年开始，普通中专（中等职业学校）的财政投入出现跨越式增加。重庆市的财政性农村职业教育支出虽然在不断调整其结构，但其现实结构与最优结构仍然存在一定的偏差。提出以下具体措施：首先，地方政府要认识到调整现实方案的必要性，尽可能制订出最优结构调整方案，并细化到操作层面，以有序平稳推进；其次，教育主管部门根据不同地区的现实条件，促进农村职业教育经费"三个增长"落地生根；最后，农村职业教育学校自身也要通过校企合作等方式，有效拓展资金来源。

三是在调整结构的同时，要关注财政性农村职业教育支出效果，尽可能提高财政支出效果水平。对于财政性农村职业教育支出的关注，不应仅仅停留在支出结构，也要关注财政性农村职业教育支出效果。对重庆市财政性农村职业教育支出结构实证分析发现：技工学校财政投入弹性大于普通中专（中等职业学校），职业高中（职教中心）不具有显著影响。从办学理念和办学目标也可以看出三类学校存在较大差异：普通中专（中等职业学校）的培养目标是在义务教育的基础上培养大量技能型人才与高素质劳动者，素质与技能培养并重；技工学校专注技能培养；职业高中近年来也逐渐重视职业技能培训，技能培养与升学并重；从市场需求角度，技工学校实现更好的就业，有助于呈现财政投入的产出效果。不同职业类型的学校均需有针对性地提高办学质量，以提高农村职业教育支出效果。提出以下具体措施：首先，转变观念。在重视程度上，应加大对农村职业教育的重视；在政策制定上，出台更多有利于农村职业教育发展的利民惠民政策。其次，完善官员竞争激励机制。对于农村职业教育政策内执行效果好的责任人、相关人员给予奖励支持，形成有效的引导机制，同时建议构建人大、政府与社会中介机构"三位一体"的监督体系。最后，地方政府要有健康的政绩观。农村职业教育有利于就地城镇化、就近城镇化的推进，要格外重视，科学推进。

尽管本书仅以重庆市农村职业教育为例，但其方法可以在不同地区、不同层次的财政教育中进行推广应用，只是相关的数据不一样，导致个别结论不一样而已。我们采用的对策措施在其他地区相似的教育层次、类别中具有较大的借鉴价值。

11.2.4 客观处理财政教育支出水平与新型城镇化水平的耦合关系

耦合机理传导运行和耦合关系影响因素复杂多变，在客观上要求有关部门在制定政策时，要客观看待财政教育支出水平与新型城镇化水平二者之间的耦合关系。

（1）赋能新内涵，促进经济社会高质量发展。

我国处于社会经济发展的新时代，无论是财政教育支出还是新型城镇化都被赋予新的内涵。财政教育应以人为核心，兼顾财、物的维度，而新型城镇化，更要从人口发展、经济发展、社会发展、环境资源的维度综合考量。首先，政府应该充分认识到科学地评估量表对政策效果提升的重要性，提高对科学量表重要性的认知。其次，与时俱进，只有不断探索新时代赋予的新的内涵,才能科学测度与评估财政教育支出水平及新型城镇化水平。

(2)理清主要耦合关系,为政府相关部门决策提供参考。

财政教育支出与新型城镇化的耦合关系非常复杂,主要表现在各个指标要素之间的结构耦合、功能耦合以及时空耦合。首先,国家要以新型城镇化为指导思想,以教育均衡发展为目标,加强对二者关系的深入调查研究,构建更加科学合理的数据库。其次,耦合达到结构合理、功能高效、良性循环,产生一定的耦合效应,这种效应应为二者耦合的基本发展目标。最后,以二者关系的科学测量为依据,政府应制定引导与促进政策,促进教育与城镇化协调高效发展。

(3)挖掘耦合变化的影响因素,促进不同类别、级别的教育健康发展。

无论是我国的财政性高等教育支出水平与新型城镇化水平耦合关系,还是财政性农村职业教育支出水平与新型城镇化水平的耦合关系,在发展趋势上都出现了不同程度的上升、波动、下降的情况,且地区之间存在差异。首先,政府有关部门应该动态化与差异化地认识测度结果所反映出来的变化趋势。其次,有必要深入挖掘这些变化趋势背后的影响机理。从研究结论看,现阶段要想实现高等财政教育绩效与新型城镇化二者的协同耦合发展,应抓住主要矛盾,重点在财政教育人的支出水平、社会发展水平、经济发展水平上有所突破,特别是在本科教育方面,真正做到"以本为本",促进本科教育回归常识、回归本分、回归初心、回归梦想。最后,政府应以提高我国财政教育经费利用效率、促进教育的均衡发展、推动新型城镇化发展步伐并有针对性制定相关政策。

11.2.5 借鉴国外相关经验,丰富财政教育支出绩效评估内涵

财政教育支出绩效评估是在市场经济条件下国家间接管理的重要方式。将城镇化的相关元素融入财政教育支出绩效评估中,不断丰富财政教

育支出绩效评估内涵，促进新型城镇化的高质量发展。

（1）加强法制建设。

法制是财政教育有效支出的根本保障，国外财政教育支出效果比较好的均是法律建设比较健全的国家。我国除了之前的《教育法》《职业教育法》外，其他相关法律还比较欠缺。应该将财政教育经费支出水平纳入法律建设的范畴，并将绩效评估的优劣作为财政教育经费拨款的重要依据。也可把财政教育促进城镇化发展作为绩效评估标准之一，纳入相应的法律体系。

（2）丰富指标评估体系。

更多地将财政教育的支出水平和满足城镇化社会服务需求的指标、教育投入结构与城镇化融合指标、教育与城镇化中产业人才需求的指标等纳入绩效评估体系，有效促进财政支出绩效评估体系的不断发展和完善。

（3）具体指标确定方式。

具体指标的确定可参考国际通用且在我国的国情下普遍可得、便于操作的指标，并体现当前的政策重点。成熟的指标可以作为考核标准，尚不成熟的，可以作为监测预警指标。

11.2.6　科学设计财政教育支出绩效模式

伴随财政部门发布《财政支出绩效评估管理暂行办法》，政府对教育部门从单纯追求财政教育支出规模的扩大，正逐步向以"财政教育支出结果为导向"来评估教育支出绩效。财政收支实践与财政理论、公共管理理论的要求依然存在一定的脱节，对其支出的效率和效果的评估需要进一步加快落实。中国亟须科学定位教育本质，顶层设计财政教育绩效管理体系与模式。

（1）重视教育评估模式的使用价值。

教育评估在其发展过程中，形成了多种评估模式，每种评估模式代表着一种教育评估理论观点和流派，有独特的使用价值，有效推动了我国教育科学的发展和教育事业的进步。

（2）探索可行的财政教育支出绩效评估模式。

一般来说，国外教育评估思想可以划分为4个时期，即测量时代、描述时代、判断时代和建构时代。标志性评估模式包括行为目标模式、决策导向评估模式（CIPP模式）、应答模式和共同建构模式等。教育评估来源于教育测量，所以，促进人的发展是教育评估的首要原则，同时要求评估模式应有较强的适应性和弹性。完全可以借鉴到财政教育支出绩效评估中来。

（3）利用CIPP评估模式为管理者决策提供评估信息服务。

在教育评估模式中，影响较大的评估模式为CIPP评估模式。CIPP评估模式包含背景、输入、过程、结果4个评估环节，强调教育评估的改进作用，特别适用于教育改革活动对教育评估的需要。当前，在我国的教育实践中，"决策导向""重在改进"的评估思想能为我国财政教育绩效评估提供有益的启示和借鉴，并设计出基于宏观和微观的财政教育支出绩效评估的CIPP模式。

11.3 研究展望

第一，开展财政性高等教育的最优支出规模和最优支出结构研究。通过梳理前人的研究发现，已有研究在高等教育方面关注度较高，在农村职业教育方面关注度较低。与此同时，从进入21世纪以来，国家不断重视和加强职业教育，故在本书研究设计中，在最优投入规模和最优结构研究中仅以农村职业教育为研究对象。继续进行高等教育最优支出规模和最优支出结构研究，将有利于丰富高等教育的最优投入规模和最优结构的研究，并可深入开展农村职业教育和普通高等教育在最优规模与最优结构的对比研究。

第二，开展其他主体的财政教育支出绩效评估研究。国家教育体系是指包括基础教育、职业教育、高等教育和特殊教育在内的综合体系。本书受研究精力、经费、时间等条件限制，仅围绕农村职业教育和普通高等教育开展研究，对其他主体的研究，将有利于更加全面地掌握国家财政教育支出绩效评估的整体状况。

第三，开展财政教育支出绩效评估模式的修正研究。本书首次对新型城镇化与财政教育支出绩效耦合关系进行了分析论证，并在此基础上进行财政教育支出绩效评估模式设计。在评估模式设计过程中，只进行了小范围的实地调查研究，样本有限。在未来研究中，一是扩大样本调查范围，二是对提出的财政教育支出绩效评估模式进行动态修正。

参 考 文 献

1. 期刊

（1）中文期刊

[1] 包桂荣. 教育财政转移支付制度的国际比较——以日本、美国为例 [J]. 内蒙古财经学院学报, 2010 (2): 81-85.

[2] 蔡潇, 刘卫东, 范辉, 等. 区域土地财政与城镇化的协调发展关系研究——以山东省为例 [J]. 中国土地科学, 2016, 30 (6): 33-43.

[3] 陈纯槿, 郅庭瑾. 教育财政投入能否有效降低教育结果不平等——基于中国教育追踪调查数据的分析 [J]. 教育研究, 2017, 38 (7): 68-78.

[4] 陈凤英, 李杰, 朱德全. 职业教育促进新型城镇化建设：动力与模式——发展社会学视角 [J]. 中国职业技术教育, 2014 (18): 32-36.

[5] 陈洁, 刘秋华. 基于CIPP评价模型的电力市场营销专业人才培养质量评价指标体系构建研究——对南京工程学院的案例分析 [J]. 南京工程学院学报（社会科学版）, 2015 (1): 46-49.

[6] 陈晓宇. 教育财政体制改革应设计出科学可行的保障机制 [J]. 教育与经济, 2014 (1): 3-4.

[7] 陈玉琨, 李如海, 上海市教委督导室. 我国教育评价发展的世纪回顾与未来展望 [J]. 华东师范大学学报（教育科学版）, 2000 (1): 1-12.

[8] 陈正华. 西部民族地区在城镇化建设中教育事业财政投入的研究 [J]. 民族教育研究, 2008 (4): 66-70.

[9] 陈正权, 吴虑. 职业教育推进新型城镇化的机理、路径与保障

[J]. 教育与职业, 2017 (15): 15-21.

[10] 程晋宽. 后现代背景下美、澳教育财政的经济责任分担比较 [J]. 外国中小学教育, 2007 (10): 8-12.

[11] 褚宏启. 教育现代化的本质与评价——我们需要什么样的教育现代化 [J]. 教育研究, 2013 (11): 4-10.

[12] 崔锐. 城镇化背景下农村人口职业教育对策探析 [J]. 继续教育研究, 2017 (6): 41-43.

[13] 戴国强. 论职业教育和谐发展的公平与效率问题 [J]. 教育与职业, 2007 (26): 11-13.

[14] 戴磊, 赵娴. 我国城市化发展水平综合评价研究 [J]. 商业研究, 2012 (7): 64-69.

[15] 单卓然, 黄亚平. "新型城镇化"概念内涵、目标内容、规划策略及认知误区解析 [J]. 城市规划学刊, 2013 (2): 16-22.

[16] 丁留宝, 张洁. 近十年来中等职业教育发展的特点、问题及路径 [J]. 教育与职业, 2016 (1): 16-20.

[17] 董凌波. 日本城镇化进程中的教育变革及启示 [J]. 当代经济管理, 2017, 39 (4): 85-89.

[18] 董奇, 赵德成. 发展性教育评价的理论与实践 [J]. 中国教育学刊, 2003 (8): 18-21.

[19] 董万好, 刘兰娟. 财政科教支出对就业及产业结构调整的影响——基于CGE模拟分析 [J]. 上海经济研究, 2012 (2): 41-52.

[20] 都沁军, 武强. 基于指标体系的区域城市化水平研究 [J]. 城市发展研究, 2006, 13 (5): 5-8.

[21] 段国旭. 城镇化进程的财政动力研究——兼论城镇化率与财政收入占GDP比重的关系 [J]. 财政研究, 2009 (1): 42-45.

[22] 樊燕, 邢天添. 中国义务教育财政支出绩效评估 [J]. 湖北大学学报 (哲学社会科学版), 2013, 40 (2): 131-135.

[23] 范安平. 农民工职业技术教育: 发达国家的经验及启示 [J].

教育学术月刊, 2013 (4): 39-43.

[24] 范柏乃, 来雄翔. 中国教育投资对经济增长贡献率研究 [J]. 浙江大学学报（人文社会科学版）, 2005, 35 (4): 52-59.

[25] 范红. 基于新型城镇化的农村职业教育发展 [J]. 教育与职业, 2015 (29): 8-12.

[26] 冯国有, 栗玉香. 绩效问责: 美国教育财政政策的取向及启示 [J]. 教育理论与实践, 2014 (19): 21-24.

[27] 冯永潮. 论教育评价的科学性 [J]. 教育研究, 2002 (1): 58-64.

[28] 冯煜. "城市化"学习中的误区解读 [J]. 中学地理教学参考, 2014 (13): 43-44.

[29] 傅志明, 陈庆海, 谭彐琼. 基于供给侧的我国财政教育支出结构问题探讨 [J]. 集美大学学报（教育科学版）, 2017, 18 (1): 72-77.

[30] 高珮义. 世界城市化的一般规律与中国的城市化 [J]. 中国社会科学, 1990 (5): 27-139.

[31] 高玉萍. CIPP 理论指导下的项目化课程评价 [J]. 高等职业教育天津职业大学学报, 2012 (6): 58.

[32] 高月勤, 陈玲, 吴思健. 基于 CIPP 评价模式的高职内部专业评价指标体系构建 [J]. 广东交通职业技术学院学报, 2018 (2): 110-114.

[33] 耿海清, 陈帆, 詹存卫, 等. 基于全局主成分分析的我国省级行政区城市化水平综合评价 [J]. 人文地理, 2009 (5): 47-51.

[34] 官静, 许恒国. 区域城市化水平综合评价及其地域差异研究——以江苏省为例 [J]. 资源与产业, 2008 (1): 35-38.

[35] 郭斌, 张晓鹏. 1996—2003 年巴西全国高校课程评估述评 [J]. 中国高等教育评估, 2008 (2): 67-70.

[36] 郭华桥. 教育财政投入的绩效评价——以高等教育投入为例

[J]. 中南财经政法大学学报, 2011 (6): 101-106.

[37] 郭庆旺, 吕冰洋, 张德勇. 财政支出结构与经济增长 [J]. 经济理论与经济管理, 2003 (11): 5-12.

[38] 郭书君, 米红. 我国高等教育规模与城市化互动发展的实证研究 [J]. 现代大学教育, 2005 (5): 45-48.

[39] 郭俞宏, 薛海平. 我国义务教育生产效率及其影响因素研究 [J]. 教育发展研究, 2011 (3): 19-23.

[40] 郭照庄, 孙月芳, 张翠莲. 廊坊市新型城镇化水平及指标体系构建研究 [J]. 北华航天工业学院学报, 2013, 23 (4): 32-35.

[41] 韩永强. 职业教育经费投入及其国际比较 [J]. 职业技术教育, 2014 (28): 48-54.

[42] 韩兆洲, 孔丽娜. 城镇化内涵及影响因素分析 [J]. 南方农村, 2005 (1): 40-42.

[43] 何平, 倪苹. 中国城镇化质量研究 [J]. 统计研究, 2013, 30 (6): 11-18.

[44] 贺晖. 中国教育财政支出的绩效评价——基于公平的视角 [J]. 经济与管理, 2009 (9): 81-88.

[45] 洪柳. 英国教育财政的特点、趋势和启示 [J]. 民族教育研究, 2005, 16 (2): 64-66.

[46] 洪柳. 英美日韩教育财政特点的比较及对我国教育财政改革的启示 [J]. 世界教育信息, 2005 (3): 14-16.

[47] 胡斌武, 叶萌, 庞尧, 等. 中等职业教育发展的均衡性与效率性实证检验——基于省际面板数据的分析 [J]. 教育研究. 2017 (3): 75-82.

[48] 胡日东, 苏梽芳. 中国城镇化发展与居民消费增长关系的动态分析——基于VAR模型的实证研究 [J]. 上海经济研究, 2007 (5): 58-65.

[49] 胡若痴. 我国新型城镇化进程中的高等教育发展探析 [J]. 国

家教育行政学院学报, 2014 (10): 38-42.

[50] 胡燕燕, 曹卫东. 近三十年来我国城镇化协调性演化研究 [J]. 城市规划, 2016, 40 (2): 9-17.

[51] 黄凤羽, 彭媛. 发达国家高等教育财政投入机制研究 [J]. 理论与现代化, 2010 (4): 123-127.

[52] 黄璟莉. 推进新型城镇化的财政政策研究 [J]. 财政研究, 2013 (7): 26-28.

[53] 吉黎, 毛程连. 新中国成立以来城镇化演进与财政支持的关联度 [J]. 改革, 2015 (8): 59-67.

[54] 贾继娥, 褚宏启. 新型城镇化的核心与教育目标的重构——兼谈教育如何促进人的城镇化 [J]. 教育发展研究, 2016, 36 (19): 1-7.

[55] 贾建锋, 闫佳祺, 孙新波. 发达国家城镇化进程中农民工职业教育培训对中国的经验借鉴与政策启示 [J]. 现代教育管理, 2016 (5): 27-33.

[56] 贾康. 关于中国新型城镇化的解读与财政支持 [J]. 上海行政学院学报, 2014, 15 (4): 8-9.

[57] 姜爱林. 城镇化水平的五种测算方法分析 [J]. 中央财经大学学报, 2002 (8): 76-80.

[58] 蒋国勇. 基于CIPP的高等教育评价的理论与实践 [J]. 中国高教研究, 2007 (8): 10-12.

[59] 蒋作斌. 对职业教育特色问题的认识 [J]. 职教论坛, 2003 (1): 14-18.

[60] 焦晓云. 城镇化进程中"半城镇化"问题及对策探析 [J]. 当代经济管理, 2015, 37 (3): 64-67.

[61] 金香花. 韩国政府发展农渔村教育的支持性政策评析 [J]. 教育评论, 2012 (2): 153-155.

[62] 阚大学, 吕连菊. 国外职业教育在城镇化进程中的作用及经验 [J]. 中国职业技术教育, 2015 (21): 62-67.

[63] 阚大学,吕连菊.职业教育对中国城镇化水平影响的实证研究[J].中国人口科学,2014(1):66-75.

[64] 雷娜,郑传芳.福建省县域城镇化水平测度[J].调研世界,2017(10):49-53.

[65] 雷培梁.城镇化与教育发展的辩证关系探讨[J].广西社会科学,2017(2):207-211.

[66] 李春宏.城镇化进程中高等教育改革的若干思考——美国威斯康星的经验及对我国的启示[J].南京理工大学学报(社会科学版),2014(5):15-19.

[67] 李栋林,关忠良.财政支持新型城镇化建设绩效评价方法研究[J].东岳论丛,2015,36(3):135-141.

[68] 李航星,孙奇琦.我国教育财政投入研究[J].西南民族大学学报(人文社会科学版),2013,34(9):215-219.

[69] 李红燕,邓水兰.新型城镇化评价指标体系的建立与测度——以中部六省省会城市为例[J].企业经济,2017(2):187-192.

[70] 李玲,黄宸,邹联克.中等职业教育资源配置效率空间特征及其形成机理——基于A省数据的实证分析[J].教育与经济,2015(6):54-60.

[71] 李秋莹,梁微.地方高校优势特色专业建设CIPP评价指标体系构建——基于生命周期视角[J].高教论坛,2017(10):23-25.

[72] 李少元.国外农村劳动力转移教育培训的经验借鉴[J].比较教育研究,2005,26(7):63-67.

[73] 李小克,郑小三.高等教育财政支出影响因素研究——基于2000—2009年中部六省的面板数据[J].教育发展研究,2012(11):7-13.

[74] 李晓延.优化教育投入结构 提升教育公共服务水平[J].宁夏教育,2016(9):19-20.

[75] 廖楚晖.西方发达国家教育支出体制比较与分析[J].中国财

政，2004（1）：64-65.

[76] 廖楚辉. 政府教育支出效益、结构及模型 [J]. 财政研究，2003（4）：21-23.

[77] 廖开锐. 浅谈高等教育财政支出绩效评价指标体系的构建及应用 [J]. 教育财会研究，2011（4）：18-20.

[78] 林丽芹，吕乾星. 新中国以来的教育财政体制变革与反思 [J]. 当代教育论坛，2011（8）：10-12.

[79] 刘凤娟，司言武. 面向供给侧改革的教育战略对策研究——基于31个省级教育财政投入面板数据的建模分析 [J]. 技术经济与管理研究，2017（7）：18-25.

[80] 刘国永. 高等教育财政支出绩效评价指标设计原理、方法及运用 [J]. 教育与经济，2007（3）：30-35.

[81] 刘建平，温绣娟. 基于CIPP模式的初中地理课堂教学评价 [J]. 地理教学，2015（18）：25-27.

[82] 刘江红. 发达国家高职教育对城镇化积极作用及启示 [J]. 中国职业技术教育，2018（3）：63-66.

[83] 刘金龙. 英、日、德高等教育财政拨款体制及其启示 [J]. 现代教育管理，2009（12）：94-96.

[84] 刘尚希. 我国城镇化对财政体制的"五大挑战"及对策思路 [J]. 地方财政研究，2012（4）：4-10.

[85] 刘晓凤. 巴西高等教育支出绩效评价：原则、指标体系、方法及应用 [J]. 现代教育管理，2014（2）：123-128.

[86] 刘晓凤. 财政教育支出、财政总支出与基尼系数的脉冲响应分析 [J]. 兰州学刊，2012（5）：195-201.

[87] 刘晓凤. 俄罗斯高等教育支出绩效评价制度发展策略研究 [J]. 晋中学院学报，2014（2）：38-44.

[88] 刘晓凤. 国外人才培养问题研究述评 [J]. 云南财经大学学报（社会科学版），2012（3）：50-54.

[89] 刘晓凤．我国财政教育支出绩效评价研究 [J]．行政事业资产与财务，2011（7）：22-27．

[90] 刘晓凤．印度高等教育支出绩效评价 [J]．晋中学院学报，2013（6）：28-33．

[91] 刘晓，石伟平．当前我国职业教育投入现状的分析与思考 [J]．职教论坛，2011（4）：4-8．

[92] 刘亚臣，常春光，刘宁，等．基于层次分析法的城镇化水平模糊综合评价 [J]．沈阳建筑大学学报（自然科学版），2008，24（1）：132-136．

[93] 刘尧．关于教育评价学理论体系的思考——从我国的教育评价学研究谈起 [J]．北京理工大学学报（社会科学版），2000（3）：91-93．

[94] 刘尧．论教育评价的科学性与科学化问题 [J]．教育研究，2001（6）：22-26．

[95] 刘尧．中国教育评价发展现状与趋势评论 [J]．中国地质大学学报（社会科学版），2003，3（5）：59-62．

[96] 刘晔，黄承键．我国教育支出对经济增长贡献率的实证研究——基于省际面板数据时空差异的分析 [J]．教育与经济，2009（4）：47-51．

[97] 刘勇，高建华，丁志伟．基于改进熵权法的中原城市群城镇化水平综合评价 [J]．河南大学学报（自然版），2011，41（1）：49-55．

[98] 刘志军．教育评价的反思和建构 [J]．教育研究，2004（2）：59-64．

[99] 卢雯璨．城镇化视阈下农村成人教育发展研究述评与展望 [J]．职教通讯，2013（4）：40-44．

[100] 罗哲，易艳玲．基于CIPP模型和柯式模型构建我国公务员培训评估体系 [J]．中国行政管理，2007（4）：40-42．

[101] 骆徽．我国高等教育公平指标体系研究——基于CIPP评价模

式的视角［J］. 教育发展研究, 2012 (21): 59-64.

［102］骆徽. 我国高等教育公平指标体系研究——基于评价模式的视角［J］. 教育发展研究, 2012 (11): 59-62.

［103］马树才, 孙长清. 经济增长与最优财政支出规模研究［J］. 统计研究, 2005 (1): 15-20.

［104］马树超, 张晨, 陈嵩. 中等职业教育区域均衡发展的成绩、问题和对策［J］. 职教论坛, 2011 (19): 97-99.

［105］倪鹏飞. 新型城镇化的基本模式、具体路径与推进对策［J］. 江海学刊, 2013 (1): 87-94.

［106］聂颖, 郭艳娇, 朱一鸣. 我国地方政府教育支出影响因素分析［J］. 财经问题研究, 2014 (6): 75-80.

［107］牛静. CIPP 模式在高校机电类师资培养课程评价中的应用［J］. 高教学刊, 2016 (8): 195-196.

［108］牛晓春, 杜忠潮, 李同昇. 基于新型城镇化视角的区域城镇化水平评价——以陕西省 10 个省辖市为例［J］. 干旱区地理, 2013, 36 (2): 354-363.

［109］牛征. 职业教育办学主体多元化的研究［J］. 教育研究, 2001 (8): 58-62.

［110］彭宇飞, 陈俊生. 高等学校教育支出绩效评价指标体系构建［J］. 山西财经大学学报, 2012 (s2): 160-166.

［111］戚晓旭, 杨雅维, 杨智尤. 新型城镇化评价指标体系研究［J］. 宏观经济管理, 2014 (2): 51-54.

［112］亓英豪. 我国教育财政支出现状与效率［J］. 市场周刊 (理论研究), 2018 (4): 80-81.

［113］钱耀军, 滕双春, 何海霞. 海南省新型城镇化区域发展水平综合评价研究［J］. 中国统计, 2015 (4): 51-53.

［114］伞楠. 教育资源配置问题的财政对策思考［J］. 商业经济, 2014 (16): 47-48.

[115] 山田浩之. 城市经济学 [M]. 大连: 东北财经大学出版社, 1991.

[116] 上海市财政局赴英澳教育考察团. 英国和澳大利亚教育财政考察及其启示 [J]. 外国教育资料, 1997 (1): 27-32, 10.

[117] 邵川, 刘传哲. 我国新型农村城镇化水平测度与评价——基于居住功能的视角 [J]. 江汉论坛, 2015 (11): 18-23.

[118] 邵思祺, 李彤, 褚林然. 基于高校职能的高等教育财政支出绩效评价体系的构建 [J]. 商业会计, 2013 (23): 90-91.

[119] 沈军, 杨鸿, 朱德全. 论职业院校专业建设"两效四核"评价模型的构建——基于CIPP评价视角 [J]. 职业技术教育, 2016 (34): 19-24.

[120] 师谦友, 王敏. 基于因子—聚类分析的陕西省区域城市化水平综合研究 [J]. 河北师范大学学报 (自然科学版), 2009, 33 (3): 400-405.

[121] 石兰月. 城镇化进程中我国基础教育体制改革面临的挑战及其对策 [J]. 中州学刊, 2017 (5): 74-79.

[122] 石隆伟, 刘艳菲. 不公平地扩充——审视巴西当前的高等教育政策 [J]. 外国教育研究, 2008 (1): 71-74.

[123] 史文利, 高天宝, 王树恩. 基于主成分分析与聚类分析的城市化水平综合评价 [J]. 工业工程, 2008, 11 (3): 112-115.

[124] 史晓燕. 采用CIPP模式开展发展性课堂教学评价 [J]. 教育理论与实践, 2003 (9): 61-63.

[125] 宋栋. 我国农村城镇化的现状及其未来发展的构想 [J]. 人口学刊, 1993 (2): 37-43.

[126] 宋旭, 李冀. 地方财政能力与城镇化质量关系的实证研究——基于地级及以上城市数据 [J]. 财政研究, 2015 (11): 70-74.

[127] 宋懿琛. 韩国教育财政管理研究 [J]. 中国高等教育评估, 2006 (1): 63-67.

[128] 孙德超, 周冰玉. 促进城镇化发展的城市财政支出改革研究 [J]. 城市发展研究, 2014, 21 (2).

[129] 孙健夫. 推进新型城镇化发展的财政意义与财政对策 [J]. 财政研究, 2013 (4): 61-64.

[130] 孙小娇, 张杜鹃. 西方发达国家高等教育与城镇化互动对中国启示 [J]. 城市地理, 2015 (2): 167-168.

[131] 孙胤社, 林雅贞. 农村城镇化的过程及其类型 [J]. 经济地理, 1988 (1): 31-35.

[132] 孙志毅, 陈儒. 教育财政投入与城镇化发展研究——以山西省为例 [J]. 教育财会研究, 2015, 26 (1): 14-17.

[133] 唐军. 当前我国教育经费投入结构优化的若干重点 [J]. 财政科学, 2017 (2): 38-44.

[134] 唐未兵, 唐谭岭. 中部地区新型城镇化和金融支持的耦合作用研究 [J]. 中国软科学, 2017 (3): 140-151.

[135] 唐晓伟, 刘学敏, 史培军. 城镇化进程中的教育制度创新 [J]. 经济问题探索, 2004 (7): 110-112.

[136] 田民政. 陕西公共教育财政支出结构优化分析 [J]. 人文杂志, 2014 (5): 125-128.

[137] 田民政. 中国地方政府公共教育财政支出结构影响因素实证分析——以陕西省为例 [J]. 西北大学学报 (哲学社会科学版), 2014, 44 (5): 64-68.

[138] 田志龙. 欠发达地区财政支持城镇化建设的个案研究 [J]. 经济纵横, 2016 (12): 111-114.

[139] 童光辉, 赵海利. 新型城镇化进程中的基本公共服务均等化: 财政支出责任及其分担机制——以城市非户籍人口为中心 [J]. 经济学家, 2014 (11): 32-36.

[140] 汪栋, 张琼文, 黄斌. 我国教育财政投入充足指数设计与标准化测算 [J]. 华东师范大学学报 (教育科学版), 2017, 35 (3): 116-

125,172.

[141] 王东梅,孙云飞,毛亚男.基于CIPP模式构建全日制护理专业硕士教育质量评价体系的SWOT分析[J].护理研究,2018(11):3329-3331.

[142] 王凤羽.辽宁省农村职业教育财政投入与经济增长关系的实证分析[J].农业经济,2012(8):100-101.

[143] 王凤羽,刘钟钦.中等职业教育财政补贴的经济学分析——基于农村学生和涉农专业优惠政策视角[J].农业经济问题,2010(8):104-109.

[144] 王凤羽.农村职业教育财政公平与效率的思考[J].农业经济,2011(10):68-70.

[145] 王凤羽,杨小容.财政政策如何作用于微观领域:农村职业教育视点[J].改革,2012(10):57-62.

[146] 王广深,王金秀.我国教育财政支出结构分析及政策调整[J].改革与战略,2008(1):154-156,160.

[147] 王敏.中国财政教育支出绩效评价探析[J].财政研究,2005(6):31-34.

[148] 王善迈,袁连生,刘泽云.我国公共教育财政体制改革的进展、问题及对策[J].北京师范大学学报(社会科学版),2003(6):5-14.

[149] 王双进.加快推进新型城镇化建设财政支持的困境与对策[J].财政研究,2015(2):50-54.

[150] 王文博,蔡运龙.城镇化水平差异的模糊综合评价——以西安市临潼区为例[J].人文地理,2008,23(1):48-51.

[151] 王贤德,邱小健.江西省中等职业教育财政投入的问题及对策[J].继续教育研究,2014(2):43-45.

[152] 王亚冉,奚宾.高等教育对城镇化水平的影响研究[J].教育与教学研究,2018(4):7-12.

[153] 王洋,方创琳,王振波.中国县域城镇化水平的综合评价及类

型区划分 [J]. 地理研究, 2012, 31 (7): 1305 – 1316.

[154] 王盈, 李平. CIPP 模式在高校文化素质教育课程评价中的应用 [J]. 宁波大学学报, 2009 (6): 1 – 6

[155] 王颖颖. CIPP 模式下的高职院校创业教育课程评价 [J]. 南宁职业技术学院学报, 2017 (3): 62 – 64.

[156] 王珍珍, 穆怀中. 高等教育人力资本与城镇化发展 [J]. 华中科技大学学报 (社会科学版), 2018 (1): 76 – 85.

[157] 王正青. 高等教育国际化: 巴西的因应策略与存在的问题 [J]. 复旦教育论坛, 2008 (3): 82 – 86.

[158] 吴彩虹. 财政教育投入绩效评价管理 [J]. 湖南社会科学, 2013 (6): 178 – 180.

[159] 吴东泰. CIPP 评价模式在教学评价中的运用 [J]. 教学与管理, 2002 (21): 23.

[160] 吴飞. CIPP 模式在高校课程评价中的运用 [J]. 中国高等教育评估, 2007 (2): 64.

[161] 吴钢. 我国教育评价发展的回顾与展望 [J]. 教育研究, 2000 (8): 27 – 32.

[162] 吴国玺, 曹志刚. 河南省城市化水平综合测度及评价研究 [J]. 资源开发与市场, 2009, 25 (5): 400 – 402.

[163] 吴建南, 李贵宁. 教育财政支出绩效评价: 模型及其通用指标体系构建 [J]. 西安交通大学学报 (社会科学版), 2004, 24 (2): 25 – 31.

[164] 肖昊, 周丹. 美国公共基础教育财政的分配模式 [J]. 教育与经济, 2013 (3): 69 – 72.

[165] 肖远军. CIPP 教育评价模式探析 [J]. 教育科学, 2003, 19 (3): 42 – 45.

[166] 辛斐斐, 刘国永. 职业教育财政支出绩效评价体系研究——因子分析法的视角 [J]. 教育与经济, 2011 (3): 50 – 55.

[167] 徐君, 李巧辉, 王育红. 产业聚集与新型城镇化的耦合机制分

析 [J]. 资源开发与市场, 2016 (8): 983-988.

[168] 徐晓霞. 基于CIPP模式的民办高职院校爱国主义教育课程评价模式构建 [J]. 高教学刊, 2018 (23): 188-193.

[169] 许盛. 高等教育财政支出绩效评价问题初探 [J]. 教育财会研究, 2006 (2): 21-23.

[170] 薛俊波, 王铮. 中国17部门资本存量的核算研究 [J]. 统计研究, 2007, 24 (7): 49-54.

[171] 薛猛, 高丰. UGSS教育实习模式表征及CIPP评价路径探析 [J]. 辽宁师范大学学报 (社会科学版), 2017 (1): 127-133.

[172] 杨得前, 蔡芳宏. 欠发达地区新型城镇化进程中的财政政策研究 [J]. 中国行政管理, 2015 (9): 93-98.

[173] 杨芳, 李福英, 邹安全. CIPP评价模式在高校工商管理类专业实践教学课程评价中的应用研究 [J]. 当代教育论坛 (管理研究), 2011 (7): 64-66.

[174] 杨会良. 改革开放前我国教育财政体制的演变与特征 [J]. 河北大学学报 (哲学社会科学版), 2006 (4): 58-63.

[175] 杨会良, 杨雅旭. 改革开放四十年中国教育财政制度演进历程、特征与未来进路 [J]. 教育经济评论, 2018 (6): 3-13.

[176] 杨仪青. 新型城镇化发展的国外经验和模式及中国的路径选择 [J]. 农业现代化研究, 2013 (4): 385-389.

[177] 叶裕民. 中国城市化质量研究 [J]. 中国软科学, 2001 (7): 27-31.

[178] 易洪艳. 日本城镇化进程中的教育政策演变及其经验启示 [J]. 世界农业, 2017 (10): 197-202.

[179] 殷雅竹, 李艺. 论教育绩效评价 [J]. 电化教育研究, 2002 (9): 20-24.

[180] 于燕. 新型城镇化发展的影响因素——基于省级面板数据 [J]. 财经科学, 2015 (2): 131-140.

[181] 余红艳. 城镇化发展与财政政策相关关系的实证分析 [J]. 统计教育, 2008 (11): 60-64.

[182] 袁明辉. 高校财政支出绩效评价体系构建 [J]. 财会通讯, 2015 (16): 75-77.

[183] 袁晓军, 郭欣. 基于面板数据模型的财政教育支出对我国城镇化的影响研究 [J]. 对外经贸, 2016 (10): 151-154.

[184] 约麦尔·玉苏普. 基于主成分分析与聚类分析的新疆城市化发展水平综合评价 [J]. 科技管理研究, 2012, 32 (21): 51-55.

[185] 岳晶晶, 王峰虎. 我国义务教育配置效率评价——基于DEA模型的实证分析 [J]. 内蒙古农业大学学报（社会科学版）, 2010, 12 (6): 72-74.

[186] 曾书琴, 陈绍华. 发达国家职业教育对农民工技能培训的启示——以珠三角产业转型升级为背景 [J]. 成人教育, 2013 (3): 56-59.

[187] 曾阳, 黄崴. 城镇化进程中发达国家教育管理体制改革经验及对我国的启示——以美、日、德、英四国为例 [J]. 当代教育科学, 2014 (1): 35-39.

[188] 翟超颖, 代木林. 提升中国城镇化质量的财政政策研究 [J]. 财政研究, 2014 (12): 79-81.

[189] 张殿尉, 高伟, 刘佳杰. CIPP模式下高职课堂教学质量评价要素分析 [J]. 石家庄职业技术学院学报, 2018 (12): 66-68.

[190] 张光, 尹相飞. 流动人口与地方教育财政投入——基于2000—2011年跨省数据的实证分析 [J]. 教育与经济, 2015 (6): 3-10.

[191] 张绘. "后4%时代"我国教育经费投入需多维度改革并举 [J]. 教育科学研究, 2017 (1): 27-33.

[192] 张连绪, 王超辉. 高等职业教育财政拨款体制国际比较——基于对美国、芬兰及澳大利亚的分析 [J]. 职业技术教育, 2013, 34 (25): 90-93.

[193] 张其志. CIPP模式在研究性学习课程评价中的运用 [J]. 江西

教育科研, 2004 (7): 5.

[194] 张天宝, 王攀峰. 我国教育评价理论研究的现状及其基本走向 [J]. 教学与管理, 2001 (7): 7-8.

[195] 张同升, 梁进社, 宋金平. 中国城市化水平测定研究综述 [J]. 城市发展研究, 2002, 9 (2): 36-41.

[196] 张笑宁, 赵丹, 陈遇春. 新型职业农民培育政策的绩效评估及改进——基于CIPP评估模型 [J]. 职业技术教育, 2018, 39 (16): 63-67.

[197] 张旭路, 金英君, 王义源. 高等教育层次结构对中国新型城镇化进程的影响研究 [J]. 中国人口·资源与环境, 2017, 27 (12): 216-224.

[198] 赵华. 以CIPP模式开展体育课堂教学评价的研究 [J]. 河北师范大学学报, 2010 (9): 95-98.

[199] 赵凌. 高等教育财政改革: 德国的探索及其对我国的启示 [J]. 现代教育科学, 2014 (1): 142-145, 150.

[200] 赵路. 促进教育发展实现教育公平——财政支持教育改革的回顾与思考 [J]. 预算管理与会计, 2008 (6): 12-15.

[201] 赵永平, 徐盈之. 新型城镇化发展水平综合测度与驱动机制研究——基于我国省际2000—2011年的经验分析 [J]. 中国地质大学学报 (社会科学版), 2014, 14 (1): 116-124.

[202] 仲小敏. 世纪之交中国城市化道路与对策构思 [J]. 经济地理, 2000 (3): 54-57.

[203] 周永卫, 范贺花. 城镇化水平评价指数体系构建与实证 [J]. 统计与决策, 2015 (7): 58-61.

[204] 周志刚, 王凤慧. 我国高等教育发展区域差异性的实证研究 [J]. 西南交通大学学报 (社会科学版), 2008, 9 (4): 43-47.

[205] 朱家亮. 城镇化进程与财政相互关系的实证研究 [J]. 城市发展研究, 2014, 21 (9): 5-11.

[206] 朱有禄, 于清涛, 李玉江. 山东省城市化水平综合评价 [J]. 资源开发与市场, 2008, 24 (12): 1087-1089.

[207] 宗晓华,陈静漪."新常态"下中国教育财政投入的可持续性与制度转型[J]. 复旦教育论坛,2015,13(6):5-11.

(2) 外文期刊

[208] Aboulfazl Safieepoor, Reza Shafizadeha and Behzad Shoghib. Evaluating the Quality of In-service Trainings for Employees of Islamic Azad University (Buin-Zahra Branch) Using CIPP Model [J]. Management Science Letters 3 (2013.09): 2859-2866.

[209] Arrow K J, Kurz M. Optimal Growth with Irreversible Investment in a Ramsey Model [J]. Econometrica, 1970, 38 (2): 331-344.

[210] Benson C S. The Public School Monopoly: A Critical Analysis of Education and the State in American Society [J]. Economics of Education Review, 1985, 4 (2): 145-146.

[211] Blankenau W F, Simpson N B. Public education expenditures and growth [J]. Journal of Development Economics, 2004, 73 (2): 583-605.

[212] Borck R, Wimbersky M. Political Economics of Higher Education Finance [J]. Oxford Economic Papers, 2014, 66 (1): 115-139.

[213] Charlotte G. Migrant Girls in Shenzhen: Gender, Education and the Urbanization of Aspiration [J]. The China Quarterly, 2015, 222.

[214] Cheslock JJ, Hughes RP. Differences Across States in Higher Education Finance Policy [J]. Journal of Education Finance, 2011, 36 (4): 369-393.

[215] Dearden L, Goodman A, Wyness G. Higher Education Finance in the UK [J]. Fiscal Studies, 2012, 33 (1): 73-105.

[216] Easterly W, Rebelo S. Fiscal Policy and Economic Growth: An Empirical Investigation [J]. Journal of Moneytary Economics, 1993 (12): 41-58.

[217] George C. S. Lin, Fangxin Yi. Urbanization of Capital or Capitalization on Urban Land? Land Development and Local Public Finance in Urbanizing China [J]. Urban Geography, 2011, 32 (1): 50-79.

[218] Georg Kirchsteiger, Clemens Puppe. On the Possibility of Efficient Private Provision of Public Goods Through Government Subsidies [J]. Journal of Public Economics, 1997 (66): 489-504.

[219] He Z, Yu Z, Wu B. Effect of China's R&D Input on Urbanization Level Based on Panel Data Analysis [J]. Progress in Geography, 2015, 34 (8).

[220] Inkeles. Rural Areas and Trends Surpass Cities in Growth [J]. New York Time, 2005 (3): 53-70.

[221] James Andreoni. Privately Provided Public Goods in a Large Economy: The Limits of Altruism [J]. Journal of Public Economics, 1988 (35): 57-73.

[222] J E Stiglitz, P Dasgupta. Differential Taxation, Public Goods, and Economic Efficiency [J]. The Review of Economic Studies, 1971, (38): 151-174.

[223] Kang H P. Educational Expansion and Educational Inequality on Income Distribution [J]. Economics of Education Review, 1996, 15 (1): 51-58.

[224] Lanjouw P, Pradhan M, Saadah F, et al. Poverty, Education and Health in Indonesia: Who Benefits from Public Spending? Working Paper [J]. Social Science Electronic Publishing, 2001: 64.

[225] Lennon H T Choy, Victor J Li. The Role of Higher Education in China's Inclusive Urbanization [J]. Cities, 2017 (60).

[226] Marin A, Psacharopoulos G. Schooling and Income Distribution [J]. Review of Economics & Statistics, 1976, 58 (3): 332-338.

[227] Mark Gradstein. An Economic Rational for Public Education: The Value of Commitment [J]. Journal of Monetary Economics, 2000 (45): 463-474.

[228] Moser M, Rubenstein R. The Equality of Public School District Funding in the United States: A National Status Report [J]. Public Administration Review, 2002, 62 (1): 63-72.

[229] Northam. New Approaches to Crop Yield Insurance in Developing Countries [J]. International Food Research Institute, 1979 (2): 22 - 25.

[230] Rassouli - Currier S. Assessing the Efficiency of Oklahoma Public Schools: A Data Envelopment Analysis [J]. Currier, 2007.

[231] Rassouli - Currier S. The Choice of Estimation Method and Its Effect on Efficiency Measurement in Public Education: Stochastic Frontier Regression vs. Data Envelopment Analysis [J]. Journal of Economics, 2007 (33): 53 - 72.

[232] Sherman J D. Equity in School Finance: A Comparative Case Study of Sweden and Norway. [J]. Comparative Education Review, 1980 (24) (Volume 24, Number 3): 389 - 399.

[233] Si L B, Qiao H Y. Performance of Financial Expenditure in China's Basic Science and Math Education: Panel Data Analysis Based on CCR Model and BBC Model [J]. Eurasia Journal of Mathematics Science & Technology Education, 2017, 13 (8): 5217 - 5224.

[234] Stufflebeam D L. Evaluation Under Title 1 of the Elementary and Secondary Educational Act of 1965 [J]. Data Collection, 1966: 23.

[235] Stufflebeam D L, & Kellaghan T. International Handbook of Educational Evaluation. Dordrecht [M]. OR: Kluwer Academic, 2003: 33.

[236] Tang J H, Wang X B, Zhang X Q, et al. The Development of Preschool Education, Fiscal Input and Urbanization: Based on Dynamic Panel Data Analysis of Liaoning from 2000 to 2012 [J]. Mathematics in Practice & Theory, 2014, 61 (2): 1 - 5.

[237] Taylor, B. Strategic Indicators for Higher Education Improving Performance [M]. Princeton: Peterson' s Guides. 1993.

[238] Winegarden C R. Schooling and Income Distribution: Evidence from International Data [J]. Economica, 1979, 46 (181): 83 - 87.

[239] Wirth L. Urbanism as a Way of Life [J]. American Journal of Sociology, 1938, 44 (1): 1 - 24.

[240] Zhao R. Empirical Study on the Impact of Input of Public Finance and Financial Support on the Level of Urbanization: Based on Analysis of Three Major Cities in the Yangtze River Economic Belt [J]. Journal of Shandong Institute of Commerce & Technology, 2017 (2): 17 – 22.

2. 专著

(1) 中文图书

[241] 陈国良. 教育财政国际比较 [M]. 北京: 高等教育出版社, 2000: 150 – 194.

[242] 陈晓宇. 中国教育财政政策研究 [M]. 北京: 北京大学出版社, 2012: 160 – 202.

[243] 陈玉琨. 教育评价学 [M]. 北京: 人民教育出版社, 1999: 20 – 26.

[244] 董礼胜. 中国公共物品的供给 [M]. 北京: 中国社会出版社, 2007: 45 – 62.

[245] 侯光文. 教育评价概论 [M]. 石家庄: 河北教育出版社, 1996: 100 – 110.

[246] 焦青霞. 教育财政投入与经济发展 [M]. 北京: 经济管理出版社, 2014: 56 – 89.

[247] 金娣, 王刚. 教育评价与测量 [M]. 北京: 教育科学出版社, 2002: 90 – 110.

[248] 李善岳. 中国政府管理概论 [M]. 北京: 中共中央党校出版社, 1997: 17 – 18.

[249] 栗玉香. 公共教育财政制度: 生成与运行 [M]. 北京: 中国财政经济出版社, 2004: 112 – 127.

[250] 栗玉香. 教育财政学 [M]. 北京: 经济科学出版社, 2009: 192.

[251] 廖楚晖. 教育财政学 [M]. 北京: 北京大学出版社, 2006: 154.

[252] 廖楚晖. 人力资本与教育财政研究 [M]. 北京：中国财政经济出版社, 2005：102-118.

[253] 刘本固. 教育评价的理论与实践 [M]. 杭州：浙江教育出版社, 2000：129-140.

[254] 刘俊贵. 中国教育财政研究报告.2012 [M]. 北京：教育科学出版社, 2013：162-178.

[255] 吕汝健. 职业技术教育与县域经济耦合关系研究 [M]. 银川：宁夏人民出版社, 2013：132.

[256] 吕炜. 高等教育财政：国际经验与中国道路选择 [M]. 大连：东北财经大学出版社, 2004：159-200.

[257] 宁本涛. 教育财政政策 [M]. 上海：上海教育出版社, 2010：130-146.

[258] 王善迈. 公共财政框架下公共教育财政制度研究 [M]. 北京：经济科学出版社, 2012：132-157.

[259] 肖远军. 教育评价原理及应用 [M]. 杭州：浙江大学出版社, 2004：118-132.

[260] 谢秋朝, 侯菁菁. 公共财政学 [M]. 北京：中国国际广播出版社, 2002：156-195.

[261] 许正中, 邢天添. 教育财政绩效与人力资本战略 [M]. 北京：中国财政经济出版社, 2014：165-184.

[262] 杨会良. 当代中国教育财政发展史纲论 [M]. 北京：人民出版社, 2006：174-180.

[263] 杨会良. 改革开放以来中国教育财政发展研究 [M]. 保定：河北大学出版社, 2012：182-190.

[264] 杨明. 政府与市场：高等教育财政政策研究 [M]. 杭州：浙江教育出版社, 2007：98-126.

[265] 杨周复, 旋建军. 大学财务综合评价研究 [M]. 北京：中国人民大学出版社, 2002：100-110.

[266] 张小萍. 公共财政体制下中国高等教育财政投入优化研究 [M]. 北京：中国市场出版社，2009：150-176.

[267] 张馨. 公共财政论纲 [M]. 北京：经济科学出版社，1999：112-134.

（2）翻译图书

[268] [美] 约翰斯通. 高等教育财政：问题与出路 [M]. 沈红，李红桃，译. 北京：人民教育出版社，2003：148-180.

[269] [英] 阿特金森，斯蒂格里茨. 公共经济学 [M]. 上海：上海人民出版社，1994：112-165.

[270] [日] 矶村英一. 城市问题百科全书 [M]. 哈尔滨：黑龙江人民出版社，1999：300-325.

[271] [美] 库兹涅茨. 现代经济增长：速度、结构与扩展 [M]. 戴睿，易诚，译. 北京：北京经济学院出版社，1989：100-150.

[272] [德] 马斯格雷夫. 财政理论与实践（第五版）[M]. 邓子基，邓力平，译. 北京：中国财政经济出版社，2003：180-200.

[273] [美] 沃纳赫希. 城市经济学 [M]. 刘世庆，李泽民，廖果，译. 北京：中国社会科学出版社，1990：100-120.

[274] [美] 小弗恩·布里姆莱，鲁龙·R. 贾弗尔德，弗恩布莱姆利等. 教育财政学：因应变革时代 [M]. 窦卫霖，译. 北京：中国人民大学出版社，2007：145-164.

[275] [苏] 伊利英. 城市经济学 [M]. 北京：中国建筑工业出版社，1987：150-167.

（3）外文图书

[276] Colin Clark. The Conditions of Economic Progress [M]. Macmillian & Co. Ltd., 1940.

[277] Denison E F. The sources of economic growth in the United States and the alternatives before Us [M]// The Sources of Economic Growth in the United States and the Alternatives before Us. Committee for Economic Develop-

ment, 1962: 545-552.

[278] Wang Z. The Role of Public Finance in Pushing Forward the New Type of Urbanization [M]// Private Sector Development and Urbanization in China. Palgrave Macmillan US, 2015.

3. 学位论文

[279] 安玉英. 教育财政的国际比较与中国教育财政制度完善 [D]. 长春: 吉林大学, 2009.

[280] 陈炜. 教育财政投入的理论与运行研究 [D]. 天津: 天津大学, 2014.

[281] 戴天天. 河北省财政教育支出结构优化研究 [D]. 保定: 河北大学, 2018.

[282] 丁晖. 区域产业创新与产业升级耦合机制研究 [D]. 南昌: 江西财经大学, 2013 (6).

[283] 傅志明. 我国财政教育支出层级结构问题研究 [D]. 厦门: 集美大学, 2017.

[284] 高鹏飞. 公共政策视域下的农村教育城镇化问题 [D]. 延安: 延安大学, 2010.

[285] 葛莉. 基于CIPP的高校创业教育能力评价与提升策略研究 [D]. 广州: 广东技术师范学院, 2014 (6): 1-130.

[286] 郭忠孝. 财政支农支出经济效率研究 [D]. 沈阳: 沈阳农业大学, 2008.

[287] 赫娜. 我国财政教育支出失衡问题研究 [D]. 长春: 东北师范大学, 2011.

[288] 胡帆. 高等学校财政投入绩效评价研究 [D]. 武汉: 武汉理工大学, 2013.

[289] 李迎. 我国财政投入对义务教育均衡发展的影响分析研究 [D]. 长沙: 长沙理工大学, 2012.

[290] 林皎. 公共经济视野下当代我国教育财政问题研究 [D]. 长

沙：湖南大学，2006.

[291] 刘璐. 我国高等教育财政溢出效应的空间计量研究 [D]. 西安：西北大学，2018.

[292] 卢志滨. 区域物流—经济—环境系统耦合发展研究 [D]. 哈尔滨：哈尔滨工业大学，2016（7）.

[293] 罗美玲. 基于 CIPP 评价模式的高职院校内部专业评估指标体系构建研究 [D]. 广州：广东技术师范学院，2016（6）.

[294] 马国强. 我国公共教育财政投入规模、结构和效益研究 [D]. 太原：山西财经大学，2011.

[295] 穆哈拜提·帕热提. 新疆城镇化与经济发展互动关系研究 [D]. 天津：中国农业大学，2015.

[296] 潘海生. 我国高等教育大众化区域差异分析与发展策略研究 [D]. 天津：天津大学，2005.

[297] 沈军. 职业院校专业建设 CIPP 评价模式实践研究 [D]. 重庆：西南大学，2016（4）.

[298] 孙继红. 我国区域教育发展状况评价的实证研究 [D]. 南京：南京航空航天大学，2010.

[299] 谭利净. 采用 CIPP 模式进行课堂教学评价研究 [D]. 石家庄：河北师范大学，2011.

[300] 王凤羽. 农村职业教育财政投入问题研究 [D]. 沈阳：沈阳农业大学，2011.

[301] 王薇. 中国经济增长数量、质量和效益的耦合研究 [D]. 西安：西北大学，2016.

[302] 徐鲲. 农村教育发展与农村经济增长：内在机理及制度创新 [D]. 重庆：重庆大学，2012.

[303] 杨江水. 基于 CIPP 模式的大学发展规划决策模型研究 [D]. 重庆：西南大学，2016（6）.

[304] 杨柳. 中国财政教育支出绩效评价体系研究 [D]. 广州：暨

南大学，2006.

［305］姚静. 我国公共教育支出研究［D］. 长春：东北师范大学，2008.

［306］曾玖林. 长江经济带高等教育投入与区域经济发展关系研究［D］. 重庆：重庆工商大学，2016.

［307］翟轩. 我国财政性教育经费支出的规模研究［D］. 哈尔滨：黑龙江大学，2014.

［308］张弘. 我国区域高等教育协调发展实证研究［D］. 苏州：苏州大学，2016.

［309］赵瀚. 东北地区城市群区域的城镇化与生态环境耦合类型与空间分异研究［D］. 长春：东北师范大学，2016.

［310］朱玲玲. 基于CIPP评价模式的Z期货公司培训效果评估研究［D］. 成都：西华大学，2015（4）：1－55.

4. 电子文献

［311］Schwartzman. The National Assessment of Courses in Brazil［EB/OL］. http：// www. schwartzman. org. br/simon/provao2. pdf.

［312］Universities, Organizational Structure of the Research Activity and the Spin － off Formation：Lessons from Brazilian Case［EB/OL］. http：// www. Globelicsacademy. net/2008/2008 _ student _ presentations/Ren － ault _ GA08. pdf.